北京市
轨道交通网络化
总体设计与管理
系列丛书

轨道交通
人文化设计

北京市轨道交通设计研究院有限公司　编著

中国建筑工业出版社

图书在版编目（CIP）数据

轨道交通人文化设计 / 北京市轨道交通设计研究院
有限公司编著 . —北京：中国建筑工业出版社，2022.1
（北京市轨道交通网络化总体设计与管理系列丛书）
ISBN 978-7-112-26863-4

Ⅰ.①轨… Ⅱ.①北… Ⅲ.①城市铁路—交通规划—
研究 Ⅳ.①U239.5

中国版本图书馆 CIP 数据核字（2021）第 249339 号

　　本书作为"北京市轨道交通网络化总体设计与管理系列丛书"之一，强调从使用者的角度优化轨道交通网络的使用体验，按照车站内、外部人文化研究，共分为七章，即：绪论、车站地面附属建筑概念设计、车站外部公共设施设置、车站接驳设施设计、车站内公共艺术概念设计、车站内人性化设施设置、车站内导向标识网络化应用及设计。内容简明扼要、重点突出，具有较高的可读性。

　　本书可供轨道交通设计从业人员、工程技术人员、科研人员、管理人员参阅，亦可作为高等院校相关专业师生的参考书，受众广泛。

责任编辑：李笑然
责任校对：党　蕾

北京市轨道交通网络化总体设计与管理系列丛书
轨道交通人文化设计
北京市轨道交通设计研究院有限公司　编著

*

中国建筑工业出版社出版、发行（北京海淀三里河路 9 号）
各地新华书店、建筑书店经销
逸品书装设计制版
北京中科印刷有限公司印刷

*

开本：787 毫米 × 1092 毫米　1/16　印张：22¾　字数：417 千字
2022 年 2 月第一版　　2022 年 2 月第一次印刷
定价：**196.00** 元
ISBN 978-7-112-26863-4
（38693）

编写委员会

主　　编：张继菁

副 主 编：于海霞　杜玉峰　胡　斌

参编人员：陈明岳　李　瑶　王　盛　赵腾飞
　　　　　邱　蓉　胡家鹏　梅　棋　周　炜
　　　　　刘　欣　任　青　刘　前　杨勇庆
　　　　　邢义毅　李雨姗

　　2013年，北京市轨道交通设计研究院有限公司（以下简称我院）成为全国第一个轨道交通网络化总体设计管理单位，基于当时国内城市轨道交通发展趋势，一线城市轨道交通逐步进入网络化建设运营时代。北京作为率先进入轨道交通网络化的城市，亟需通过前瞻研究、标准制定、技术审核、聚合资源实现网络化总体设计管理。

　　经过8年的发展，尤其在"十三五"期间，我院网络化总体设计管理愈加成熟，陆续增加了数字轨道交通网总体、网装修概念总体、网地面附属概念总体，技术研究和相关专题逐步深入，形成了自己独有的网络化总体设计管理思路、理念及框架，推动北京轨道交通由"功能化"向"人文化"迈进。

　　在"十四五"规划的引领下，为推动轨道交通高标准、高质量发展，不断提高新时代城市轨道交通建设标准和要求，我院将系统全面地总结北京轨道交通网络总体设计管理经验并组织编写"北京轨道交通网络化总体设计与管理系列丛书"，使其充分发挥作为引领高质量发展的技术动力。《轨道交通人文化设计》为"北京轨道交通网络化总体设计与管理系列丛书"之一。

　　本书强调从使用者的角度去分析轨道交通网络的使用体验，按照车站内、外分为车站外部人文化研究和内部人文化研究。本书共包括七章内容：

　　第一章为绪论。本章介绍了人文化的背景、人文化的内涵和人文化的历程。

　　第二章为车站地面附属建筑概念设计。本章明确了车站地面附属建筑的概念，将已建、在建和将建的所有地下车站地面附属建筑纳入研究范畴，总结了地面附属建筑的特征，提炼"人文化"融合层面存在的问题，据此提出全网车站地面附属建筑的设计目标和设计内容，以及全网车站地面附属建筑设计管理原则，即全网设计原则和分项设计原则，最后对各线主题概念和典型案例等应用成果做了汇总和详述。

第三章为车站外部公共设施设置。本章明晰了站点外部设施的种类，基于网络问卷和实地调研对站点外部公共设施包括接驳设施、导向标识、便民设施、站点出入口和风亭、冷却塔等的现状进行了评估，并提出了站点外部公共设施的存在问题、改善需求和改善建议，最后对车站外部公共设施设置的示范站等应用成果进行了介绍。

第四章为车站接驳设施设计。本章梳理了站外接驳设施的指导思想、接驳内容、接驳流程和规划方法，对车站站外接驳设施的现状、发展趋势和存在问题进行了阐述，据此提出了接驳设施的配置方法和规划设计要求，最后展示了典型站点等部分应用成果。

第五章为车站内公共艺术概念设计。本章分析了车站公共艺术概念设计的内容、原则和发展现状，搭建艺术题材构思的框架，深入研究车站内部空间设计和广告设计，并以北京地铁17号线和新机场线作为典型案例分析了车站内公共艺术概念设计的应用过程。

第六章为车站内人性化设施设置。本章对车站内人性化设施的需求特征进行了分析，对站点和需求进行了分类，据此提出了相应的车站内人性化设施的设计原则和配置理念，并对人性化设施的类型和人性化设施的配置总结了可参考型量表，最终形成一套以主要类型站点为例的设施布置意向图。

第七章为车站内导向标识网络化应用及设计。本章通过文献调研法综述了导向标识的规范、标准和国内外导向标识的网络化应用，在此基础上提出了系统的研究目标和研究方法，对地下车站导向标识系统、高架站导向标识系统、交通枢纽导向标识系统等方面进行了深入分析，完成了车站内导向标识网络化应用技术研究，并对相应典型案例进行了探讨。

本书七个章节的内容将站内、站外伴随使用者完整体验的轨道交通设计有序呈现出来，从车站地面附属建筑概念设计、车站外部公共设施设置、车站接驳设施设计到车站内公共艺术概念设计、车站内人性化设施设置、车站内导向标识网络化应用及设计均体现着"人文化"理念的渗透，这也是本书最大的特点。从技术层面、艺术层面、功能和品质层面实现了"人文化"理念与轨道交通设计的多维交织、一体融合。各章节均从发展现状、存在问题出发，提出相应的改善需求和设计原则，并将系统化的设计原则应用在实际轨道交通线路的设计中，通过实际案例深入浅出地展现"人文化"理念、"人文化"设计，以期起到示范性的作用。本书的出版，一方面将展现北京作为率先进入轨道交通网络化的城市，在"人文化"方面做出的贡献；另一方面，也希望推动其他城市轨道交通系统"人文化"设计的发展；最后，逐步推动全国轨道交通系统从"功能化"向"人文化"迈进，向高标准、高质量发展，不断提高新时代城市轨道交通建设标准和要求。

　　未来我院将继续探索"人文化"理念与轨道交通系统的全方位渗透，继续完善"多维交织""一体融合"人文化设计的体系框架，并不断将理论应用于实践，扎实推进"人文化"设计的落地与实施；同时，不断修正人文化的轨道交通设计框架体系；最后，我院还将探索保护"轨道交通文化遗产"，将在我国轨道交通系统发展过程中，具有时代特色、处于轨道交通历史发展关键节点的线路和站点纳入"轨道交通文化遗产"中，探索其保护和传承的路径，凝聚中国轨道交通体系的文化底蕴，在日常出行过程中弘扬传统文化、增强民族自信。

目录

第五章　车站内公共艺术概念设计　　　　　　195

第六章　车站内人性化设施设置　247

第一章　绪　论

第一节　人文化的背景

一、背景特征

（一）时代发展

中国经济的发展水平不断提高、发展质量稳中求进，使得城市化进程不断加快、城市规模迅速扩展、城镇人口急剧增加。与此同时，随着我国基建事业的大力发展，生活必备设施变得更加完善，不断改变着人们的出行方式。由于人们消费水平的提高和现代汽车工业的迅猛发展，小汽车走进了千家万户，然而道路交通压力也随之增加，在早、晚高峰时段，道路拥堵尤为严重。作为一种高效且相对环保低碳的公共交通，轨道交通这一出行方式受到了极大关注。轨道交通运量大、速度快、班次多，有效丰富了城市的运输手段，大大提高了城市交通发展水平。另外，轨道交通在高效缓解城市交通拥挤的同时，可促进与之匹配的相关产业的繁荣，在新经济发展模式的探索和第三产业的快速崛起中发挥着关键作用。

目前，轨道交通已成为中国城市的重要交通手段。根据相关部门的数据统计，截至2020年底，中国大陆地区共有45个城市开通城市轨道交通，运营线路244条，运营线路总长度达7969.7km。2020年新增运营线路36条，新增运营线路长度1233.5km。从运营线网规模看，共计22个城市的线网规模达到100km或以上。其中上海和北京两市运营规模在全国遥遥领先，均超过700km，已逐步形成超大线网规模；成都、广州运营线路长度超过500km；深圳超过400km；南京、武汉、重庆、杭州四市超过300km；青岛、郑州、西安、天津、沈阳、苏州六市超过200km。全国轨道交通累计投运车站总计4681座（图1-1至图1-6所示分别为北京、上海、广州、南京、西安、深圳交通线路图）。

当前我国处于经济发展转型期，针对保护环境、城市土地资源及其他重要资源的要求，交通工程也需要走可持续发展的道路。因此，有必要开发轨道交通来拓展城市纵向使用空间，以顺应未来城市发展的趋势。

（二）政策驱动

建设交通强国是以习近平同志为核心的党中央立足国情、着眼全局、面向未来做出的重大战略决策，是建设现代化经济体系的先行领域，是全面建成社会主义现代化强国的重要支撑，是新时代做好交通工作的总抓手。

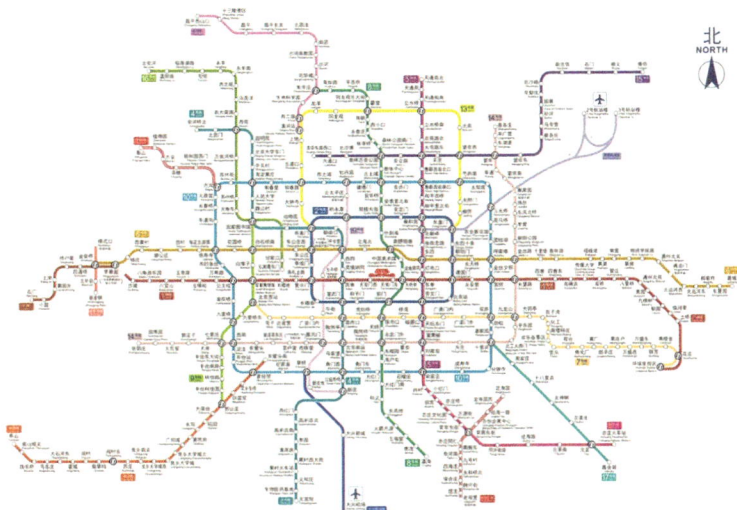

图 1-1　北京轨道交通线路图

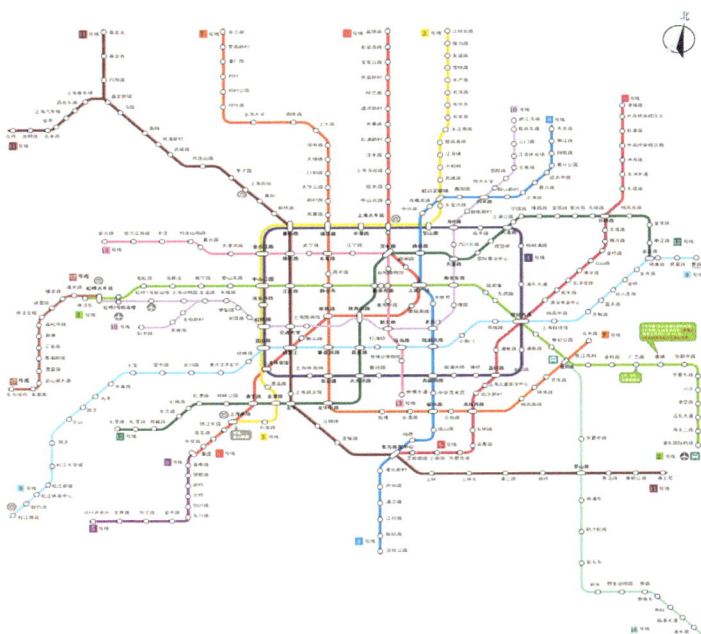

图 1-2　上海轨道交通线路图

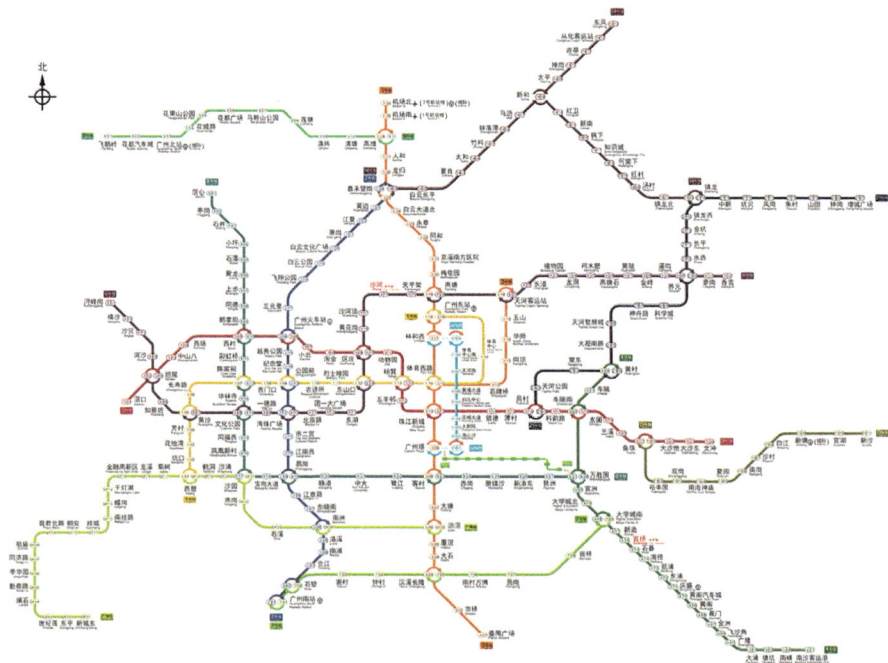

图 1-3　广州轨道交通线路图

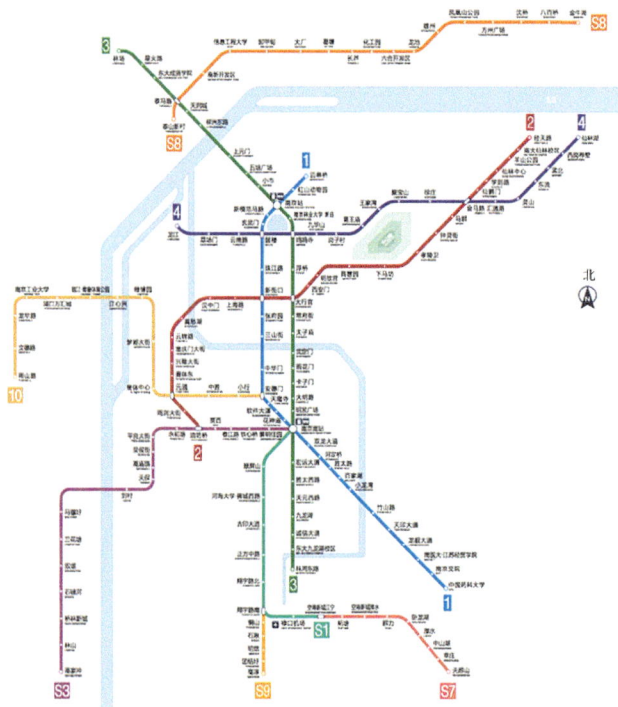

图 1-4　南京轨道交通线路图

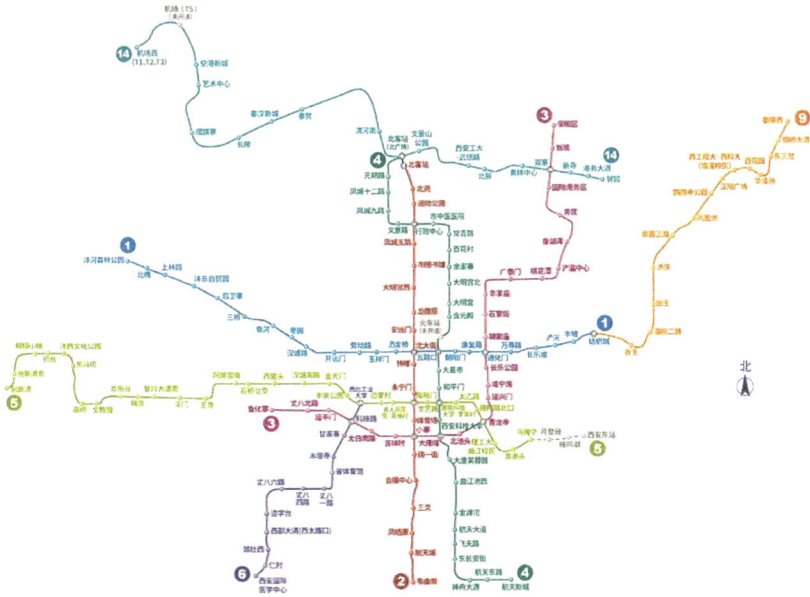

图 1-5　西安轨道交通线路图

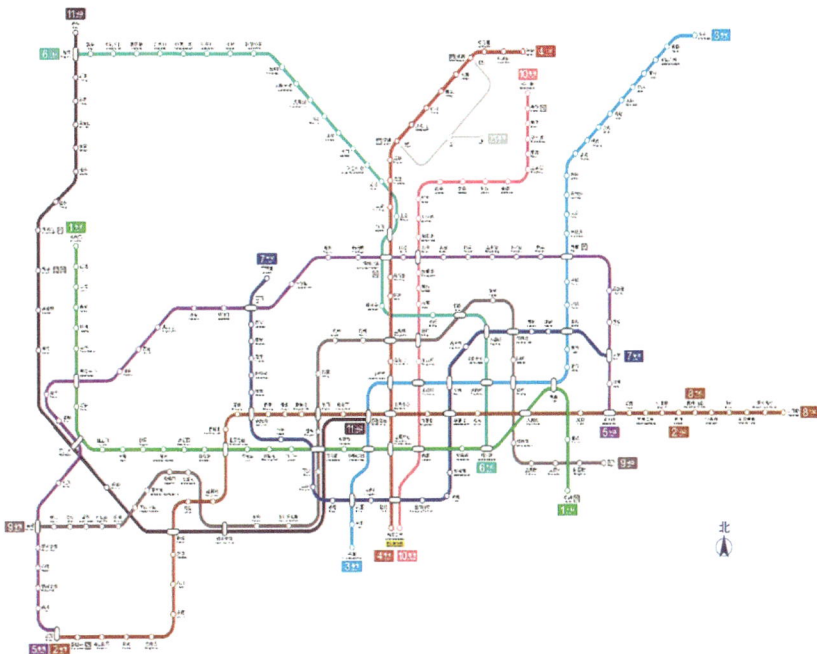

图 1-6　深圳轨道交通线路图

　　"交通强国"政策以习近平新时代中国特色社会主义思想为指导,深入贯彻党的十九大精神,紧紧围绕统筹推进"五位一体"总体布局和协调推进"四个全面"战略布局,坚持稳中求进工作总基调,坚持新发展理念,坚持推动高质量发展,坚持以供给侧结构性改革为主线,坚持以人民为中心的发展思想,牢牢把握交通"先行官"定位,适度超前,进一步解放思想、开拓进取,推动交通发展由追求速度规模向更加注重质量效益转变,由各种交通方式相对独立发展向更加注重一体化融合发展转变,由依靠传统要素驱动向更加注重创新驱动转变,构建安全、便捷、高效、绿色、经济的现代化综合交通体系,打造一流设施、一流技术、一流管理、一流服务,建成人民满意、保障有力、世界前列的交通强国,为全面建成社会主义现代化强国、实现中华民族伟大复兴中国梦提供坚强支撑。轨道交通作为公共交通的重要组成部分,政策中有很多涉及的地方。

　　"交通强国"基本发展目标为:到2035年,基本建成交通强国。现代化综合交通体系基本形成,人民满意度明显提高,支撑国家现代化建设能力显著增强;拥有发达的快速网、完善的干线网、广泛的基础网,城乡区域交通协调发展达到新高度;基本形成"全国123出行交通圈"(都市区1小时通勤、城市群2小时通达、全国主要城市3小时覆盖)和"全球123快货物流圈"(国内1天送达、周边国家2天送达、全球主要城市3天送达),旅客联程运输便捷顺畅,货物多式联运高效经济;智能、平安、绿色、共享交通发展水平明显提高,城市交通拥堵基本缓解,无障碍出行服务体系基本完善;交通科技创新体系基本建成,交通关键装备先进安全,人才队伍精良,市场环境优良;基本实现交通治理体系和治理能力现代化;交通国际竞争力和影响力显著提升。

　　"交通强国"基础设施建设目标为:布局完善、立体互联。在建设现代化高质量综合立体交通网络方面:以国家发展规划为依据,发挥国土空间规划的指导和约束作用,统筹铁路、公路、水运、民航、管道、邮政等基础设施规划建设,以多中心、网络化为主形态,完善多层次网络布局,优化存量资源配置,扩大优质增量供给,实现立体互联,增强系统弹性。在构建便捷顺畅的城市(群)交通网方面,建设城市群一体化交通网,推进干线铁路、城际铁路、市域(郊)铁路、城市轨道交通融合发展,完善城市群快速公路网络,加强公路与城市道路衔接。推进城市公共交通设施建设,强化城市轨道交通与其他交通方式衔接,完善快速路、主次干路、支路级配和结构合理的城市道路网,打通道路微循环,提高道路通达性,完善城市步行和非机动车交通系统,提升步行、自行车等出行品质,完善无障碍设施。科学规划建设城市停车设施,加强充电、加氢、加气和公交站点等设施建设。全面提升城市交通基础设施智能化水平。

（三）城市定位

新中国成立以来，北京市共开展了七次较大规模的城市总体规划编制工作，分别是1953版总规、1958版总规、1973版总规、1983版总规、1993版总规、2004版总规和2016版总规。

这七版总规确定的城市职能定位演变可以大致划分为两个阶段：第一个阶段是20世纪50年代到70年代末、80年代初，这个阶段北京的城市职能强调的是三个中心，即国家的政治中心、经济中心和文化中心；第二个阶段是20世纪80年代至今，强调的是政治中心这一核心职能，同时不断丰富围绕政治中心的其他基本职能。北京城市职能定位转变的背后，蕴含着深刻的社会、经济变化因素。概括而言，改革开放以前，受到"变消费型城市为生产型城市"指导方针的影响，北京一直延续工业城市的发展方向，强调"先生产、后生活"，城市的生活、服务功能薄弱；改革开放以后，从1983版总规开始，资源环境条件的约束开始为规划所重视，1983版总规的主题是"控制"，城市定位表现为淡化"经济中心"；20世纪90年代见证了北京变化最为剧烈的时期，亚运会的召开、分税制、住房分配体制改革、全球化的影响、多中心格局开始形成、各种城市问题逐步显现增多，在这样一个变革和发展的时代，1993版总规的主题是"发展"，定位上突出首都的经济与文化特色；进入21世纪，2004版总规在科学发展观指导下，在延续1993版总规定位的基础上，提出了"国家首都、国际城市、文化名城、宜居城市"的性质定位和做好"四个服务"的城市职能。2016版总规明确提出北京的一切工作必须坚持全国政治中心、文化中心、国际交往中心、科技创新中心的城市战略定位，履行为中央党政军领导机关工作服务，为国家国际交往服务，为科技和教育发展服务，为改善人民群众生活服务的基本职责。其中突出了5个特点：一是严格把住红线约束，突出减量发展，确定了人口总量上限、生态控制线和城市开发边界3条红线；二是不断完善城市体系，构建"一核一主一副、两轴多点一区"的城市空间结构；三是深度融入协同发展，共同建设以首都为核心的世界级城市群，把支持雄安新区建设当成自己的事，形成与北京中心城区、城市副中心功能分工、错位发展的新格局；四是传承保护历史文脉，强化"首都风范、古都风韵、时代风貌"的城市特色；五是提高民生保障和服务水平，提升精细化管理水平，让人民群众生活更方便、更舒心、更美好（图1-7）。

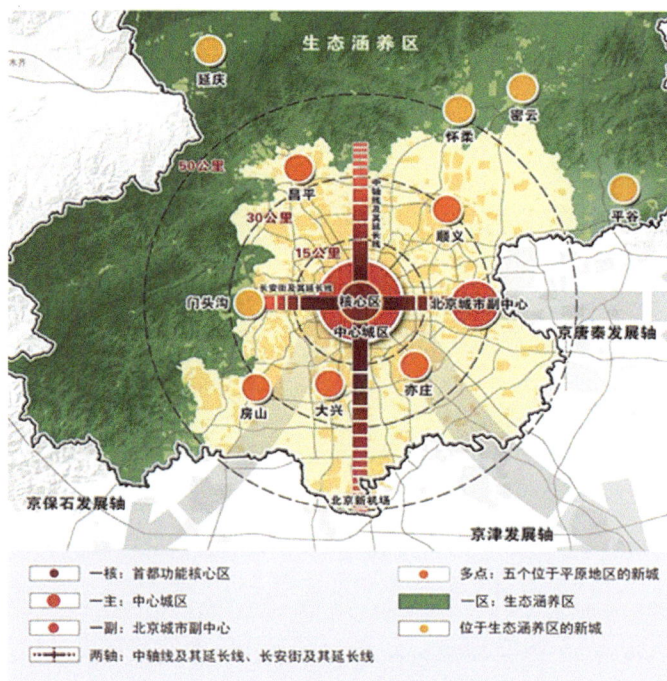

图1-7　北京市总体规划图

（四）北京轨道交通

北京轨道交通始建于1965年7月1日，1969年10月1日第一条轨道交通建成通车，使北京成为中国第一个拥有轨道交通的城市。1950年代末，中国开始在北京、沈阳、上海三座重要城市修建轨道交通，以作为平战结合的战备防御手段。北京轨道交通首先开工，一期工程于1965年7月1日开工，其线路沿长安街与北京城墙南缘自西向东贯穿北京市区，连接西山的卫戍部队驻地和北京站，采用明挖填埋法施工。一期全长23.6km，设17座车站和1座车辆段（古城车辆段），1969年10月1日建成通车。根据预计，北京轨道交通在战时可以每天运送5个陆军整编师的兵力自西山至北京市区。由于属于战备工程，北京轨道交通在通车后很长时间内不对公众开放，需凭介绍信参观及乘坐。1971年1月15日公主坟至北京站段开始试运行，1971年8月5日延长为玉泉路至北京站，1971年11月7日延长为古城路至北京站，1973年4月23日延长为苹果园至北京站。北京轨道交通二期工程始于1969年，其线路沿北京内城城墙自建国门至复兴门，呈倒U字形，设12座车站及太平湖车辆段，线路长度为17.2km。1981年9月15日，北京轨道交通正式对外运营。

1984—2003年，随着2号线、13号线、八通线开通与城市客运出行需求激增，轨道交通客流量也相应增大。2003年，北京市轨道交通客运总量达6.1亿人次。但这个阶段的规划设计中尚无交通接驳意识，轨道交通设计更侧重于线路走向与车站布置，仅仅在车站出入口设置规模不一的集散广场。

2003—2015年，随着2008年奥运会的筹备组织，北京市陆续建设了4号线、5号线、10号线及各郊区线路。2015年，北京市轨道交通客运总量达28.2亿人次。这个阶段规划设计师和管理部门开始意识到交通接驳是体现轨道交通整体服务水平的重要一环，也开始重视交通接驳研究并逐步摸索经验。但由于相关经验缺乏、交通系统特征认识不够等原因，设计成果千差万别。为此，北京市交通管理部门和相关设计单位经过四年调研，于2015年9月颁布了中国第一部轨道交通接驳设施的地方标准《轨道交通接驳设施设计技术指南》DB11/T 1236—2015。

截至2020年12月，北京轨道交通运营里程达727km（图1-8至图1-11，2018年至今的北京轨道交通线路见图1-1）。

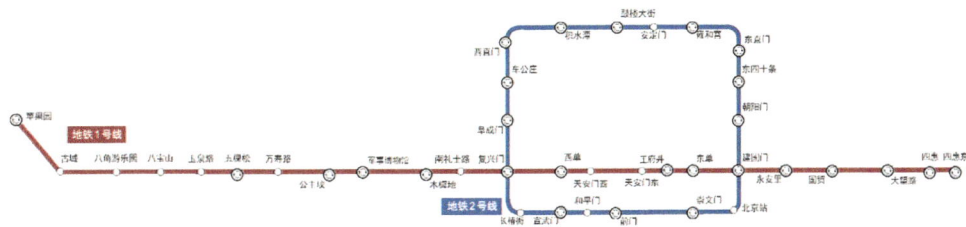

图1-8　1969—2000年北京轨道交通线路图

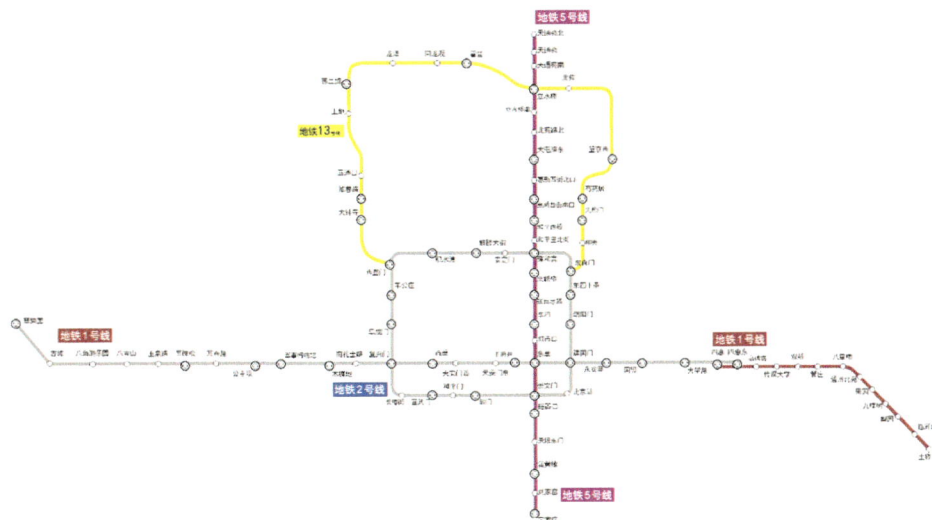

图1-9　2001—2007年北京轨道交通线路图

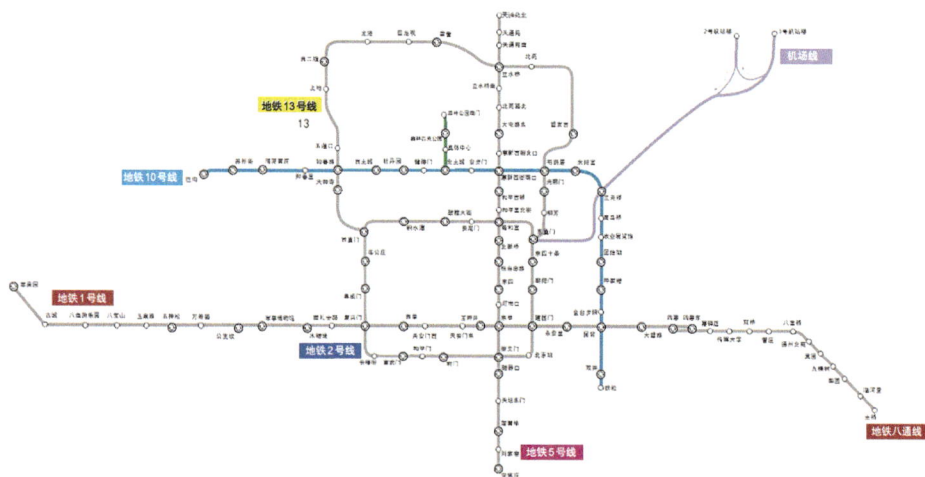

图 1-10　2008 年北京轨道交通线路图

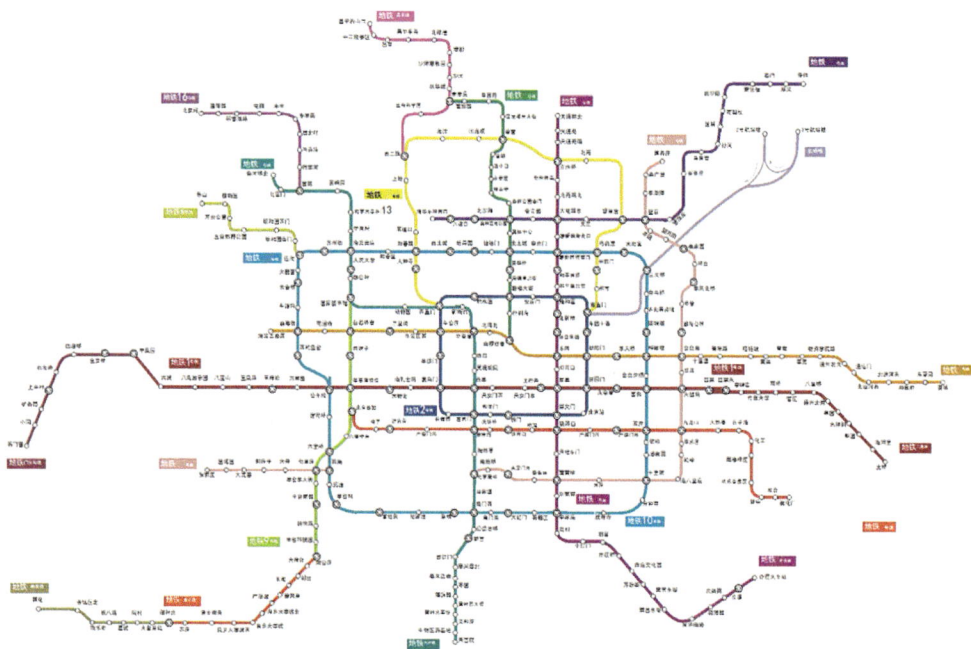

图 1-11　2009—2017 年北京轨道交通线路图

二、需求演变

随着城市建设的发展，轨道交通作为城市交通的重要组成部分，与大众的日常生活关系密切。轨道交通逐渐成为各大城市人们出行的首选公共交通工具，其在各大城市中发挥着越来越重要的作用。从最初对轨道交通满足基本出行的"功能化"需求，逐步过渡到应充分考虑人们的生理以及心理需求，提高公共空间利用率，更好地发挥公共空间的作用，发展轨道交通文化等"人性化""人文化"的需求。

轨道交通设计最初是满足基础需求的"功能化"设计，主要功能是满足乘客上下车的需要；同时，提供多种服务功能，包括客流功能、交通功能、交通辅助功能及商业扩展功能。客流功能要求保证客流从起点到达车内并到达目的地；交通功能要求保证轨道交通线路良好运行；交通辅助功能要求在轨道交通站站口设置站前广场以及指示引导系统，保证周边交通的集散；商业扩展功能要求保证轨道交通站周边配备商业服务设施。

随着社会经济的不断发展，人们对生活环境质量的要求越来越高，轨道交通的"人文化"建设已经相当迫切。一方面，轨道交通的"人文化"在显示城市经济实力的同时，也体现着市民的生活品质；另一方面，轨道交通"人文化"设计在提升城市形象，塑造城市品牌的同时，体现了城市文化和价值观，传递着城市的文化艺术信息。最后，轨道交通的"人文化"作为城市文化的一部分，也对人们的行为与个性产生着潜移默化的深刻影响。因此，必须从人的需求出发，必须从本土环境中寻找，塑造具有城市特色的轨道交通"人文化"设计。

三、概念生成

轨道交通"人文化"是一种以"城市+轨道"为本体，集"技术+艺术"于一身，融"功能+品质"于一体的一种顺应时代发展脉络、迎合人本需求的多维交织、一体融合的现代化轨道交通体系的发展理念。具体来讲，可以分为"人性"和"文化"两个层次（图1-12）。

图1-12 轨道交通人文化示意图

"人性"是人本身的需求，既有生理需求也有心理需求。生理需求是人类维持自身生存的最基本要求，轨道交通车站应创造宜人的舒适空间，如车站内部的空气要具有流动量大、质量好的特点；车站内温度适宜，夏季不过于凉爽，冬季也不能太热；湿度适宜，防止因湿度过大而导致地面凝结水滴，造成安全隐患；室内人工采光稳定，避免产生眩光。心理需求主要包括乘客对导向性、快捷性、安全性及相关配套设施的需求。导向标识要给人提供精确的导向信息；轨道交通车站内部要快速衔接外部交通空间，疏通内部空间流线，节省乘客时间；车站内候车区护栏要考虑周全，保证乘客安全；车站内人性化设施完善，特别是对弱势群体的关爱，如无障碍设施、生活服务类设施等。

"文化"则有着丰富的内涵，体现着"城市文化""艺术化""个性化"等。

"城市文化"：文化是城市发展的灵魂，城市文化通过有形的物质载体与无形的意识载体在城市演进、传承、发展。城市空间是多元城市文化的空间介质，又是城市文化的产物和组成部分。城市文化空间在微观层面上指具体的公共文化设施和日常文化交流活动的场所，与人们的文化生活联系最为密切。城市文化设施作为城市文化空间建构的重要组成部分，在城市发展过程中起到了举足轻重的作用，其空间布局与建构的质与量也对整个城市文化空间体系具有重要意义。城市文化空间和文化设施都在轨道交通"人文化"设计中有所体现。

"艺术化"：轨道交通建设的发展，使得轨道交通越来越受到关注，因此在保证正常使用功能的情况下，还应使得轨道交通建筑更加艺术化。在轨道交通建筑设计过程中，合理地融入一些艺术元素，能够使得轨道交通建筑更加具有美感，更受人们的欢迎，轨道交通车站公共空间的艺术化设计，也是轨道交通"人文化"设计的一部分。

"个性化"：个性化是轨道交通车站公共空间发展的重要趋势，轨道交通车站公共空间是城市的重要标志，所以轨道交通车站公共空间的设计应具有当地城市的个性，应充分融入当地的特点，使得轨道交通车站公共空间更加具有当地特色，能够满足人们的审美需求。

城市轨道交通建设方兴未艾，所以应更加注重轨道交通车站的人文化设计，以便更好地为乘客服务。在设计过程中，应遵循以人为本的原则，充分考虑人们的生理以及心理需求，并通过不断优化设计方案，提高城市轨道交通站域空间环境，增加人们对轨道交通设计的满意度，进而促进轨道交通的优化发展。

第二节　人文化的内涵

一、构成要素

具体来讲，轨道交通"人文化"由下述六个要素构成。

（一）安全

"道路千万条，安全第一条"，随着轨道交通在城市中的普及，它给交通提供了很多的便利，节省了人们的出行时间，成为众人首选短途出行的交通工具。轨道交通安全作为人们生命财产的重要保证在构成各要素中尤为重要。

《国务院办公厅关于保障城市轨道交通安全运行的意见》中指出"城市轨道交通是城市公共交通系统的骨干，是城市综合交通体系的重要组成部分，其安全运行对保障人民群众生命财产安全、维护社会安全稳定具有重要意义。在各有关方面共同努力下，我国城市轨道交通运行态势总体平稳，但随着近年来运营里程迅速增加、线网规模不断扩大，城市轨道交通安全运行压力日趋加大。"

相对于出租车、公交车等交通工具，轨道交通乘坐不需要与驾驶员进行接触，行驶中的轨道交通往往进行全自动驾驶模式的运营，轨道交通司机更多地起到辅助监督作用。且由于轨道交通严格的安检措施，会对人民生命财产造成损失的危险品禁止被带上轨道交通，避免了人为对乘车造成的不安全因素（图1-13）。

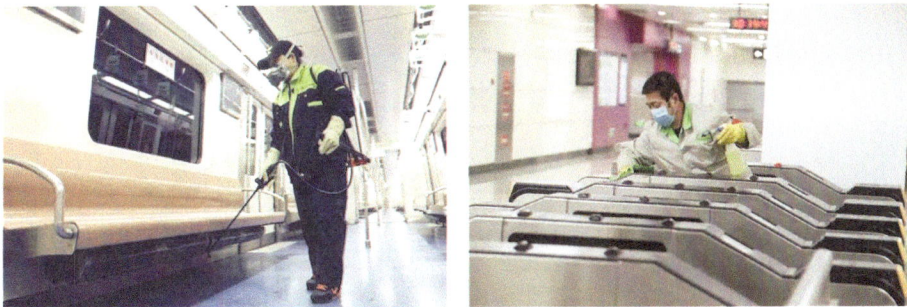

图1-13　北京轨道交通安全性

（左图来源：北京交通网）

（二）便捷

轨道交通的便捷性体现在以下四个方面：

1. 进出站的便捷

轨道交通不需要提前购票和预定，可以随时选择乘坐轨道交通。2018年4月，北京市轨道交通全网开通了手机刷二维码乘车，缩短了进站时间，提高了乘车便捷性。并且随着近年来一体化站域的开发，轨道交通与周边建筑的连通性更强，通过各大商场或办公楼的地下空间可以直接进入轨道交通车站内部，从而避免了过多交通时间的浪费（图1-14）。

图1-14　北京轨道交通进出站便捷性

（右图来源：北京新闻网）

2. 换乘的便捷

相对于公交车出行，轨道交通的换乘活动可以做到不出地面进行，从而不用考虑天气因素带来的影响，并且由于轨道交通具有无障碍设计，对于行动不便的人可以很方便地进行换乘。

3. 可达性较高

以北京城市轨道交通线网为例，截至2020年12月，北京市轨道交通路网运营线路达24条、总里程727km、车站428座，日均客流量超千万。轨道站点遍布北京各个区域，重要区域均有轨道交通。

4. 导向清晰

对于外地乘客或对某一区域不熟悉的乘客，可以在轨道交通车站内的城市轨道交通线网图中看到城市整体的轨道线路情况。站内的国际化标识系统可以很轻松地辨识出目的地的大致方向与所需乘坐线路（图1-15）。

图 1-15　北京轨道交通 S1 线导向标识

（三）高效

高效性主要体现在以下三个方面：

1. 运输量大

大城市的客流每天在进行长距离的交通活动，给城市交通造成了很大的压力。城市轨道交通由于高密度地运转，列车行车时间短，行车速度高，并且有很大的运输能力，成为大城市不可或缺的交通工具。以北京轨道交通为例，据京港轨道交通发布，2020 年 9 月 11 日（周五）北京轨道交通 4 号线客运量为 103.6 万人次；大兴线客运量为 29.7 万人次；4 号线—大兴线贯通客运量为 107.3 万人次；14 号线西段客运量为 6.9 万人次；14 号线东段、中段客运量为 58.1 万人次；16 号线北段客运量为 11.4 万人次。高强度的运输能力有效缓解了北京的交通压力。

2. 准时性强

在现代人们时间观念越来越强的背景下，准时性成为轨道交通的一大优势。由于轨道交通在专有轨道上运行，不受其他交通工具的干扰，不会产生交通拥堵现象并可全天候使用。乘客在站台层候车时可以看到下一班列车的到达时间，行驶时间的稳定性给路程较远或赶时间的乘客提供了时间上预判的可能性。

3. 较高的速达性

与其他交通工具相比，轨道交通由于具有专有轨道，具有较高的速达性。以北京轨道交通为例，北京轨道交通新建 17 号线最高运营时速 100km，新建 19 号线最高运营时速 120km，新建 22 号线最高运营时速 120km 以上。由于列车停站时间短且上下车方便，乘客可以快速到达目的区域。

（四）人性

对于不同使用场所的不同人群，要进行有针对性的人性化设计。从人的感受出发，坚持"以人为本"注重人文关怀，使人与环境和谐共生。城市轨道交通空间人性化设施建设，从最初的仅仅满足无障碍功能需求，到如今从接驳到站体再到车厢内部设施的人性化设计，在满足乘客出行需求的前提下，大大提高了乘客的出行品质。

（五）文化

轨道交通在缓解地面交通压力的同时，也是城市文化的重要展示窗口，轨道交通文化是在城市文化基础上产生的，并反过来进一步提升城市形象、塑造城市品牌。轨道交通文化现在已成为城市或区域文化的缩影，正在朝着空间、人文、美学相互融合的设计手法迈进（图1-16）。

图1-16　北京轨道交通壁画
（图片来源：中国文化传媒网；瞭望东方周刊）

（六）智慧

在加快交通强国建设的顶层规划下，智慧轨道交通建设成为关键一项。在当前大数据、云计算、5G、物联网和人工智能技术蓬勃发展的大背景下，应使新一代信息技术与各行业技术进行充分融合。在充分发挥城市轨道交通便捷、高效优势的基础上，紧握时代脉搏，赋能智能交通系统，构建城市智能新生态（图1-17）。

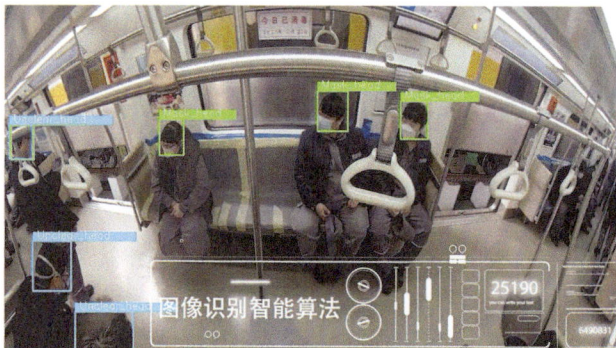

图1-17　北京智慧交通
（图片来源：央广网）

二、体系框架

轨道交通人文化体系框架包括功能层面、品质层面、技术层面和艺术层面四个部分,如图1-18所示。

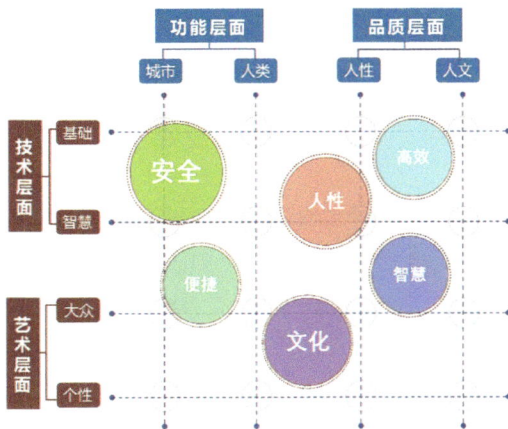

图1-18 轨道交通"人文化"的体系框架

(一)功能层面

轨道交通影响着城市的经济发展,对于区域协调发展具有促进作用。城市轨道交通能够有效地缓解地上交通压力,扩大城区内商业和住宅的服务半径,带动城市边缘地区的发展。轨道交通作为城市交通的大动脉,不断发挥着自身的价值来推动城市经济的发展和社会进步。

轨道交通的建设带来了人们交通方式的改变,由于轨道交通的准时性,为人们到达目的地的时间提供了保障。轨道交通通过广告内容、景观小品的设计起到了文化窗口的作用,对于宣传城市文化、区域文化起到很好的效果,在满足人们出行需求的同时,给人以文化沉浸式的出行享受,满足"城市"和"人类"的双重发展需求。

(二)品质层面

城市轨道交通的建设很大程度上缓解了城市上层空间的交通压力,给城市居民的出行带来极大便利。随着经济的发展和社会的进步,人民群众的文化层次和文明水平不断提升,对安全、舒适、个性化的需求越来越高,单纯的交通功能难以满足乘客需求，环境品质正成为乘客关注的重点。在轨道交通功能建设的基础上，运用新的思想、理念、技术和方法，设计实用美观、人性化的城市轨道交通系统，营造出环境宜人、便捷安全的公共空间（图1-19）。

图1-19　北京轨道交通大兴机场线

城市轨道交通相对于公交车和出租车的乘车流程具有系统性的特点，从接驳到进站再到上车具有一套完整的流程。基于人性化的设计就要不断对轨道交通乘车流程及路线进行优化，对各个公共空间的硬件服务设施进行优化。通过整体配套设施的优化与提升，方便乘客在公共空间中的相应活动，使轨道交通能充分发挥自身优势，达到快速、安全、准确分流乘客的目的。

城市轨道交通车站内的各种文化设施建设不仅可以为乘客带来更具文化气息的交通环境，同时有利于推广城市和区域的特色，成为对外交流的窗口。车站内的文化传播途径主要包括各种壁画宣传、海报宣传、多媒体视听宣传等。车站内进行符合区域特色的装修，宣传所在地区的文化特点，进行符合区域特色的室内外装修，从而使轨道交通车站的在地性增强。从"人性化"逐步推进至"人文化"的品质追求层面。

（三）技术层面

技术层面分为基础层面和智慧层面。最初的城市轨道交通系统设计仅能采用基础技术保障基础层面的需求和发展。城市轨道交通智能化系统一般包括综合监控系统、乘客资讯系统、综合安防系统、通信系统、自动售检票系统和信号系统。现代城市轨道交通系统的智慧水平，使得系统具有更好的感知能力，系统内的各方面信息能够互联互通，具有更智能化的信息处理能力，初步实现了系统与行业的运作"智慧化"，将城市轨道交通从"基础"推进至"智慧"的技术层面。

（四）艺术层面

城市轨道交通在满足人们日常交通乘坐需求之外，更进一步满足了人们对于艺术生活的期待。城市轨道交通作为客流量最大的交通工具之一，时时刻刻在传播着北京城市的文化与独特魅力，从车站出入口造型的设计，到车站内装饰的变化，再到车厢内的充满艺术气息氛围的打造，无处不体现着城市轨道交通工作者对于广大乘客的艺术层面人文关怀，体现着北京作为全国文化中心与国际交往中心的独特优势与发展契机（图1-20）。

图1-20 北京城市轨道交通艺术层面

城市轨道交通人文化体系框架以多层次、多面域的动态发展需求为出发点，从城市到人类的功能层面、从人性到人文的品质层面、从基础到智慧的技术层面、从大众到个性的艺术层面，搭建了多维交织、一体融合的体系框架。

第三节 人文化的历程

19世纪中叶，英国的工业革命使大量的劳动力涌入伦敦，大范围的工业生产使城市高速发展，同时也带来了人口的急速膨胀。各种办公楼、住宅、工厂拔地而起，大规模的城市建设也为交通带来了巨大的压力。如何解决城市交通问题成为当时的首要问题。当时著名的工程师查尔斯·皮尔逊提出，将地面上的铁路通过挖隧道的方法转移到地下的设想。从提出这个设想之后，历经了20年的时间，终于，在1863年1月10日，世界上第一条轨道交通线路在英国伦敦建成通车，自此人类进入了轨道交通出行的元年。在100多年的发展历程中，世界上共有53个国家包括200多个城市开通了轨道交通。轨道交通"人文化"虽然是近些年来提出的概念，但其在轨道交通建设的早期就已经出现并伴随着国内外轨道交通建设逐步发展、成熟，其历程可分为以下四个阶段：

一、初始阶段

英国伦敦轨道交通的建设，为人口稠密地区的大城市如何发展公共交通取得了宝贵的经验，世界其他国家与城市纷纷进行了轨道交通建设（图1-21）。自1863年至1899年，有英国的伦敦和格拉斯哥、美国的纽约和波士顿、匈牙利的布达佩斯、奥地利的维也纳以及法国的巴黎共5个国家的7座城市率先建成了地下铁道。

图1-21　早期轨道交通
（图片来源：天津地铁）

早期的轨道交通由蒸汽机车牵引，为了把烟雾排出，车站甚至没有顶棚。当时的轨道交通设备非常简陋而且污染严重，站内环境非常差，但由于它不像地面道路那样拥堵，还是受到了广大市民的欢迎。此时的轨道交通处在初步发展的阶段，其功能也仅仅局限于城市公共交通的功能，"人文化"的概念尚未有具体的表现。

二、起步阶段

1879年，电力驱动的车辆研制成功，轨道交通开始进入电力牵引时代，轨道交通显示出了强大的生命力，同时轨道交通站内外环境也得到了极大的改善，乘客的乘车环境得到了有效的提升，自此，轨道交通"人文化"逐步在世界各大城市得到体现。

考虑弱势群体：法国在1889年规定，巴黎都会轨道交通铁路公司应在街道与站台之间或对应线路的站台之间高差大于或等于12m处安装电梯，但是由于当时资金及技术的限制，电梯在轨道交通里没有普及。1909年，拉雪兹神父公墓站内安装了第一部自动扶梯，但是早期的自动扶梯运行速度缓慢且使用起来非常不便。美国在1990年公布了ADA（《美国残疾人法案》），在所有公共场所，禁止对残疾人的差别对待。纽约轨道交通也是少有的几个24小时运营的轨道交通系统。在亚洲，日本在20世纪50年代为体力较差的女性和儿童设置了"妇女儿童专用车厢"，并首先在东京京浜线上实行，之后推广到其他线路。

追求艺术品质：随着时代的演进，建筑材料和建筑思潮的更新，人们越来越注重使用空间的环境艺术性和品质的追求。战后巴黎车站进行了极具个性化特征的重建，新的材料被广泛使用，富兰克林·罗斯福站采用未上漆的铝板和灯光广告进行重新装修，加尼叶歌剧院站采用不锈钢覆板进行了重装修，各个车站各具特色，并彻底打破过去墙面整齐地铺着白色瓷砖的模式。莫斯科轨道交通共青团车站被誉为世界上最漂亮的车站，车站巨型的拱门式通道，宏伟的站台大厅，柱面和墙面镶贴着五颜六色的大理石、花岗岩、陶瓷、马赛克，装饰着千姿百态的浮雕、雕塑和壁画，精美华丽的吊灯，犹如一座富丽堂皇的地下宫殿（图1-22）。

图1-22　莫斯科轨道交通共青团站
（图片来源：https：//quokka.travel/）

三、发展阶段

在100多年的发展历程中，出现了新理念、新技术、新材料和新体验，在这些因素的驱动下，轨道交通"人文化"内涵从单一到多样、从轨道到城市、从局部到系统，不断丰富发展。

（一）从单一到多样

城市轨道交通"人文化"设计从初始阶段仅有的无障碍坡道、盲道等针对弱势群体的单一层面的设计，已发展到注重出入口设计、导向标识设计、内部空间设计、流线设计、站内设施设计等更加多样、丰富的设计内容。

1. 出入口设计

轨道交通车站出入口是轨道交通车站连接地上和地下空间的洞口，人们通过出入口进入轨道交通或者搭乘轨道交通后回归城市。轨道交通车站出入口已经成为城市发展的重要节点，出入口联系了城市、人和交通，是轨道交通"人文化"的重要一环。

轨道交通在国外的发展史已经有100多年，现有的国际大都市都有较为完善的轨道交通系统，轨道交通网络贯穿整个城市地下空间。法国的Les Halles地下综合体和日本的多摩新城都是近年来较为现代的作品，加拿大蒙特利尔地下城、日本京都火车站这些都是出入口和城市广场结合的例子。美国好莱坞车站的站前广场设计，将站前广场和酒店广场进行结合，采用复合空间的手法使广场空间富有层次（图1-23）。法国的M2轨道交通车站则是利用立体绿化将轨道交通车站出入口与场地融为一体，长而缓的坡道将集散场地与站台入口和屋顶联系在一起，新颖独特。荷兰阿姆斯特丹的轨道交通车站则是利用光的变换使轨道交通车站空间富有表现性和感染力，空间随着色彩变换带给人们不同的心理感受，成为新时代轨道交通站出入口空间的优秀案例。

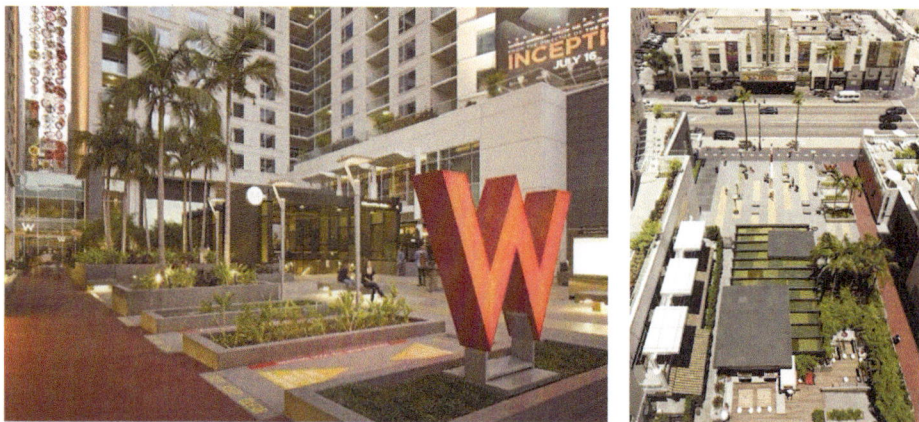

图1-23　洛杉矶好莱坞轨道交通站广场景观设计

（图片来源：https：//www.archdaily.cn/）

2.导向标识设计

标识设计是轨道交通车站人文化的重要评价标准。当人们从地上步入地下，首先要明确自己的方向，这时标识设计的作用便凸显出来。清晰明确、位置合理的标识设计在技术、设计与人文之间搭建起一座桥梁。

伦敦轨道交通标识最重要的特征就是用色彩说话。每条线路都有自己的代表色：中央线是鲜红色的，东伦敦线是金黄色的，维多利亚线是浅蓝色的，区域线则是翠绿色的。伦敦人会用颜色来指代线路，比如"今天坐红线上班""坐粉线去看亲戚""转黄线去看演出"。线路之间虽然错综复杂，但是按照线路颜色就可以一目了然地看清每条线路该走的路线，线路之间的换乘站，换乘方式如通道换乘、站外换乘用单独的符号标出（图1-24）。

图1-24　伦敦轨道交通线路图
（资料来源：https：//tfl.gov.uk/）

米兰轨道交通车站内的运营线路图可以清楚显示所在站点及换乘车站，站内显示屏会显示即将到来的列车班次、方向和时间。轨道交通空间主要以色彩的变化引导乘客进行换乘，M1是红线、M2是绿线、M3是黄线等，线路的颜色与轨道交通车站内空间装饰的颜色也保持一致，换乘标识除了导视牌外，还有墙壁的色带标识，乘客在轨道交通车站换乘时根据换乘信息可以很清晰地了解前进方向。除此以外，米兰轨道交通与其他交通换乘接驳也很完善，换乘标识设计也清晰简约，颜色对比明显，换乘站标识清晰准确（图1-25）。

图1-25　米兰轨道交通线路图

（图片来源：https://www.thecrowdedplanet.com）

日本同样采用以颜色区分线路的标识色设计，在标识本体色设计上，标识内容与背景色对比强烈，内容醒目。根据日本标识系统的相关理论，乘客出站后的行为更具多样性，人群流线呈"集中到分散"的状态，更需要标识系统的引导。所以在日本复杂的轨道交通空间标识设计中，出站与进站在标识内容的颜色使用上，前者比后者要更加醒目。换乘标识清晰地标明换乘线路的名称，各线路用自己固定的颜色标识，并且导向标识的颜色与轨道交通线路图的颜色一致，标识设计用色块引导，并且每隔30～50m都会有信息提示，信息连续性非常好，不会让人因为信息中断而产生焦虑不安或迷失方向（图1-26）。

日本轨道交通空间信息也设有人工语音提示，主要是针对视力障碍者的人性化服务，专供视力障碍者设置的语音信息设备。日本东京饭田桥车站出入口电梯较长，在电梯中部的缓冲区加强细节设计，以缓解人们因空间延伸产生的负面心理。电子显示设备即时播报轨道交通站内线路的突发状况，帮助群众出行或换乘时选择其他路线，还备有针对突发事件的自动体外心脏除颤器，会定时进行使用培训。

图 1-26 东京轨道交通导向标识系统

（图片来源：https://varlamov.ru/）

3. 内部空间设计

人对空间的感知是指人对空间的大小、比例、形态、空间结构的综合认知。空间设计的"人文化"主要体现在空间的围合感、空间的连续感、空间的环境氛围等方面。

削弱空间封闭性：轨道交通车站地下公共空间因其功能需求，与城市地上公共空间仅通过出入口相连，空间封闭性强。人在封闭的地下空间环境中会因围合感过强而产生心理不安和恐慌。如今，越来越多的轨道交通车站为削弱封闭、围合的感觉，将自然光引入地下车站内，运用空间组合的手法创造出有收有放的空间形态。

强化空间连续性：轨道交通车站属于快速通过型交通建筑，其公共空间以交通功能为主，区别于地上建筑公共空间，人在轨道交通车站内缺乏环境参照。在轨道交通车站地下公共空间设计中，应加强空间连续性引导，在空间过渡处强化对空间的引导，创造出连续的空间形态，可提升轨道交通"人文化"水平。

营造环境多样性：不同空间环境具有不同的性格，给人的心理感受也不同。欧美等西方国家在轨道交通车站设计时，加入多种空间环境元素，包括艺术小品、文化装饰等，创造出丰富多彩的空间环境，取得了良好的艺术效果。

4. 流线设计

轨道交通车站综合城市布局和人流集散的特点，大多采用立体空间形式来满足不同功能的需要。轨道交通车站以站厅、站台为核心，通过楼梯和自动扶梯等垂直交通设施，形成紧凑衔接的通过型空间模式。流线设计的"人文化"主要体现在：

站厅层流线组织：轨道交通车站站厅层是乘客集散的场所，是体现"人文化"设计理念的首要部位。站厅层流线的组织，付费区与非付费区的划分、设施、设备的布置，成为设计的焦点。轨道交通车站站厅平面布置得紧凑合理，可使换乘客流与进出站客流分开，避免流线相互交叉干扰。车站楼扶梯宽度及数量要根据客流计算确定，与进出站能力相匹配，可使乘客集散顺畅，并满足疏散要求。

站台层流线组织：轨道交通车站站台是乘客出入和等候列车的平台。站台有效长度范围内为乘客使用区域。该区域划分成上下车与候车区及疏散通道两部分，其设置与站台形式有关。岛式站台疏散通道设在中间，两侧作为乘客上下车与候车区域。侧式站台内侧作为疏散通道，外侧是乘客上下车与候车区域。

换乘站流线组织：轨道交通车站换乘的设计原则发展为直达便捷、减少高差、缩短换乘距离、方便乘客。

5.站内设施设计

轨道交通作为城市交通的重要组成部分，在承担城市交通职能的同时，在短时间内会汇聚大量客流。对于人性化设施相关属性的挖掘，可以促进轨道交通功能精细化、商业化发展，形成地上地下有序发展的整体。一方面，在土地资源日益缺乏的情况下，合理利用好每一寸土地，使每一寸土地都尽量发挥出应有的价值；另一方面，充分发掘乘客客流的人文化需求，在解决交通需求的同时，探索附加产值，完善轨道交通人性化职能，进一步提升轨道交通服务质量。

以轨道交通图书馆为例，早在1981年12月，加拿大蒙特利尔就建立了第一个轨道交通图书馆，此馆面积180多平方米，拥有1万多册藏书量。这座颇具特色的图书馆，能够让乘客由图书馆直接走进轨道交通车厢内，真正实现了公共图书馆与轨道交通融为一体。1987年7月，日本东京轨道交通车站内设置了第一个无人驿文库，至今已有20座驿文库，与传统图书馆相比，轨道交通车站驿文库可以任意借阅，没有时间的限定，凭乘客自觉归还图书。

（二）从轨道到城市

轨道交通"人文化"设计从轨道交通本身的工艺设计到城市层面的一体化设计，将轨道交通与城市的文化、功能、布局结合，从而带动城市的多样化发展，其主要表现为以下几个方面：

1.传播城市的历史文化，塑造城市的文化形象

今天，轨道交通已经不只是一种交通工具，它更多地折射出了一座城市的文化。轨道交通是现代科技的产物，建筑是历史文化的见证。轨道交通空间设计具有重要的文化艺术含义和美学价值，是一个城市文化品位、地域特色的写照，是城市历史的缩影，反映着城市的精神气质和城市居住者的精神面貌。由于每一个国家、地区所处的地理环境、气候、文化传统、风俗习惯、社会经济都不尽相同，轨道交通空间设计呈现出不同国家和地区的民族风格和地域特色。

莫斯科轨道交通始建于1932年，并于1935年3月15日正式开通，总长度近400km，宏伟壮观。莫斯科轨道交通是世界上使用效率最高的地下轨道系统之一，同时也是世界上规模最大的轨道交通系统之一，有着"地下的艺术殿堂"的美称。它反映了当时的建筑文化和新古典主义对轨道交通建筑的影响，具有明显的民族性和地域性。车站配合站名而展开针对性的设计，因而各个车站之间绝无雷同，又极具时代性。其中又以马雅可夫斯基站、共青团站、革命广场站最具有代表性。

瑞典斯德哥尔摩的轨道交通运行线路长达110km，这里收录了半个世纪以来150多位艺术家的作品，壁画、雕塑应有尽有，古典派、现代派和超现代派不一而足，被誉为世界上最长的艺术陈列馆。斯德哥尔摩的大部分轨道交通车站都设置了公共艺术品，分布率高达90%（图1-27）。轨道交通空间的公共艺术品陈设区域包括站台、顶棚、侧墙、通道空间、站厅空间等处。所涉及的题材也比较丰富，包含社会生活、艺术装饰、历史文化、科学探索、人类宣言等几大领域，其中又以艺术装饰和历史文化为主流。公共艺术品的主题与站点所在的区域之间存在着特定的关联性，这种特定的关联性往往与区域所承载的功能性质、历史轨迹、人物事件等息息相关。

（a）体育场站   （b）Tensta站

图1-27 斯德哥尔摩轨道交通站公共艺术

（图片来源：https：//handluggageonly.co.ukl）

1968年10月，中国首条轨道交通线路在北京建成，并于1971年1月开始试运营。当时针对轨道交通空间内的公共艺术，北京轨道交通进行了首批主题性壁画作品的创作，这是轨道交通公共艺术在中国发展的最初阶段，随后各个城市都逐渐开始发展各自的轨道交通公共艺术。早期的北京轨道交通设计由于受到政治、经济等诸多因素的制约，文化因素在轨道交通公共艺术中的表现并不突出。随着2008年北京奥运会的到来，北京轨道交通建设进入新的发展阶段，除了基础的功能需求外，文化需求愈加强烈。新建线路开始有了明确的区域文化主题定位和设计概念，"一线一景"设计理念初步形成。之后的重点站、普通站划分，不仅实现经济性要求，更有利于实现线路整体设计的秩序感。

2.重塑城市格局，打造城市商圈，塑造城市的经济形象

19世纪中叶以来，随着城市空间规模的不断扩大，城市的空间形态从原来的"聚集"开始走向"扩散"。大城市空间结构和交通系统的演化也出现了两个截然不同的发展方向：低密度蔓延的小汽车城市和高密度发展的公交城市。

第二次世界大战后，由于小汽车的普及和高速公路大规模建设，欧美发达地区城市发展出现了郊区化的新现象。郊区化主要表现为人口、产业和经济发展格局的新一轮空间重组，以美国的城市蔓延最为典型。城市蔓延带来了大量土地低密度开发和过多的汽车出行，导致了土地资源的低效率利用、石油能源的大量消耗以及噪声和空气污染，并在大城市形成了严重的交通拥堵。

大城市空间演化的另一个方向是大容量公共交通，特别是轨道交通引导的高密度开发模式，或称为公交城市。公交城市是为应对小汽车高速增长和交通拥堵所采取的一项城市交通战略，已成为全球大都市的发展方向。它体现了一种以城市公共交通为机动化出行主体、以城市公共交通引导城市发展为导向的城市布局结构，是一种受资源、环境、安全等条件约束下的最佳城市建设形态，是一种综合效率和社会环境效益最好的城市发展模式。在这种发展模式下，城市空间拓展和土地利用一直紧紧围绕在轨道交通周边，依托大容量、高速度、安全稳定的轨道交通网形成出行便捷可靠、土地高效利用、资源环境可持续的高密度城市空间体系。公交城市在世界各地的盛行证明，相对于小汽车，轨道交通网络能够给城市空间发展带来更为正面的影响：降低通勤成本，保障城市运行效率，提高城市人口容量，约束城市低密度蔓延。按照目前我国城市发展的前景来看，这种模式无疑是我国大城市和特大城市未来发展的方向。

在我国城市化的特殊背景下，由城市道路网络大量建设和小汽车普及带来的低密度郊区化，以及由大规模城市轨道交通建设运营引致的高密度轴线扩散几乎在同一时期出现，因而该时期我国大城市空间结构的调整和空间形态的转变将显得尤为剧烈，城市交通网络与城市空间之间的相互作用也更值得深入观察和研究。

轨道交通是城市经济的助推剂，能够带动沿线的旧城改造与新城区的开发，促使城市商圈的形成与发展，带动沿线城市地产的发展，进而重塑城市形态，打造城市新经济形象。轨道交通所扮演的角色已经从单一的交通功能开始转变，在轨道交通线路客流量大的地方比如两条线路交会的枢纽站点，多建成大型的轨道交通综合枢纽，或者沿线开发为大型的商业街区，两者的联系从地下再转为地上，成为多功能的城市综合体。

（三）从局部到系统

随着我国城镇化的快速推进，城市的形态已经逐渐突破行政区地域限制，向都市区、城市群空间发展转型，城市的通勤圈也逐渐扩大。轨道交通"人文化"设计从最初局部空间的设计向系统性设计转变。主要体现在以下几个方面：

1.线网总体概念的形成与发展

轨道交通设计中首先体现人文化原则的应属线网规划，因为轨道交通线网规划直接体现轨道交通适用性，体现轨道交通设计是否从满足人们出行需求的基点进行设计的。线网规划是否科学、线路走向是否与客流方向保持一致，直接影响将来轨道交通运营时期的客流量大小。

轨道交通线网规划应与地面交通和城市规划发展方向相一致，这样才能最大限度满足人们出行的方便，真正成为人们出行首选的交通方式。例如，莫斯科和圣彼得堡轨道交通布局与地面交通衔接得很紧密，基本都呈放射形布局，尤其是莫斯科轨道交通，几乎遍布莫斯科近1000km²土地的每个角落，乘客换乘距离基本不超过100m，十分方便快捷。经过一个多世纪的建设，巴黎轨道交通已经形成一个地下网络，几乎可以到达巴黎的任何地方，轨道交通不仅覆盖城区而且也覆盖郊区。这成为这些城市的人们非常喜欢选择搭乘轨道交通出行的一个重要因素。因此，科学合理地开展轨道交通线网规划研究，才能使轨道交通设计实现技术与人文的融汇，使轨道交通设计真正走向人文化，真正为人们带来方便。

相对于欧美城市轨道交通系统的较长建设期，我国城市轨道交通建设速度与城市化进程一样具有超常规发展的特征，即以短短10～20年的时间跨越其他欧美地区30～50年的发展历程。尤其是进入21世纪以来，以北京、上海、广州、深圳为代表的特大城市轨道交通里程迅速增长，在短短数年时间内形成轨道交通网络化布局。

城市轨道交通与地面交通的互补发展，以及国铁与城市轨道交通的一体化发展是线网总体概念的重要延伸，北京城市轨道交通在这两个方面做出了一定贡献。相比欧美国家，北京城市轨道交通起步较晚，轨道交通建设在一定程度上滞后于城市建设。在推动轨道交通与地面交通的互补发展方面，北京采取了适应自身发展阶段和发展实际的应对策略。在北京城市轨道交通高速发展的当下，没有大规模取消地面公交路线，而是将轨道交通与公交线路进行积极调整，避免线路过多重复，推动互补发展，逐步提高整个交通系统的运营效率。北京在推动国铁与城市轨道交通的一体化发展方面也做出了一些尝试。在我国，铁路由国家铁路局负责建设和管理，城市轨道交通则由城市政府或城市轨道交通运营公司来负责，两个部门在轨道交通技术层面和运营管理方面存在差异，铁路到城市轨道交通的通勤化发展缺乏合作机制。如乘客从铁路线路换乘城市轨道交通线路需要重新购票和二次安检，降低了人们的出行效率。北京南站率先实现了铁路与城市轨道交通部门安检系统的互信互认，乘客从铁路换乘城市轨道交通无需再进行安检，但目前尚未实现票务上的统一。

2.区域协同的发展格局

进入21世纪，城市轨道交通建设已摆脱单一的建设模式，不再是不同的轨道交通公司各自为营，而是将不同建设时期、不同线路统一规划设计，逐渐形成初具规模的城市轨道交通网络，构筑城市轨道交通体系。轨道交通线路及站点和原有的城市道路的接驳，地面交通和地下交通同时作用、相互补充，共同形成了立体化、多层次的城市公共交通体系。

从城市局部到城市整体乃至区域网络，如北京城市副中心、深圳前海交通枢纽，京津冀、长三角、大湾区的轨道交通网络的规划和建设，逐渐形成了轨道交通与区域的协同发展格局。在区域协同发展的背景下，明确区域轨道交通的功能定位，依托区域轨道交通系统拓展城市发展空间，将城市轨道交通与区域轨道交通相融合，是未来轨道交通系统的重要发展方向。

纵观东京、巴黎、伦敦、纽约等国际公认的世界级城市，均拥有发达的区域轨道交通系统，都市圈通勤范围已经达到50～70km的区域。其交通体系都经历了从内（城市轨道交通）到外（区域性质的轨道交通）的发展过程。从最初的差异化管理、独立运营到统一规划、一体化建设与发展。在城市规模不断扩张的同时，通过轨道交通的引导，由最初的单中心城市发展成为充满活力的多心型都市圈，形成了以轨道交通为主体的高效、环保的客运交通体系。

京津冀地区是我国三大城市群之一，是支撑和带动我国经济发展、体现国家竞争力的重要区域。京津冀协同发展是国家重大战略，而交通一体化是京津冀协同发展的骨骼系统，也是率先实现突破的重要领域。北京作为全国政治、经济、文化中心，随着其对外辐射能力的增强，居民出行距离逐渐扩大。北京轨道交通圈层的辐射范围逐渐覆盖整个京津冀区域，其都市圈的交通划分为三大圈层：第一圈层为中心圈层，即市中心15km半径的范围，中心城区地铁线网，解决中心城区内部的工作、通勤、商务、旅游交通需求，以M线服务为主，旅行时间30min，最高速度80km/h，以关注覆盖率为主。第二圈层为首都近郊圈层，即市中心30～35km半径的范围，中心城区地铁延伸到郊区圈层，解决中心城区与北京近郊组团的通勤、商务、旅游交通需求，以M线、R线服务为主，旅行时间45min，最高速度100～120km/h，兼顾站点覆盖率和旅行速度两方面需求。第三圈层为远郊区圈层，首都经济圈与京津冀都市圈相结合，从市域线扩展到区域轨道交通线，打破行政界限。建立城市中心区与城市副中心、新城、远郊区、京津冀都市圈的近京功能区之间以及中心区外围功能区之间的通勤、商务和旅游等交通联系，以S线服务为主，旅行时间60min以内，最高速度120～160km/h，更加关注点到点的旅行时间（图1-28）。

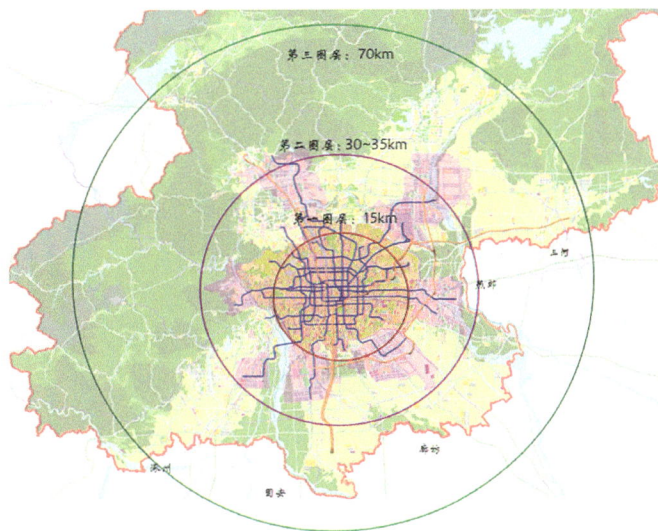

图1-28 北京都市圈交通圈层划分示意

结合北京都市圈空间发展关系和客流需求，明确各个圈层在轨道交通体系中的功能定位和服务范围。其中，区域轨道交通系统是一种基于轨道交通和国家铁路之间的客运交通模式，连接城市中心与郊区或卫星城市，主要服务范围在城市外围地区，负责城市中心与外围地区间长距离的联系，为城镇人口提供大众化的通勤出行服务。在北京主要分为市郊铁路系统和区域快线系统两种形式。区域轨道交通在都市圈交通中起着重要作用：优化都市圈轨道交通体系层次、满足通勤客流快速出行需求、优化和拓展城市空间结构、缓解交通走廊和中心城区交通拥堵、支持京津冀协同发展，同时对其他区域轨道交通的发展具有重要的带头作用。

3.大数据、智慧城市等新技术的融入

在"交通强国"的国家战略指引下，形成布局合理、功能完善、衔接顺畅、运作高效的基础设施网络有助于发挥交通的核心引擎，推动区域一体化发展；在技术发展需求方面，信息化和自动化的两化融合互联网已成为新时代技术发展的趋势，多层域感知、人工智能、移动互联、主体协同等技术的应用，推动着智能轨道交通系统的发展；在人民群众需求方面，如何利用新技术提高乘客多元化的出行需求、提供人性化的服务也是亟待发展的领域。因此，国内大型城市如北京、上海、广州等都在开展智慧轨道交通的相关研究与实践。

北京轨道交通致力于打造面向乘客、面向服务的智慧轨道交通。基于智能轨道交通系统实现轨道交通运输体系中各种要素（人、车辆及设备设施、环境等）进行全面感知、泛在互联、协同运行，利用物联网、大数据、云计算、移动终端、社交网络等新信息技术，结合人工智能、知识工程技术等，建设具有一定自组织能力、判断能力、创新能力的先进轨道交通。打造——倚"脸"出行、依"人"运营、以"云"支撑、一"脑"决策的首都"智慧化名片"，使北京轨道交通成为国际一流、国内领先的智慧轨道交通。其发展原则为：坚持导向、创新引领；统筹谋划、协同推进；统一标准、分期实施。发展目标为：打造基于多系统融合的全出行链智慧乘客服务、基于多维感知的智能车辆/设备运行、基于物联网技术的多专业综合精准智能车辆/设备维护、以项目管理为核心的智慧建设、涵盖列控系统和车辆装备的智慧制造的5类智慧轨道交通应用体系。建设覆盖指挥中心、新建线、在建线、既有线改造的4类智慧轨道交通示范工程。构建轨道交通行业数据中心、行业云平台、基础承载网3类智慧轨道交通基础平台。最终形成涵盖应用、基础支撑、信息安全等方面的一套智慧轨道交通标准体系。

北京市智慧轨道交通的发展路径为：通过运行状态监测、视频图像监测、故障预警监测等信息采集的全覆盖，从"人、机、环"3个方面实现感知，依托有线承载网、无线接入网为各智慧应用提供数据传输通道，建设基于云架构的轨道交通数据中心，实现轨道交通各种大数据的分析和挖掘，打造智慧乘客服务、智能车辆/设备运行、智能车辆/设备维护、智慧建设、智慧制造5类应用，建设涵盖规划建设、运营调度、资产维修维护、安全保障全链条的集态势感知、辅助决策、调度指挥为一体的智慧轨道交通大脑。

从轨道交通的发展历程来看，从最初出于战备需要逐渐发展为缓解城市交通，拓展城市生活空间，尽最大可能方便市民出行，到设计过程中尽可能满足人的生理、心理需求的整个发展轨迹中，都是人类在技术应用中注入人的意志和情感，在满足人的基本生理需求的同时，更大地满足人的心理或精神上的需求，使轨道交通设计朝向"人文化"的方向发展。逐渐形成功能、品质、技术和艺术四个维度，城市、人类、人性、人文、基础、智慧、大众、个性八个层次的多维交织的"人文化"内涵，囊括安全、便捷、高效、人性、文化、智慧六个构成要素的一体融合的"人文化"体系。

第二章　车站地面附属
建筑概念设计

第一节 综 述

■ 一、基本概念与研究范围

（一）基本概念

车站地面附属建筑主要包括地铁出入口地面亭、风亭、冷却塔等露出地面的建（构）筑物。地铁车站地面附属建筑是地铁与外界联系的主要途径，主要作用包括人员的进出和空气的更新。通常情况下，地铁车站的站台及站厅置于地面以下，将车站的出入口、风亭等延伸到地面上方，通常在道路两侧的绿化带、空地内或与周边建筑相结合进行设置。

地面附属建筑布置形式受到众多内外部因素的影响，站址周边环境条件的限制是最大的影响因素之一。在进行地面附属建筑布置时，应综合考虑线网条件和线路条件、道路的交通流量和交通疏解条件、工程及水文地质条件、车站的施工工法、站址范围内地面和地下建（构）筑物和地下管线等影响因素。并结合地铁车站的不同特点，在满足车站使用功能和运营功能要求的基础上，提出相应的地铁车站的地面附属建筑布置形式。

（二）研究范围

研究对象包括已建、在建和将建的所有地下车站地面附属建筑物。从线网层面对各线进行总体定位，明确研究各条线在线网中所处的地位，并提出设计理念、风格和主题，为各条线附属建筑的规划设计提供设计要求和技术指导；从城市的角度统筹地面附属的设计建设，促进与城市风貌的协调，实现与城市空间的有机融合。

二、特征表述

(一)城市交通网络重要节点

地面附属建筑设计是城市交通网络建设中的重要部分,从2005年开始研究制定相关设计原则,在奥运前后建成的4、5、10号线和奥运支线中经过实践应用并逐步完善,反响良好,特别是共性与个性和谐统一的效果得到业内好评,其设计控制原则理念已影响到其他城市。随着北京轨道交通的发展,早期分线建设、单独设计的方法,难以满足现在多线共建、交织成网的需要,系统化设计势在必行。

(二)必要功能构成基础体型

如图2-1所示,地铁出入口作为高使用率的交通建筑,自身具有明确、严格的功能要求,这些基本功能的实现已经构成了标准出入口的基本体型。在此基础上,还要充分考虑地铁运行期间的管理及后期维护。同时满足(包括但不限于)以下功能需求:

(1)基本功能:便于人流的通过,保证安全疏散的宽度。

(2)基本规范:满足一级防火、五级人防的要求。

(3)导向明显:导向牌的设置便于乘客识别。

(4)体量适中:体量比例适中,不侵占城市空间。

(5)顶部实体:出入口顶部实体处理,起到安全、防尘、防水等作用。

(6)两侧通透:出入口两侧采用玻璃幕墙,体型轻盈且利于采光。

图2-1 必要功能构成基础体型

（7）监控安全：保证运营安全。

（8）防滑地面：出入口采用防滑地面，进行人性化设计。

（9）防淹挡板：防止雨水倒灌，日常藏于墙面，整洁美观。

（10）底部实体：出入口底部实体处理，起到防淹防撞等作用。

（三）多彩个性

北京作为文化古都和世界重要城市，不仅在出入口设计中要保证整体风格与城市风貌相协调，形态的个性化处理也应成为城市的亮点（图2-2）。

图2-2　多彩个性

三、存在问题

北京在地铁快速建设时，一些问题也随之而来，以下从全网、线路、地面附属三个层面进行说明。

在全网层面，随着北京轨道交通的发展，早期分线建设、单独设计的方法，难以满足现在多线共建、交织成网的需要，目前仍然缺乏较为完备的全网设计依据和导向。在线路层面，各条线在线网中所处的地位不清，全线的统一设计标准不够细化。在地面附属层面，目前尚缺乏地面附属统一设计标准，各站的地面附属建筑方案过于单一，缺乏不同风貌、区位、具有针对性的多元化的处理方法；且在地面附属建筑物设计之初，缺乏对一体化及交通接驳的需求考虑。

第二节　全网车站地面附属建筑设计架构

一、设计依据

北京城市发展战略定位是全国：政治中心、文化中心、国际交往中心、科技创新中心。此战略定位是北京轨道交通建设的必要性与制定依据。根据地面附属物全网概念设计的重要研究背景，分别从北京城市战略定位、空间结构、文化、自然、交通、农业、副中心等多个方面进行总体布局（图2-3）。

政治中心　　　　　文化中心　　　　　国际交往中心　　　　科技创新中心

图2-3　北京城市发展战略定位

（一）空间结构布局

在推进京津冀协同发展，形成"一核一主一副，两轴多点一区"的空间布局结构背景下，轨道交通地面附属建筑设计原则，应首先在功能基础上符合所处城市规划要求（图2-4）。

（二）文化结构布局

轨道交通地面附属建筑应符合所处的城市风貌区的规划要求，如古都风貌区、平原风貌区、风貌控制区、风貌引导区（图2-5）。

（三）道路系统及轨道交通规划

在市域轨道交通和道路网系统规划的背景下，轨道交通地面附属建筑应充分考虑交通接驳的规划要求（图2-6）。

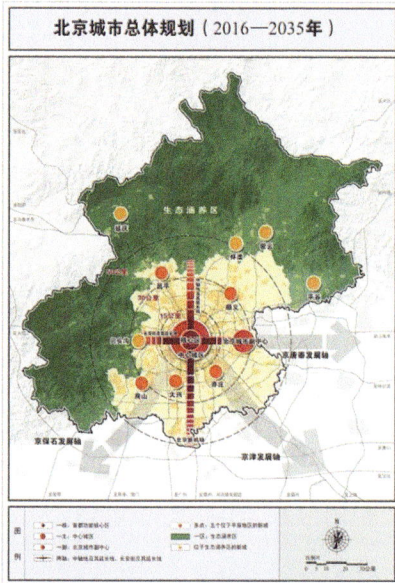

图2-4 北京市域空间结构规划图

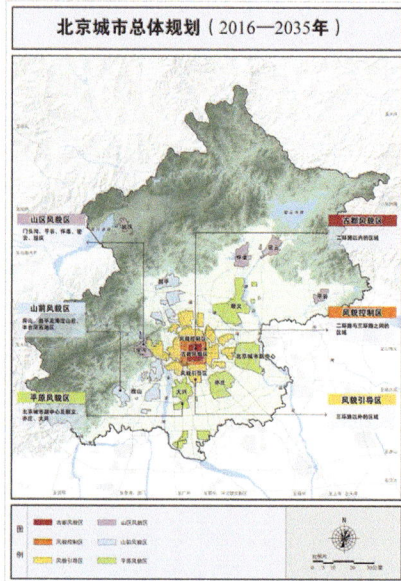

图2-5 北京市域风貌分区示意图

（四）一体化

在中心城区功能分区和市域用地功能规划的背景下，轨道交通地面附属建筑应充分考虑一体化的需求（图2-7）。

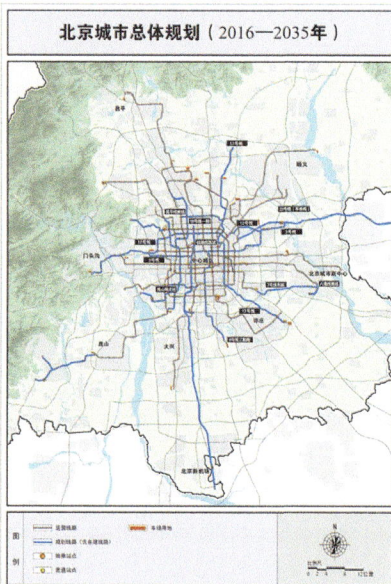

图2-6 北京市域轨道交通规划示意图

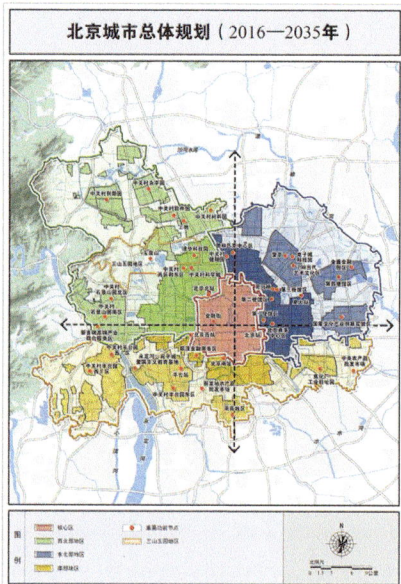

图2-7 北京中心城区功能分区示意图

（五）自然结构布局

当轨道交通地面附属建筑处于城市景观带和水系时，应符合所处市域绿色空间和蓝网系统对生态、绿色和环保的规划要求（图2-8）。

二、设计目标

结合北京市新的城市发展需要和目前轨道交通的现状及发展趋势对新建线网提出线网结构规划，研究各条线在线网中所处的地位。从线网结构的高度对线网内各线进行总体定位，确定其所承担的主要任务、体现的历史文化经济特色，以及与已建成和在建线网间的相互关

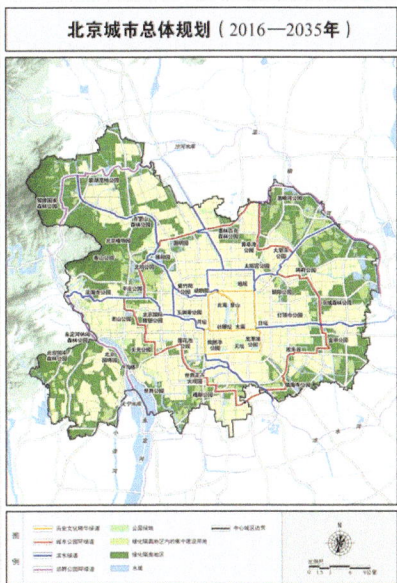

图2-8 北京中心城区市级绿道系统规划图

系和不同侧重方向，同时对新线网地面附属建筑概念设计制定指导原则和定位方向。根据线网结构规划及各线定位，确定各线路车站地面附属建筑的定位，对规划各线路及车站的地面附属进行层级划分，指导各线明确标准口、个性口等。

三、设计内容

从北京市"总体规划—控制性详细规划"出发，以"城市设计—轨道交通一体化"为导则开展地面附属建筑全网概念设计，以该概念设计为管理主体来指导实施的主体单位进行各线路概念设计及各站地面附属概念设计，同时实施的主体单位在开展具体工作过程中应及时将意见及建议反馈给管理主体单位（图2-9）。

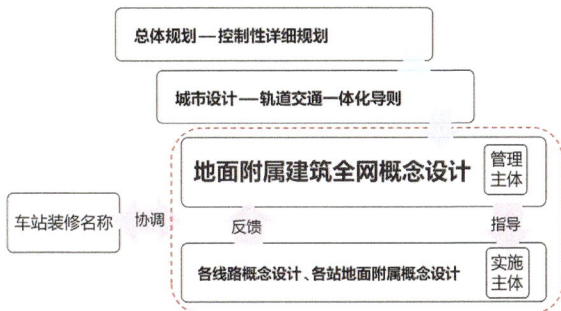

图2-9 全网车站地面附属设计构架

第三节 "人文化"全网设计

一、站口类型与比例分配

(一)站口类型定义

1.个性站口

呼应特定地标建筑或周边特色环境风貌。

2.协调站口

协调地标性建筑、建成线站口、主要街道。

3.标准站口

最常见站口,体现城市风貌基调,呼应特色面域。

(二)比例分配

从调研出发,站在全网高度,以世界城市建设标准,因地制宜地应用核心概念,合理控制个性、协调和标准站口的数量比例,使这种分布广泛的类型化建筑,总体符合城市基本风貌,又有合理的个性亮点跳跃提升。

如图2-10所示,建议个性站口的比例为10%,此类站口的处理以呼应特定地标建筑或周边特色环境风貌为主;建议协调站口的比例为30%,此类站口的处理

图2-10 站口类型与比例分配

以协调地标性建筑、建成线站口、主要街道等为主；建议标准站口的比例为60%，此类站口是最常见站口，处理以体现城市风貌基调，呼应特色面域为主。

二、城市风貌

如图2-11所示，城市风貌三要素主要体现为体量、肌理和色彩。呈现出成熟稳重的方正轮廓、变幻有秩的城市肌理和融汇古今的彩灰色系，形成北京独有的城市性格：中华文化主流城市所特有的成熟与自信。

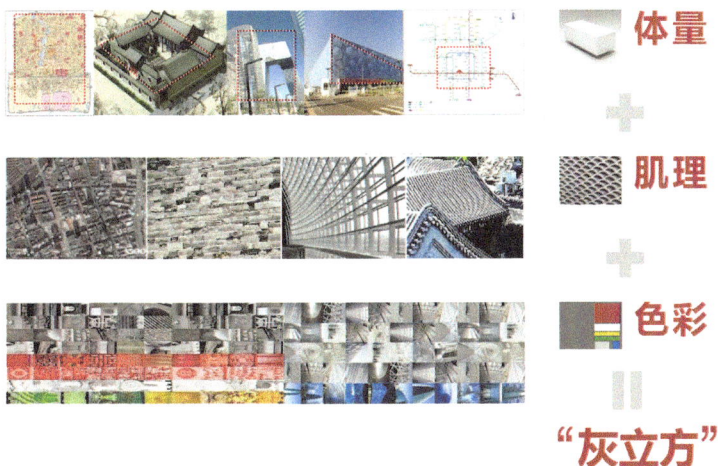

体量 + 肌理 + 色彩 = "灰立方"

图2-11 北京的城市风貌

三、模块解析

在"灰立方"的概念体系指导下，推导出"灰模方"的模数化结构体系，此种结构体系方便施工，易于维护和控制造价。

钢结构形式：站口采用1.2m标准化型钢排架结构。模块化设计能够控制造价、缩短工期、便于大批量施工建造和后期维护（图2-12）。

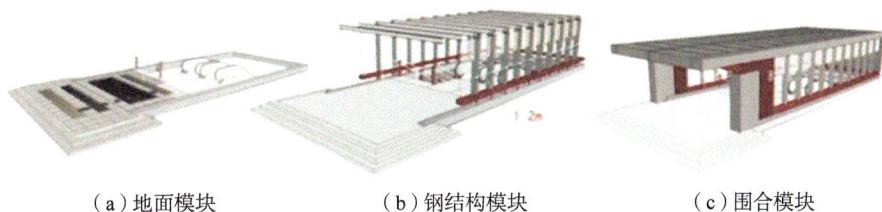

（a）地面模块　　　（b）钢结构模块　　　（c）围合模块

图2-12 钢结构形式

混凝土结构形式：模块化设计利于造价及工期控制，同时方便施工和后期维护（图2-13）。

（a）地面模块　　　　　　（b）混凝土结构模块　　　　　　（c）围合模块

图2-13　混凝土结构形式

四、全网核心概念

以全网核心概念"灰立方"为基础，体现北京城市肌理，以"灰模方"体现共性基础，以"彩魔方"体现个性跳跃，同时呼应城市风貌（图2-14）。

图2-14　全网核心概念

五、文化地图

将新的城市总体规划与线网面域叠加，根据文化空间布局以及城市结构布局，从城市规划层面优化、整合总网文化面域。经优化整合，新的总网面域由23个特征区构成（图2-15）。

六、概念应用

"点"代表车站，"线"代表线路，"面"代表线网，将"点"串联起来形成"线"，"线"交织形成"面"，线网指导线路，线路控制车站，形成"点、线、面"三者之间互相呼应的关系。整面细分为域，域将线切割成段，段内选取重点提升为亮点（图2-16）。

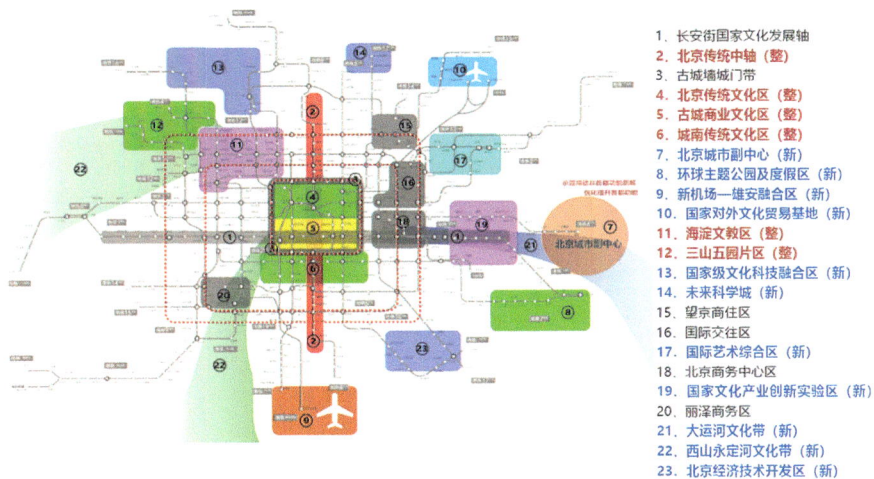

图2-15 北京总网文化地图

1. 长安街国家文化发展轴
2. **北京传统中轴（整）**
3. 古城墙城门带
4. **北京传统文化区（整）**
5. **古城商业文化区（整）**
6. **城南传统文化区（整）**
7. 北京城市副中心（新）
8. 环球主题公园及度假区（新）
9. 新机场—雄安融合区（新）
10. 国家对外文化贸易基地（新）
11. **海淀文教区（整）**
12. **三山五园片区（整）**
13. 国家级文化科技融合区（新）
14. 未来科学城（新）
15. 望京商住区
16. 国际交往区
17. 国际艺术综合区（新）
18. 北京商务中心区
19. 国家文化产业创新实验区（新）
20. 丽泽商务区
21. 大运河文化带（新）
22. 西山永定河文化带（新）
23. 北京经济技术开发区（新）

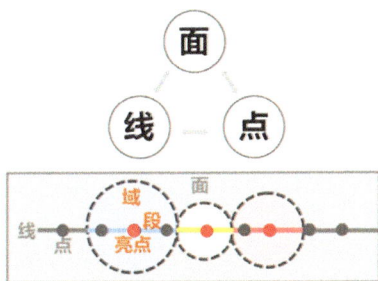

图2-16 概念应用

七、设计原则

依托城市风貌区，以环路为界，在面域内协调设计原则中环境呼应与线路概念关系。但同一风貌区内的设计手法，仍要针对不同细分面域有所差别（图2-17）。

（一）古都风貌区

该区域地面附属建筑物设计主要以呼应环境为主，同时体现线路概念。如：3号线一期、17号线中段、19号线一期中段。

（二）风貌控制区

该区域地面附属建筑物设计中呼应环境与体现线路概念两者之间比重相当。如：12号线中段，19号线一期南、北段，17号线，昌平线南延。

图2-17　设计原则

（三）风貌引导区

该区域地面附属建筑物设计主要体现线路概念较多，呼应环境的比重较少。如：12号线东、西段，17号线南、北段，房山线北延。

（四）平原风貌区

该区域地面附属建筑物设计主要体现线路概念较多，呼应环境的比重较少。如：未来的郊区线。

第四节　"人文化"分项设计

文化面域控制原则主要包括三部分：内外协调原则、换乘站风貌处理原则、敞口处理原则。

一、内外协调

地面附属建筑尽可能与公共区装修协调，做到文化层面上下呼应、色彩应用上下协调。如：6号线公共区装修与地面附属设计概念均为"京城连廊"，表现城市连廊上的砖色渐变，按区段分色，应用于"砖"的手法，如图2-18所示；7号线公共区装修设计概念为"城南窗韵"，地面附属设计概念为"祥瑞回文"，采用"窗"的元素点缀，以南城传统民居色调，提炼灰、红混搭的灰暖基调，根据区段不同，各区域点缀金铜色，新城区点缀红、黄、绿纯色，如图2-19所示。

图2-18 6号线站内外照片

图2-19 7号线站内外照片

二、换乘站风貌处理

（一）二期线网中与既有线换乘站

二期线网中与既有线换乘站见表2-1。

二期线网中与既有线换乘站 表2-1

站名	线路名称	站名	线路名称
东四十条站	3号线/2号线	永安里站	17号线/1号线/18号线/4号线
团结湖站	3号线/10号线	广渠门外站	17号线/7号线
朝阳公站	3号线/14号线	十里河站	10号线/14号线
长春桥站	12号线/10号线	次渠站	17号线/亦庄线
人民大站	12号线/4号线	牡丹园站	19号线/10号线
大钟寺站	12号线/13号线	积水潭站	19号线/2号线
安华桥站	12号线/8号线	平安里站	19号线/3号线/4号线/6号线
和平西站	12号线/5号线	右安门外站	19号线/14号线
光熙门站	12号线/13号线	新宫站	19号线/大兴线
三元桥站	12号线/10号线/机场线	京广桥站	28号线/10号线
高家园站	12号线/14号线	大望路站	28号线/1号线/14号线
望京西站	17号线/13号线/15号线	大郊亭站	28号线/7号线
太阳宫站	17号线/10号线	六道口站	昌南/15号线
西坝河站	17号线/12号线	西土城站	昌南/10号线
东大桥站	17号线/6号线/28号线/22号线	首经贸站	房北/10号线

（二）二期线网中同期建设换乘站

二期线网中同期建设换乘站见表2-2。

二期线网中同期建设换乘站 表2-2

站名	线路名称	站名	线路名称
工人体育站	3号线/17号线	金融街站	19号线/18号线
苏州桥站	12号线/16号线	光华路站	28号线/R4
蓟门桥站	12号线/昌南	上清桥站	昌南/19号线
潘家园西站	17号线/11号线	丰益桥南站	房北/16号线
北太平庄站	19号线/12号线		

原则：以先建设的优先，同时考虑所在区位，若距离较近则以协调为主；若距离较远，处于不同的街区，则以各自街区风格为主。可结合城市风貌，同质化处理，以导向标识为识别性，细节颜色可略有区别。

三、敞口处理

（一）运营问题

运营方面有如下三方面的问题：防淹、防雨；防落叶、防坠物、防坠落；疏散、防盗、检修。

（二）设计要点

1.满足规范及运维要求，井道底部应设置集水坑。

2.敞口风亭顶部的封口设施满足通风排风量的需求，同时应具备防坠落、防杂物、防腐蚀、防盗功能，且应设置带锁的检修口，检修口应与风道检修爬梯结合。

3.敞口风亭在铺装上最好采取两层绿化带进行隔离，或直接将风亭设置于广场绿地或人行道绿化带中。

4.敞口安全口位置选择应避免通道过长增设风机房，无法避免时应将风机房设在地下，将排烟井设置在绿地内。

5.敞口安全口疏散门或防盗门设置在地面以下平台处，并设置集水坑。

6.敞口安全口地面应采取防滑措施。

7.敞口安全口、风亭外立面选材应与周边环境协调，并做好设备专业接口处理。

敞口处理如图2-20所示。

图2-20　敞口处理

四、典型模块组合及标准化

(一)典型模块组合

典型模块组合如图2-21所示。

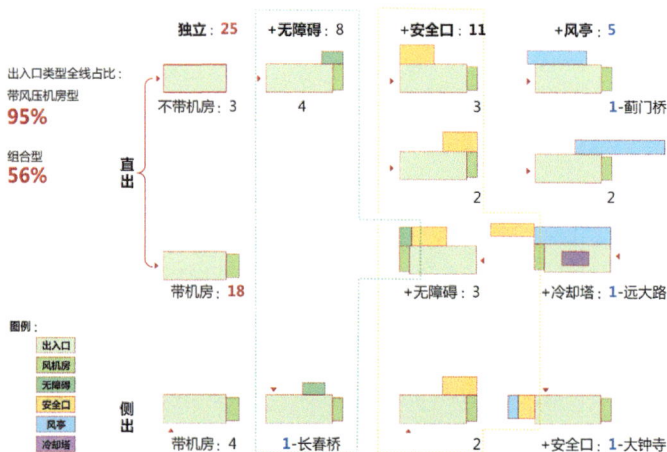

图2-21　典型模块组合

(二)出入口特殊组合形式

出入口特殊组合形式如图2-22所示。

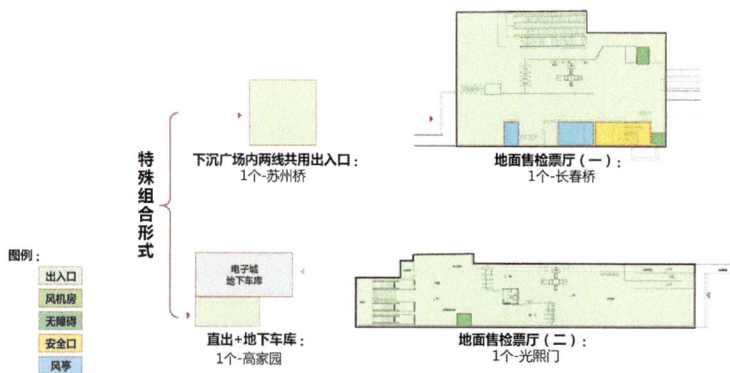

图2-22　出入口特殊组合形式

(三)其他附属组合形式

其他附属组合形式如图2-23所示。

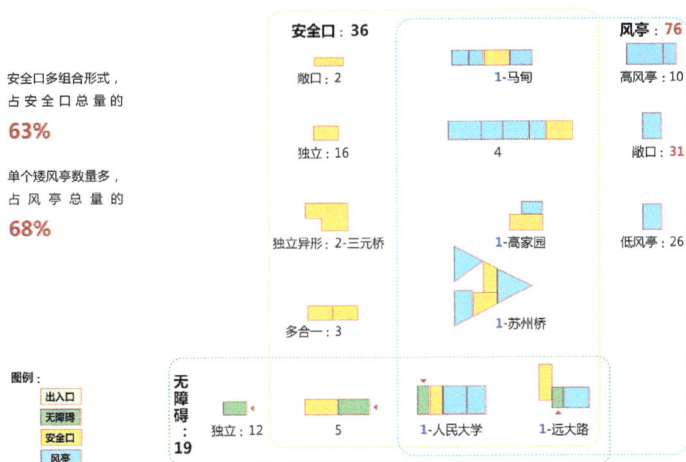

图2-23　其他附属组合形式

(四)地面亭长度标准化

地面亭长度标准如图2-24所示。

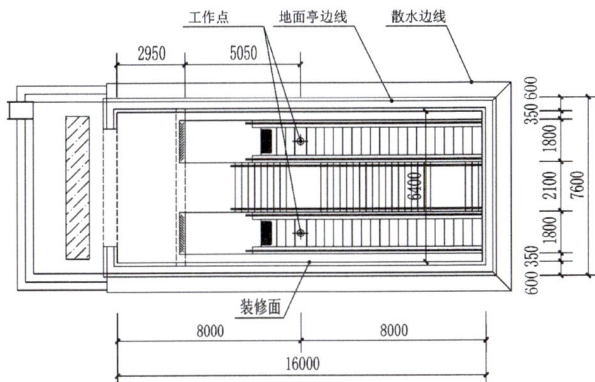

图2-24　地面亭长度标准

1.相关规范:

(1)《民用建筑设计统一标准》GB 50352—2019

1)6.8.6楼梯平台上部及下部过道处的净高不应小于2.0m,梯段净高不应小于2.2m。

2)6.9.2.6自动扶梯的梯级、自动人行道的踏板或胶带上空,垂直净高不应小于2.0m。

(2)《地铁设计规范》GB 50157—2013

1)9.3.15公共区楼梯和自动扶梯(踏步面檐口至吊顶面)最小高度2.3m。

2)9.7.7两台相对布置的自动扶梯工作点间距不得小于16m;自动扶梯工作点

与前面影响通行的障碍物间距不得小于8m；自动扶梯与楼梯相对布置时，自动扶梯工作点与楼梯第一级踏步的间距不得小于12m。

（3）《城市轨道交通工程设计规范》DB11/995—2013

1）9.3.2公共区人行楼梯最小净高2.4m。

2）9.6.9乘客使用的自动扶梯的梯级前缘，以及自动人行步道胶带上空与任何障碍物的最小垂直距离不应小于2.4m。

2.建议出入口地面亭尺寸统一如下：

（1）无机房正出：16.5m（长）×7.5m（宽）；

（2）无机房侧出：20m（长）×7.5m（宽）；

（3）有机房正出：17.5m（长）×7.5m（宽）；

（4）有机房侧出：21.5m（长）×7.5m（宽）。

注：宽7.5m=6.7m+0.8m。

（五）风机房体量优化

按照《地铁设计防火标准》GB 51298—2018的要求，目前出入口通道大多超过60m，应设置排烟设施，出入口地面亭与风机房组合形式成为标准模块（图2-25），为控制模块体量需对风机房体量优化并且标准化，结合设备要求，风机房的体量控制可参考表2-3。

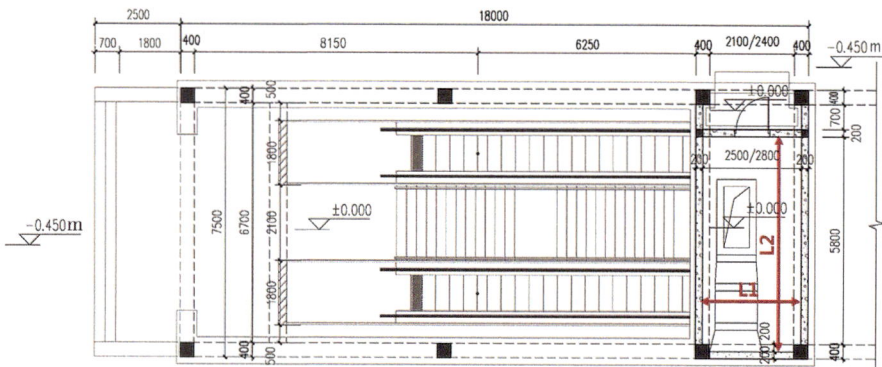

图2-25 风机房出入口地面亭平面图

风机房的体量控制表 表2-3

通道长度	风机房长度L_1（m）	风机房宽度L_2（m）	风机房室内净高H（m）
＞60m且＜100m	2.5	6.0	2.8
＞100m	2.8	6.0	3.0

无机房出入口地面亭的开口段受楼扶梯垂直净高（按照2.4m控制）、吊顶最小净空及顶板的制约，开口段最小为16m（图2-26）。

有机房出入口地面亭的开口段同样受楼扶梯垂直净高（按照2.4m控制）、吊顶最小净空及顶板的制约。首先不考虑风机房体量，通道增加风管，吊顶净空需要增加，地面亭开口段需加长至17m（图2-27）。其次，风机房可考虑设置在地面亭后端的三角区。

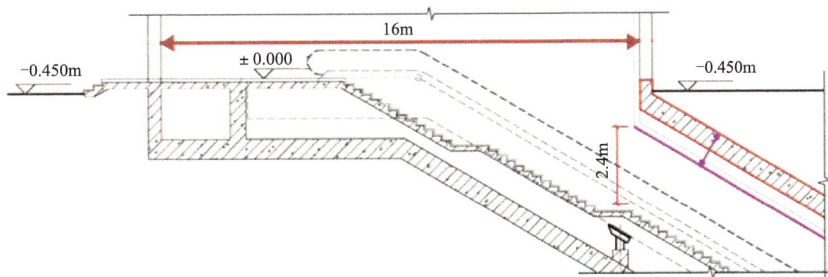

图2-26　无风机房地面亭长度

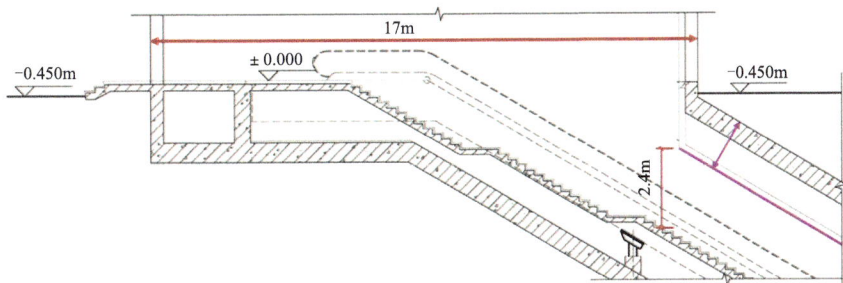

图2-27　有风机房地面亭长度

第五节　二期线网各线主题概念及典型案例

■ 一、各线主题概念

1.“面”——全网

归纳城市面域为23个城市风貌区，给出其范围、总体定位、站点设计主题和风格的建议性规定。

2.“线”——各线

研究得出各线路的总主题，并对线内站点的总体风格提出建议范围和控制底线。

（一）3号线一期

1.线路概况

3号线是线网中贯穿中心城核心区北部的一条东西向大运量骨干线，是新一轮8A线网中的东西向骨架线。与1、6号线近距离平行，平安里站以西段位于1、6号线之间，南距1号线1.8km，北距6号线1km；平安里站至南锣鼓巷站2.6km，与6号线共走廊；南锣鼓巷站至东四环以东位于6号线北侧1.2km（图2-28）。

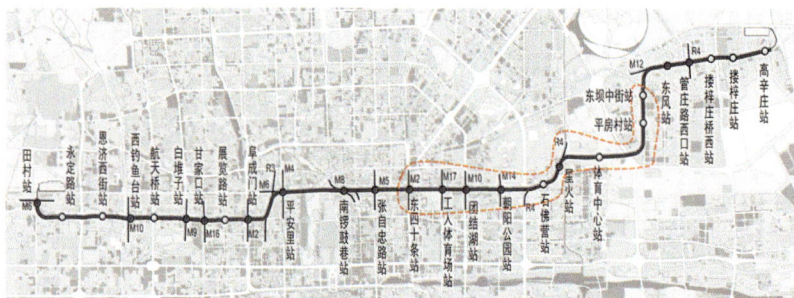

图2-28　3号线一期线路图

2.环境分析

北京地铁3号线途经西部传统商住区、古城墙文化带、传统文化区以及现存和规划中的国际交往服务区，中国传统文化与国际时尚文化并存，体现北京对文化的包容性，故将线路属性定义为文化交融线（图2-29）。

1.长安街国家文化发展轴
3.古城墙城门带
5.古城商业文化区
11.海淀文教区
16.国际交往区
17.国际艺术综合区
18.北京商务中心区
21.城西传统商住区

图2-29　3号线环境分析图

3.车站分级

通过对线路穿越区域结合车站周边环境分析后将：东四十条站、工人体育场站、朝阳公园站定为重点站，其余车站为普通站，如图2-30所示。

东四十条站：车站位于古都风貌区内，无新建出入口地面亭，安全口、无障碍电梯应协调周边建筑，风亭应结合绿化设置，采用低矮风亭在城市环境中消隐。

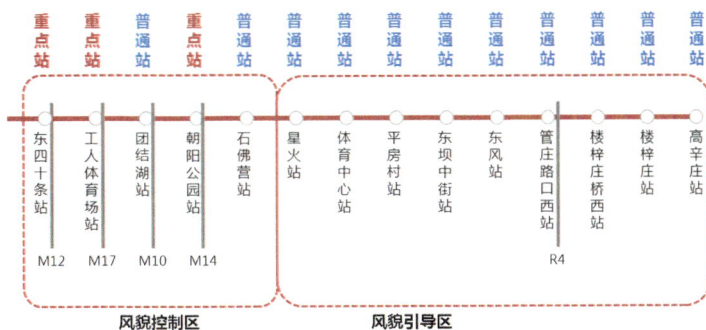

图2-30　3号线车站分级示意图

工人体育场站：车站位于风貌控制区内，呼应城市风貌，协调工人体育场。

朝阳公园站：车站位于风貌引导区内，呼应城市风貌，协调14号线出入口风格。

4.概念主题

本线路的概念主题为"城市放映机"（时空映画）。3号线是线网中贯穿中心城核心区北部的一条东西向大运量骨干线。本段起点是东四十条站，线路穿过城市核心区、城市边缘和外围，特别是核心区的每一站都有独特的风貌，本设计利用"拉洋片"这种老北京传统艺术的理念，以车站附属为载体，用契合各站风貌的室内吊顶造型和玻璃上的彩釉图案，在白天与夜晚呈现出丰富的图案效果，使附属融入不同环境，近人尺度精细化设计，契合周边风貌，具有灵活性、可变性。形象符合沿线城市环境与城市气质，集聚现代气质。

5.方案效果

地铁3号线出入口效果如图2-31所示。

图2-31　3号线出入口效果图

6.衔接关系

以全网概念设计原则为指导，一期、二期各站点风格在线路概念控制下，根据站点所处的城市面域、风貌区协调环境呼应与线路概念显隐关系，保持线路共性风格的基础上呼应环境风貌，适度变化形成穿越面域时手法的弹性，个性丰富共性，共性兼容个性。

(二)12号线

1.线路概况

12号线工程位于城市北部地区，沿北三环东西向布置，西起西四环四季青桥南，沿途经西四环路、远大路、长春桥路、北三环路、机场高速、芳园西路、万红路，至东坝北区设置终点站，是地铁2号线和10号线之间的一条加密线路（图2-32）。起点处在西四环外与3号线共用停车场一座，终点处在酒仙桥东侧铁路环内设架修车辆段一座。12号线途经海淀区、西城区、东城区、朝阳区四个城区，正线全长29.2km，全部为地下线，预测最大高峰小时断面客流4.62万人。

图2-32　12号线线路图

2.环境分析

现状基本为建成区，沿线土地利用程度较高，用地功能以居住、教育科研、商业为主。线路西端穿过绿化隔离地区，东部穿过绿化隔离地区、酒仙桥地区和东坝北区沿线土地有部分尚未开发，村镇建设用地、施工用地、空地以及绿地所占比例较高。全线21座车站线路主要与三环及三环相连的机场高速并行，其中14座车站所处的环境范围为立交桥区域内，7座车站处于城市主干道的两侧。周边时尚商业众多、名校聚集、艺术荟萃、科技聚集（图2-33）。

3.车站分级

通过对线路穿越区域结合车站周边环境分析后，将长春桥站、苏州桥站、蓟门桥站、三元桥站定为重点站，其余车站为普通站，如图2-34所示。

长春桥站：车站位于风貌引导区内，A出入口地面附属建筑设置在桥区匝道

图2-33 12号线环境分析图

金四季购物中心

住宅区

世纪金源购物中心

海淀区政府

中国科学技术馆

环球贸易中心

中医药大学

电子城

内，整合了安全口、无障碍垂直电梯、风亭、地面安检等功能，应重点处理，协调城市风貌。

苏州桥站：车站位于风貌引导区内，是区域内重要的景观节点站，北侧附属协调三义地产开发地块建筑。

蓟门桥站：车站位于风貌控制区内，地面附属建筑在城市景观带上，采用消隐的处理手法。

三元桥站：车站位于风貌引导区内，地面附属建筑在城市景观带上，协调城市风貌。

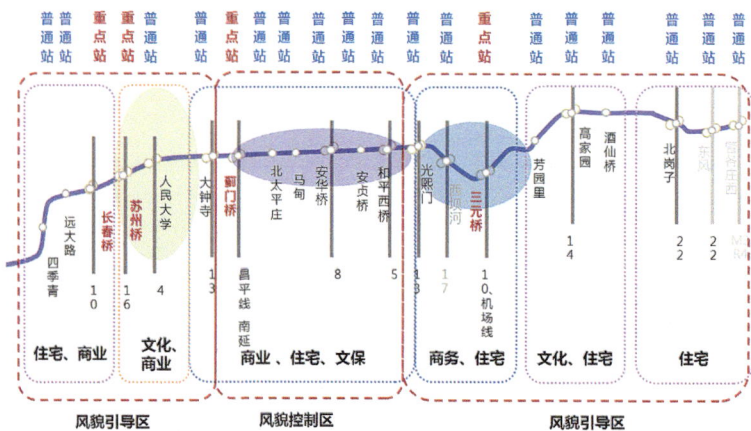

图2-34　12号线车站分级示意图

4.概念主题

本线路的概念主题为："风歌水舞"（图2-35）。

图2-35　12号线概念主题

本线路基本并行于城市高快速主干道路。站位环境可分为平面道路两侧的"道区"和立交或高架桥体系内的"桥区"两类。道区口多为方正体量，融入平直街景建筑轮廓线；桥区口多为前高后低的S曲线，既弱化体量又呼应立交桥的起伏曲线轮廓，还能贡献融入环境的第五立面。

出入口立面除了大面积的通透玻璃外，道区口的实体，为从后向前几组由实体立柱转折为檐口的平行线条，既像车辆风驰电掣的视觉暂留光影轨迹，又像劲风吹拂杨柳枝条飘动的姿态；而桥区口的实体，是后低前高的三组S曲线檐口线条，既像汇入音乐般的桥体飞虹线条，又像消隐融入桥区匝道绿植的起伏掩映之中。

5.方案效果

地铁12号线站口效果如图2-36所示。

图2-36　12号线站口效果

（三）13号线

1.线路概况

既有13号线全线线路长度为40.9km，设站16座，平均站间距2.7km。本次改造工程拆分点位于西二旗至龙泽站区间，既有13号线拆分为两条线路，结合部分车站改造以及新建段线路形成13A线、13B线两条位于城市北部交叉的"L"形线路。其中，13A线由车公庄至天通苑东，串连了既有13号线西段以及天通苑、回龙观地区；13B线由马连洼至东直门，串连了上地软件园、回龙观、天通苑及既有13号线东段。13A线与13B线在原龙泽站以西新建龙泽站，形成双岛四线同台换乘。拆分后的线路增加了城市北部回龙观、天通苑等大型居住组团内部的轨网密度；形成了北部居住组团与上地软件园、中关村等核心岗位区的直接联系；加强了既有13号线西段南北向走廊能力，13A线由6B扩能升级为8B；改善了城市西北部原有轨网之间的换乘关系，将换乘关系由一点拆分为多点换乘。以较小的代价彻底解决了困扰城市西北部区域居民出行的交通难题（图2-37）。

图2-37　13号线线路图

2.环境分析

线路经过古城墙城门带、三山五园片区、国家级文化科技融合区三个风貌区（图2-38），沿线多以商业办公、住宅为主（图2-39）。

图2-38　线路经过古城墙城门带、三山五园片区、国家级文化
科技融合区三个风貌区

图2-39 13号线环境分析图

3.车站分级

通过对线路穿越区域结合车站周边环境分析后,将西直门站、软件园站、后厂村站、三元桥站定为重点站,其余车站为普通站,如图2-40所示。

西直门站:车站位于老城风貌区外围,地面附属建筑设计综合考虑周边居住、文化、商业、交通枢纽等特色,协调城市风貌及周边建筑风格。

软件园站、后厂村站:车站位于新型电子科技产业园区,设计中凸显科技、创新。

4.概念主题

本线路的概念主题为"森林秘境"。13号线作为我国轨道交通历史上第一条高架线,是联动北部居住组团和中心城通勤客流的"生命线";从所处城市位置看,联通西城区、东城区、昌平区,链接着工作与生活,随着城市的不断更新发展,

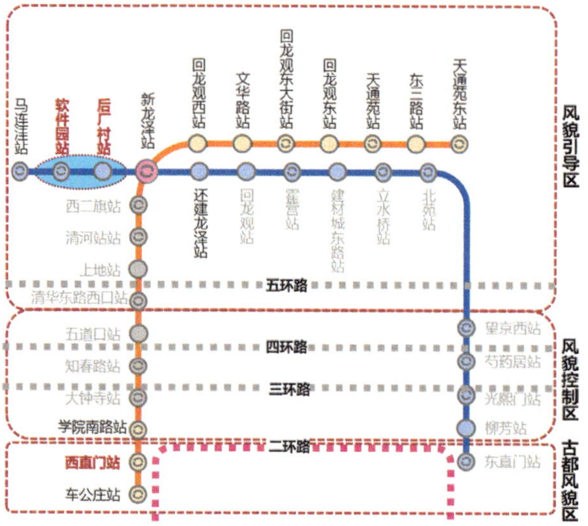

图2-40　13号线车站分级示意图

13号线和京张高铁对城市东西向的割裂效应日益突出；本次希望通过以景观附属为切入点，与京张绿廊、自行车专用道相融合，以改善灰色空间，织补城市裂痕，提升出行环境、重组公共空间，以构建"森林"出行空间、消隐人为设计、构建和谐生态体系为策略，通过附属、沿线风貌、色彩分析、人性化导向等多种手段营造一种"森林秘境"的空间，沿线展现"溪、涧、泉、瀑、石、松、林、草"等森林主题，提升乘客通勤出行的幸福感和归属感（图2-41）。

图2-41　13号线概念主题

5.方案效果

地铁13号线方案效果如图2-42所示。

图2-42 13号线方案效果图

（四）17号线

1.线路概况

全线车站21座，换乘站10座。线路南起通州区环渤海总部基地亦庄新城站前区。经过光机电一体化基地、垡头朝阳港后，沿大羊坊路向西北方向敷设进入十里河地区后，线路沿左安路、潘家园东路进入潘家园广和里地区；此后，线路继续向北下穿通惠河，经永安里进入东大桥路、新东路敷设；下穿机场高架桥后线路转向西，在东直门北侧转向西北，沿西坝河南路、太阳宫中路向北进入太阳宫，此后线路下穿太阳宫体育休闲公园后转入京承高速向北敷设，下穿北五环来广营桥后转向西，在顾家庄桥折向北进入北苑东路，沿北苑东路向北到达北苑东侧、天通苑地区，继续向东北沿现状九厂路经燕丹镇后进入昌平区未来科技城（图2-43）。

图2-43 17号线线路平面示意图

2.环境分析

北京地铁17号线是一条贯穿北京市东部地区南北方向的轨道交通干线。穿越亦庄经济开发区、朝阳区、东城区、昌平区4个区，主要经过了亦庄高新技术开发区、中心城区的产业集中区与住宅集中区以及未来科学城区域（图2-44）。

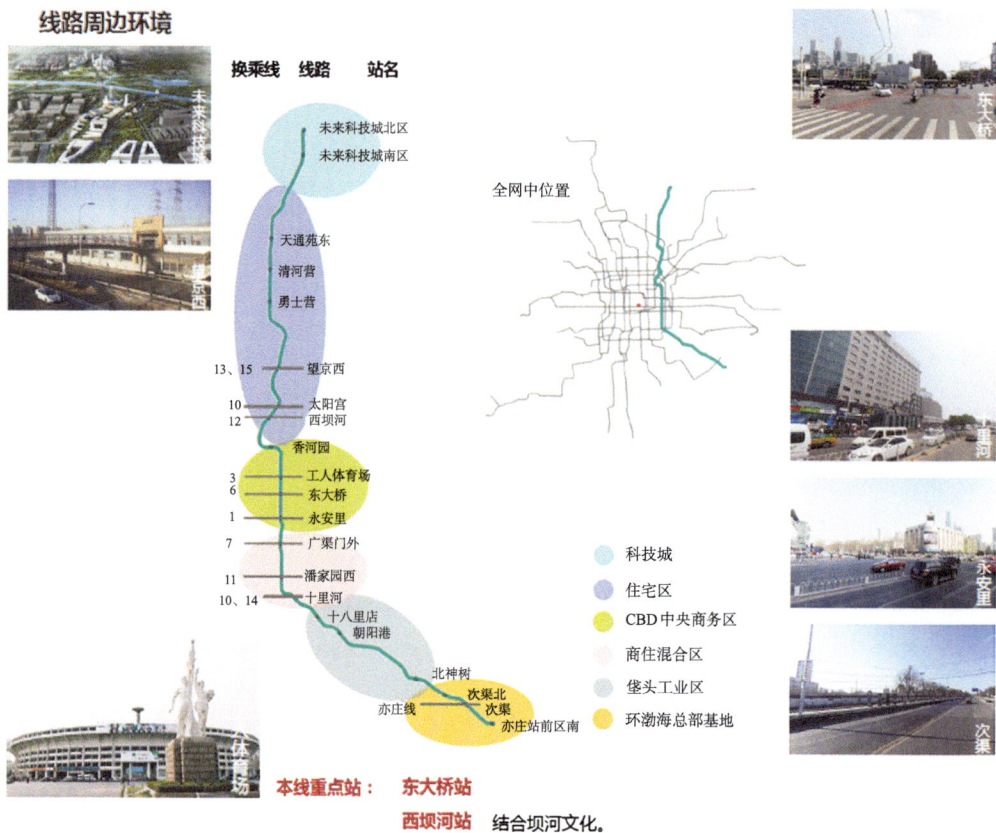

图2-44　17号线环境分析图

3.车站分级

通过对线路穿越区域和车站周边环境分析后，将东大桥和西坝河站定为重点站，其余车站为普通站，如图2-45所示。

4.概念主题

本线路的概念主题为"特色微中心，活力新发展"（一线贯珠）。17号线南起亦庄站前区南，经通州区、东城区、朝阳区、昌平区，至未来科技城，是城市东部贯通中心城区的南北向快线。17号线的设计目标是将之打造成为高品质建设轨道交

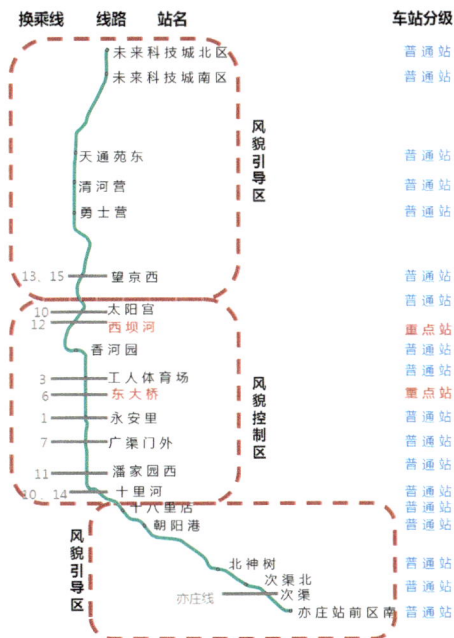

图2-45 17号线车站分级示意图

通设施，体现轨道交通对区域发展的带动作用和对城市更新改造带来的机遇。实现空间集中、交通高效、市民方便、现代美观、环境协调的城市功能。实现轨道设施之间以及轨道设施与其他城市功能的统筹整合，充分发挥轨道交通的综合效益。发挥地铁交通区位优势，打通南北联通服务廊道，延伸地铁交通服务功能，营造宜人空间，提升品质（图2-46）。

图2-46 17号线概念主题

5.方案效果

地铁17号线出入口效果如图2-47所示。

（五）19号线一期

1.线路概况

19号线位于北京市西部地区，南起大兴区海子角地区，北至昌平区沙河地区，

图2-47　17号线出入口效果图

线路站间距大，速度目标值高，采用A型车8节编组，全线最高速度120km/h，一期工程受土建实施限制限速100km/h，是一条穿越中心城的大运量南北向快线。一期工程线路南起丰台新宫，北至海淀区牡丹园站。19号线一期工程起点为新宫站，沿规划南环公路—京开高速—南三环—右外大街—长椿街—太平桥大街—赵登禹路—新街口北大街敷设，终点为牡丹园站，全长22.4km。共设车站10座，其中换乘站8座（图2-48）。

图2-48　19号线一期线路图

2.环境分析

19号线是城市西部穿越中心城区的南北向快线，是中心城区的补充加密线，缓解了与本线平行的南部大兴线、4号线、北部昌平线、13号线的客流压力（图2-49）。

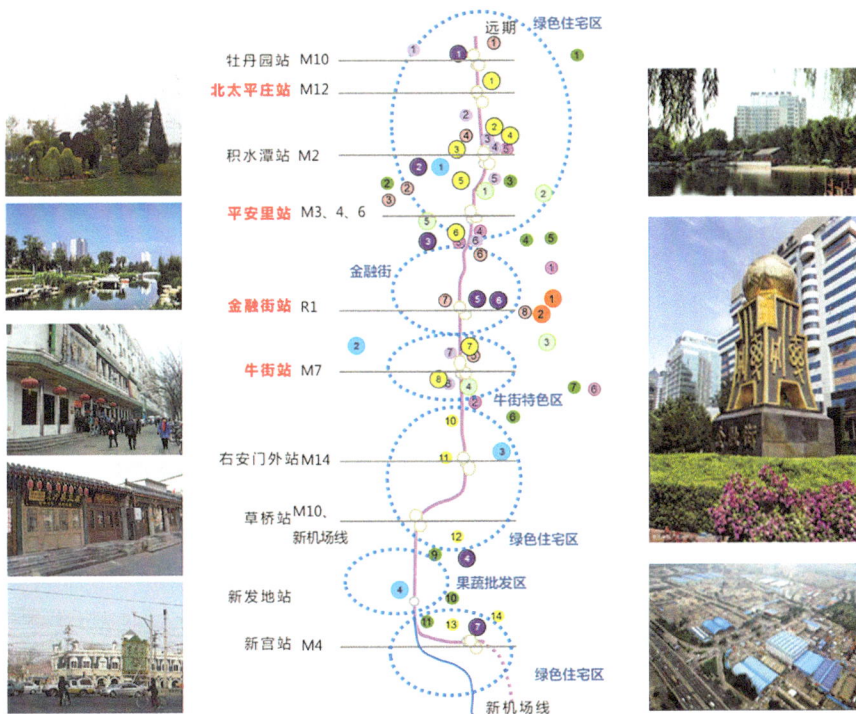

图2-49 19号线环境分析图

3.车站分级

通过对线路穿越区域结合车站周边环境分析后，将平安里站、金融街站定为重点站，其余车站为普通站，如图2-50所示。

平安里站：车站位于古都风貌区内，地面附属建筑重点体现古都风貌特点，同时兼顾协调周边建筑。

金融街站：车站位于古都风貌区内，地面附属建筑须体现古都风貌特点，同时协调周边建筑，体现金融街特色。

4.概念主题

本线路的概念主题为"致广大而尽精微"。设计主旨如同此语——达到宽广博大的境界同时又深入到细微之处，通过地铁站口建设这一点以影响辐射周边，改变提升城市环境，同时亦能兼顾解决乘客的使用问题及方便管理的细节问题。

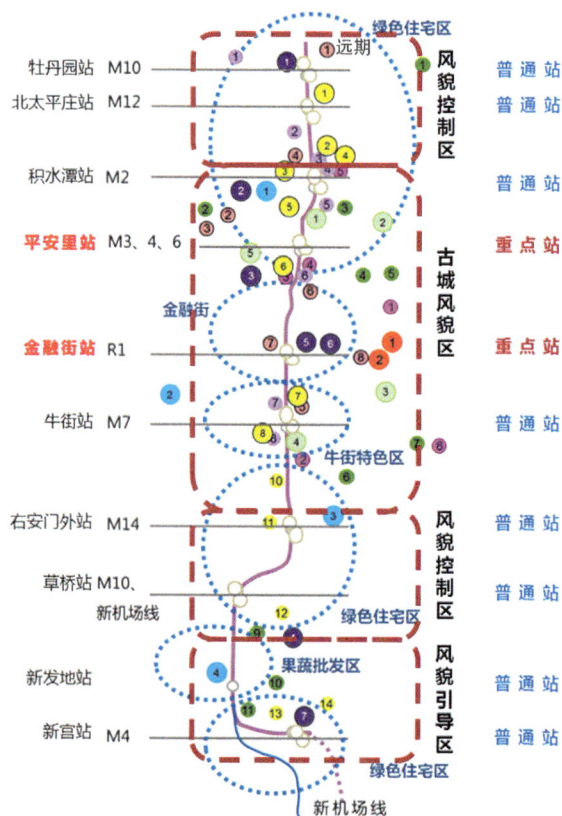

图2-50　19号线车站分级示意图

5.方案效果

地铁19号线出入口效果如图2-51所示。

图2-51　19号线出入口效果图

（六）28号线

1.线路概况

如图2-52所示，北京轨道交通28号线（原CBD线）是中心城东部的区域加密对角线，沿线串联了工体三里屯特色地区、东四环居住组团、中央商务区（CBD）、百子湾居住组团等城市居住区和重点功能区，联系了工人体育场、东直门交通枢纽、东大桥、北京东站等大客流集散点以及对外大型交通枢纽，是中心城东部的功能区与枢纽的联络线。其功能定位主要是为解决CBD区域出行问题，完善轨道交通线网结构，弥补中心城东部"井"字形轨道交通线网的不足。

图2-52　28号线线路图

远期线路由东直门至广渠东路，线路全长约11.497km，共设11座车站，全为地下线，设广渠东路车辆段1座，采用直线电机技术。

2.环境分析

弥补现有"井"字形轨道线网的不足，促进朝阳区南边向协调发展的动线，服务于CBD地区的加密线，串联东直门枢纽、东站对外交通枢纽，加强CBD和百子湾居住组团与城市各功能区的公共交通联系，是中心城东部的功能区与枢纽联络线（图2-53）。

3.车站分级

通过对线路穿越区域结合车站周边环境分析后，将京广桥站、光华路站、核心区站、大望路站定为重点站，其余车站为普通站，如图2-54所示。

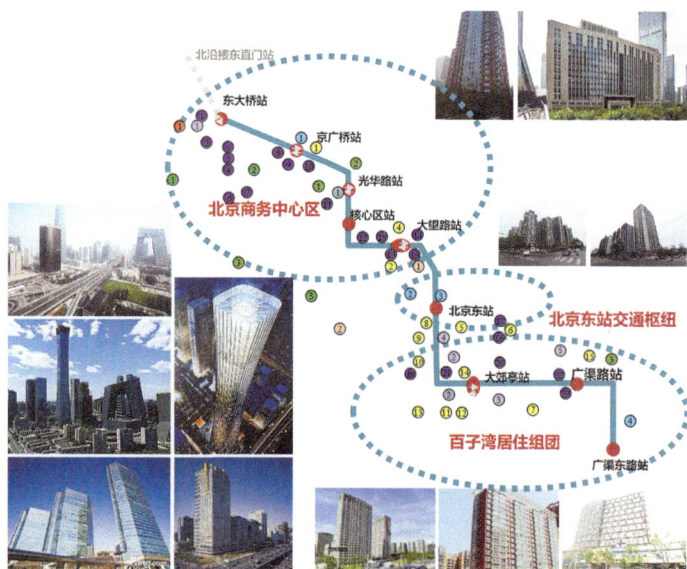

图2-53　28号线环境分析图

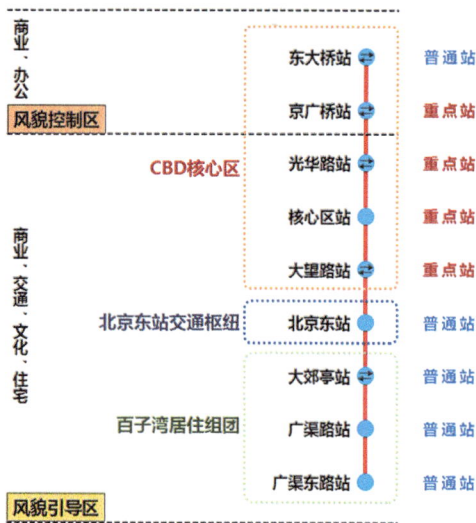

图2-54　28号线车站分级示意图

京广桥站：车站位于CBD核心区，西北象限附属（其他一体化结合）设置在城市绿地内，采用消隐的处理手法与城市景观融合。

光华路站：车站位于CBD核心区，地面附属建筑设计采用整合的设计手法，使附属建筑融入城市环境。

核心区站：车站位于CBD核心区，地面附属建筑设计采用整合的设计手法，使附属建筑融入城市环境。

大望路站：车站位于CBD核心区，无新建出入口地面亭，安全口、无障碍电梯、风亭等地面附属建筑应低调消隐。

4.概念主题

本线路的概念主题为"世都之心"（图2-55）。

图2-55　28号线概念主题

本线路由于穿越北京CBD，因此得名"世都之心"。"世都"寓意北京是世界都市，"之心"是指首都核心区，同时"心"同音"芯"。因此在地面附属设计上强调交通建筑的动感，顶部为"漂浮"的屋顶，立面尽量采用大面积玻璃进行围合，强调地面附属建筑的通透性。

在地面附属建筑中采用圆形元素，一是代表了"中国芯"，寓意该区域是城市的芯片及城市发动机；二是圆形元素的采用也代表"中国星"之意，室内采用了对景手法，代表了中国传统的文化底蕴。

在立面设计上，地面附属建筑一部分采用代表科技感的都市蓝，同时也多运用高科技质感的表面喷涂材料。

5.方案效果

地铁28号线出入口效果如图2-56所示。

（七）昌平线南延

1.线路概况

昌平线南延是一条中心城西部南北方向轨道交通骨干线，是中心城的加密线。昌平线南延工程北起西二旗站、南至9号线国家图书馆站，沿京新高速、小营西路、京藏高速、学清路、学院路、西土城路敷设。线路串联了学院区、清河、上地等重点功能区和居住区，深入到中心城的核心区。线路全长12.6km，全线共设车站7座，全部为地下站，其中换乘站5座，分别为：清河站（13号线、19号线）、上清桥站（19号线）、六道口站（15号线）、西土城站（10号线）、蓟门桥站（12号线），如图2-57所示。

图2-56　28号线出入口效果图

图2-57　昌平线南延线路图

2.环境分析

昌平线南延将与5条地铁接通换乘，大大缓解了目前昌平线与13号线在西二旗换乘的客流压力。同时也是完善清河综合交通枢纽功能、疏解京张城际铁路客流，弥补学院区轨道交通服务缺失的重要一环（图2-58）。

图2-58 昌平线南延环境分析图

3.车站分级

通过对线路穿越区域结合车站周边环境分析后，将学院桥站、西土城站定为重点站，其余车站为普通站，如图2-59所示。

图2-59 昌平线南延车站分级示意图

学院桥站：车站位于学院路，周边是著名的"八大学院"，地面附属建筑应协调"八大学院"建筑风格，体现城市教育环境特点。

西土城站：车站位于古都风貌区内，地面附属建筑设置在遗址公园内或者附近，设计上应考虑与遗址公园的景观融合。

4.概念主题

本线路的概念主题为"大学之道，人文风华"（学道文化）。大学之道，在明明德，在亲民，在止于至善，格物、致知、诚意、正心、修身、齐家、治国、平天下。本线路途径中外著名的北京海淀区"学院路"，"八大院校"是中国重要的文化教育核心。随着时代的变迁，校园的建筑性格也发生着不断的转变，建筑形式也在逐渐创新，与城市接轨，体现着教育思想在不断地得到释放。随着城市交通空间不断发展，地面附属建筑结合学院派风格特点，稳重大气中求创新，体现生机勃勃的年轻人聚集空间的特点，使学院文化与城市文化有机融合。结合年轻人对空间的需求，虚实空间及建筑造型结合，创造更加符合线路特点的学府文化附属空间。

5.方案效果

（1）标准口方案一

通过分析周边建筑色彩及全线风格，冷暖色结合，厚重与轻盈呼应，同时结合设备及位置要求进一步考虑细节设计（图2-60）。主要材质：混凝土板、暖色金属穿孔板、玻璃幕墙。结构形式：混凝土结构。

（2）标准口方案二

根据全线特点，主要采用浅灰色石材与玻璃幕墙虚实结合立面，体现厚重的全线性格特点（图2-61）。主要材质：石材、玻璃幕墙。结构形式：混凝土结构。

（3）标准口方案三

采用地铁常用材质，以及常规城市环境，与城市灰色调融合（图2-62）。主要材质：金属板、玻璃幕墙。结构形式：混凝土结构。

图2-60　方案一效果图　　　图2-61　方案二效果图　　　图2-62　方案三效果图

（八）房山线北延

1.线路概况

房山线是一条城市西南方向的轨道交通线路，是房山新城与中心城间的快速客运通道和重要纽带。

房山线北延是既有房山线的延长线，位于丰台区，线路全长约5.25km。建成后将有效缓解房山线北段和9号线南段的客流压力。与既有房山线郭公庄站相连，共设樊羊路站、四环路站、首经贸站、丰益桥南站4座车站，其中换乘车站2座，均为地下站。首经贸站与10号线换乘，丰益桥南站与16号线换乘（图2-63）。

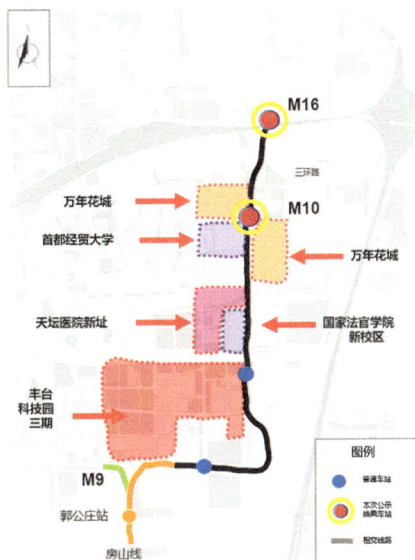

图2-63　房山线北延线路图

2.环境分析

房山线是一条城市西南方向的轨道交通线路，是房山新城与中心城间的快速客运通道和重要纽带。线路周边多以居住为主（图2-64）。

3.车站分级

通过对线路穿越区域结合车站周边环境分析后，将首经贸站定为重点站，其余车站为普通站，如图2-65所示。

首经贸站：西北象限为万年花城住宅小区万芳园一区及其配套建筑，东北象限主要有育菲园东里住宅区、已拆迁的规划商业用地（现状大部分为空地，设有地铁10号线B出入口及地铁无障碍电梯、风亭），东南象限有万年花城住宅小区万年花城八号院、既有10号线C出入口，西南象限为首都经济贸易大学西区操场。

4.概念主题

本线路的概念主题为"山水繁城，柔美房山"（美栖山房）。房山线北延站点主要集中在城市区域内，站点途经站景观节点：城市中心区丰台区的景观带四环路（马草河）、丰益桥南（丰草河公园）作为本线路终点。连接房山区良好的景观环境，

天坛医院新址

万年花城住宅区

站名	特殊设计点位
樊羊路站	B口，附属沿街布局，多种地铁附属在城市沿街面
四环路站	C口，地面附属于用地开发一体化结合
首经贸站	E口，F口，与既有换乘10号线站口结合设计
丰益桥南站	F口，与城市公园及换乘16号线站口结合设计

图2-64 房山线北延环境分析图

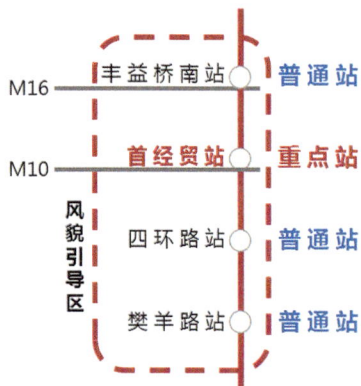

图2-65 房山线北延车站分级示意图

满足北京房山新城与中心城区间交通出行的需要，城市空间结构与功能布局优化调整，同时兼顾组团内部交通出行。

地面附属建筑形式以简洁大方、通透的出入口形象为出发点，建筑通过局部细节圆角及细节节点设计，体现全线柔美但又不失稳重的线路特点。全线设计以方正为主，以玻璃幕墙与金属板形成虚实结合，局部采用柔和的倒角设计，更加体现城市公共空间与城市使用者之间的亲切度，创造出更加人性的城市交通空间。

5.方案效果

（1）标准口方案一

结合全线设计理念，从环境尺度、城市景观性结合考虑，出入口更为通透，以暖色及冷色结合，既保证城市的融合性，又在进人处通过暖色提升地铁出入口的亲和力，如图2-66所示。

（2）标准口方案二

以城市灰色调为主，结合传统建筑方正的形式，立面虚实结合，如图2-67所示。

（3）标准口方案三

整体造型以弧线为设计方向，使得地面造型更为流畅，立面设计结合导向标识，如图2-68所示。

图2-66 方案一效果图　　图2-67 方案二效果图　　图2-68 方案三效果图

二、文化风貌协调控制原则与典型案例

（一）古都风貌区

古都风貌区的地面附属方案环境呼应优先，线路概念隐现。二环里老城保护区内，以北方中式传统建筑风格为基础，根据环境中古都风貌不同的保存度及典型度，确定仿古程度，应用于个性站及协调站（含"城市织补"型）。其提炼简化的方案适度引入现代元素用于标准站。该区域建议30%以协调站口为主，如：3号线一期西段、19号线中段。

1.重点站分部

根据古都风貌区方案的定位，本次位于该区域的车站有：积水潭站、金融街站、牛街站、平安里站、东四十条站（图2-69）。

2.方案基础解析

以北方传统建筑山墙为设计元素，提取门、窗等设计元素，辅以灰砖和窗格的肌理，在此元素叠加的基础上形成并体现古都风貌区设计理念（图2-70）。

3.方案效果

以平安里站为例（图2-71）：

（1）空间织补：将新的地铁建设和老城更新有机结合起来设计，针对此处城市空间的缺失，织补城市环境，恢复历史风貌的完整性、连续性。

（2）功能织补：地上地下空间立体式集约化利用，改善地下换乘空间体验的同时，织补地上城市功能，增加城市公共服务设施。

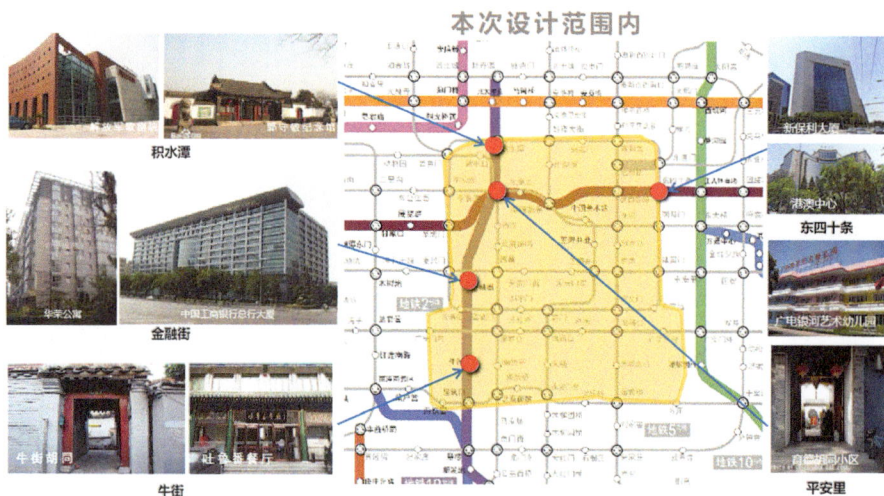

图2-69　古都风貌区重点站分布

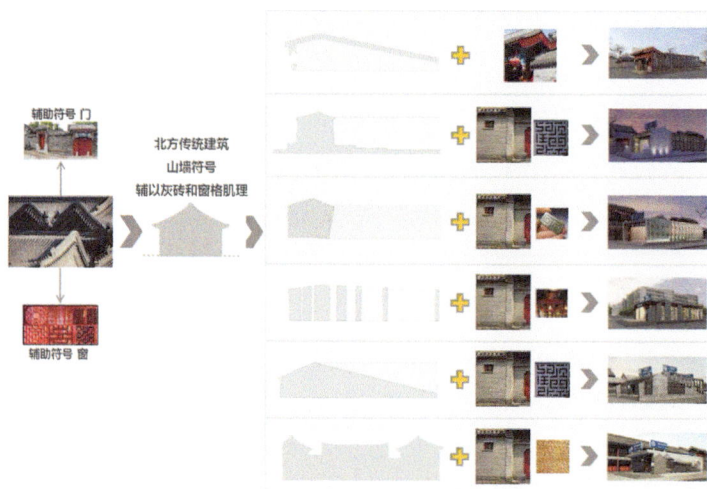

图2-70　方案基础解析

（二）风貌控制区

风貌控制区的地面附属方案以与环境呼应为主，线路概念显现。该区域地面附属建筑物在呼应周边环境的前提下，体现线路概念，此区域中以大量的标准化、模块化形式的地面附属建筑居多。因此该区域建议60%以标准站口为主，如：3号线一期西段、12号线中段、17号线中段、19号线一期南、北段、昌平线南延。

1.3号线一期

以车站附属为载体，用契合各站风貌的室内吊顶造型和玻璃上的彩釉图案，在

图2-71 平安里站效果图

白天与夜晚呈现出丰富的图案效果，使附属建筑融入不同环境，近人尺度精细化设计，契合周边风貌，具有灵活性、可变性特点。形象符合沿线城市环境与城市气质，集聚现代气质（图2-72）。

2.17号线

出入口立面大面积的玻璃，凸显通透性，使室内达到更好的采光效果。标准化、模块化的组合形式便于施工及后期维护（图2-73）。

3.19号线

标准化、模块化的设计表达了作为交通类小型建筑的特性，同时亦能兼顾解决乘客的使用问题及方便管理的细节问题（图2-74）。

图2-72 3号线一期效果图

图2-73 17号线效果图

4.昌平线南延

地面附属结合学院派风格特点，稳重大气中求创新，体现生机勃勃的年轻人聚集空间的特点，使学院文化与城市文化有机融合，结合年轻人对空间的需求，虚实空间及建筑造型结合，创造更加符合线路特点的学府文化附属空间（图2-75）。

图2-74　19号线效果图

图2-75　昌平线南延效果图

（三）风貌引导区

风貌引导区的地面附属方案与环境和谐呼应，线路概念明朗。该区域地面附属建筑物在体现线路概念的同时与周边环境进行更好地融合。此区域以大量的标准化、模块化形式的地面附属建筑居多。因此该区域建议60%以标准站口为主，如：3号线一期东段、12号线东、西段、17号线南、北段、房山线北延。

1.12号线

出入口立面除了大面积的通透玻璃外，道区口的实体，为从后向前几组由实体立柱转折为檐口的平行线条，既像车辆风驰电掣的视觉暂留光影轨迹，又像劲风吹拂杨柳枝条飘动的姿态；而桥区口的实体，是后低前高的三组S曲线檐口线条，既像汇入音乐般的桥体飞虹线条，又像消隐融入桥区匝道绿植的起伏掩映之中（图2-76、图2-77）。

图2-76　12号线出入口效果图一

图2-77　12号线出入口效果图二

2.房山线北延

地面附属形式以简洁大方、通透的出入口形象为出发点，建筑通过局部细节圆角及细节节点设计，体现全线柔美但又不失稳重的线路特点。全线设计以方正为主，以玻璃幕墙与金属板形成虚实结合，局部采用柔和的倒角设计，更加体现城市公共空间与城市使用者之间的亲切度，创造出更加人性的城市交通空间（图2-78）。

图2-78 房山线北延出入口效果图

（四）个性站口

个性站口以呼应特定地标建筑或周边特色环境风貌为主，个性站口能体现其重点而成为线路的亮点，因此建议个性站口的比例为10%。如：12号线三元桥站，17号线香河园站，19号线北太平庄站，28号线核心区站、京广桥站。

1.12号线

12号线三元桥站方案效果如图2-79所示。

图2-79 12号线三元桥站方案效果图

2.17号线

17号线香河园站方案效果如图2-80所示。

3.19号线一期

19号线一期北太平庄站方案效果如图2-81所示。

图2-80　17号线香河园站方案效果图

图2-81　19号线一期北太平庄站方案效果图

4.28号线

28号线核心区站方案效果如图2-82所示。

图2-82　28号线核心区站方案效果图

28号线京广桥站方案效果如图2-83所示。

图2-83　28号线京广桥站方案效果图

（五）其他附属方案

其他地面附属建筑物如无障碍垂直电梯、安全出入口、风亭、冷却塔等，以消隐、协调的方式处理，使之能更好地融入环境。

1.无障碍电梯

无障碍电梯可与安全出入口结合，将其作为一个整体进行设计。无障碍电梯在单独设置时，应考虑到周边的人文特征，尽量将体量做小做精，将其当作一个景观小品进行设计，达到与周边环境的融合，弱化对周围环境造成的突兀感（图2-84）。

图2-84 无障碍电梯示意图

2.安全出入口

21世纪随着全球化进程的加快，出入口形式越来越趋同，因此突出人文特色是跳出趋同设计的着力点。地铁安全出入口是地铁文化的展示窗口，应符合所在街区的文化特征，将地域文化赋予到建筑中来，从而发挥城市的人文特色，使出入口和周边环境融为一体（图2-85）。

3.低矮风亭

低矮风亭因为高度较低，与周围的环境更易于融合，能够更好地减小对都市景观的冲击，在立面设计上较多考虑横向的构图，增加横向的延展性（图2-86）。

4.高风亭

高风亭体量较为庞大，对城市整体景观风貌的影响也较大，在对城市景观要求

图2-85　安全出入口示意图

图2-86　低矮风亭示意图

较高的地区，应在满足通风功能的前提下满足街区的文化特征，通过色彩和肌理的控制与周边环境相融合。同时也可以结合车站进行布置，统一设计，形成系统的、连续的建筑形体（图2-87、图2-88）。

5. 与微地形结合

地面附属与微地形结合，打造优良的室外景观，使乘客一出站即可享受公园绿

图2-87　高风亭示意图一

图2-88 高风亭示意图二

化带来的大自然的亲切与舒适感。安全出入口、风亭、无障碍电梯精简地融入微地形设计中，运用植物造景手法弱化构筑物的视觉冲击，使其融为一体（图2-89）。

图2-89 与微地形结合示意图

三、将建线展望

三期建设规划线路：9号线南延、11号线一期、7号线北延、15号线西延、19号线南延、北延、19号线支线、北部联络线、17号线南延、17号线支线、丽金线、15号线东延、R4号线一期、101线一期、6号线南延、102线。

随着城市轨道交通的发展，由原先的线路逐渐形成线网的格局，因此地铁车站地面附属建筑需要从线网出发，以城市面域为基础统一规划。未来将建线地面附属建筑需要根据全网线路规划统一考虑，将地面附属按照区域划分，同区域内附属建筑风格高度统一，使地面附属建筑能够与周边的建筑、景观等更好地融合。

　　在地面附属建筑物全网概念设计的指导原则下，对北京轨道交通将建线路进行全面分析，推进地面附属建筑物设计的整体化、标准化。三期线网地面附属建筑规划设计时，可将地面附属建筑设计形成几个风格的成套标准模板，根据站点所处的城市面域可直接选取与城市风貌相呼应的标准模板加以应用。对线网中少量个性口进行特殊设计，凸显其自身特色。使地面附属建筑规划设计有规律、有标准、有品质，提高设计与建设效率；有利于整合服务功能，提高服务效率；有利于统筹城市管理和后期运营维护。

第三章　车站外部公共设施设置

第一节　综　述

城市轨道交通是北京市综合交通体系的骨干，是满足居民出行需求的重要交通方式。轨道交通为人们的出行提供了极大的便利，在满足民众的出行需求、优化城市空间结构、缓解地面交通拥堵、提高城市运转效率、促进城市可持续发展等方面起到了重要作用。

然而在快速推进城市轨道交通建设的过程中也出现了一些问题，突出表现在两个方面：一是城市轨道交通基础设施及站点周边配套设施的建设速度与城市轨道交通规模的发展不协调，部分新开通的地铁站配套设施不齐全，出现新建地铁站站内整洁美观而站外环境较差的现象，如有的新建地铁站周边较为荒芜，缺少停车场、站外导向标识及其他可换乘的交通方式等；二是早期的地铁规划、建设过程中对站点周边的开发考虑较少，没有将地铁站的建设与站点周边未来的规划建设及已有的建筑、地理位置等有效结合，导致在地铁站建设和运营过程中，站点周边的土地利用性质发生改变，进而导致站点属性与规划时有所差异，原有轨道交通车站周边设施细节设计上的缺陷日渐凸显，如出入口设置缺少与周边居民区、商业区等区域的衔接，缺少自行车停车场的交通衔接等，这与轨道交通规划设计的"人性化、精细化"要求不符。

随着人民生活水平的不断提高，轨道交通站点的综合服务水平以及对周边公共设施的影响也成为关乎民生的重要问题，目前对于运营线路实施调研后的具体问题缺乏后续的跟踪与梳理，其中包括对存在问题的总结与研究。2014年北京市规划和自然资源委员会开展"轨道交通站点民生存在问题公共调研及解决方案"工作，转变工作方式，以群众的角度审视地铁站外公共设施的设置，跟踪与梳理站外公共设施问题突出的车站，进一步提升轨道交通规划设计的"人性化、精细化"水平。

城市轨道交通作为一种服务于市民的大运量公共交通系统，与市民日常出行息息相关；同时，城市轨道交通作为一种骨干交通系统，通常需要与城市内部的地面综合交通系统进行衔接才能完成对乘客的输运功能。因此轨道交通站点作为乘客集散的节点，其周边的设施除满足基本使用功能以外，民生关怀的考虑也是必不可少的。

城市轨道交通车站周边服务设施主要影响两类人群，即乘坐轨道交通的乘客及站点周边居民，两类人对站点周边设施的关注点有所不同。

选择城市轨道交通出行的乘客是通过步行方式或从其他交通方式换乘而来的客流，在未到达车站前乘客所关注的是接驳距离是否合适，停车规模是否充足等。到达车站附近，在前往站点过程中需要寻找站点方位，因此站外导向标识通常在这个过程中成为出行者的主要关注点；当出行者在导向标识的指引下到达站点附近时，出行者需要观察出入口的具体位置，此时站点出入口的位置设置就成为出行者关注的重点；当出行者找到出入口位置后就要关注通往出入口的路径是否便捷，以及在进入站点前是否能够完成一些活动，如被道路阻隔时是否有人行通道或过街天桥，查看换乘线路时是否有全网地铁线路图等；城市轨道交通站点出入口是否适应城市集约化发展的需求，是否与城市功能空间发展战略相协调，是否引导城市功能空间的合理分布，带动周边地区发展等。

周边居民除了关注上述因素外，轨道交通中用于通风散热的风亭、冷却塔等设施也是居民的关注点。风亭主要作用是将地铁运行时排放的废气、设备工作时排放的废气、地层中散发的水蒸气及乘客和地铁工作人员活动产生的二氧化碳等气体排出，同时为地铁车站输送新鲜空气；冷却塔通过空调系统将夏季地铁内的热量散发到外界以维持地铁内环境温度舒适性。如果这两类设备设施距离工作区或住宅区较近，其散发的废气异味以及工作时机器运转的噪声都可能对周边工作人员或居民造成较大影响。因此，风亭、冷却塔也是轨道交通站点周边设施中关系民生问题的一个重要方面。

因此，轨道交通站点周边涉及民生问题的设施大致可以分为五大类：①站点周边接驳设施；②站外导向标识；③站点出入口周边的便民设施；④站点出入口；⑤风亭、冷却塔等。

一、接驳设施

站点周边转乘交通方式主要包括常规公交、私家车、出租车、非机动车以及步行，为了实现与这些交通方式的接驳，通常需要提供公交停靠站、私家车停车场、驻车换乘（P+R）停车场、出租车停靠点、非机动车停车场、公共自行车租赁点（B+R）等配套设施。

根据《轨道交通接驳设施设计技术指南》(以下简称《指南》)和众多学者的研究成果，对站点周边接驳设施设置原则分析可以看出，该类设施在规划设计过程中通常需要考虑设置类型、不同种类设施的规模以及适宜出行者的接驳距离。这些因素也正是接驳设施使用者关注的焦点问题，是关乎地铁及公共设施服务水平的主要因素。

(一) 接驳设施设置的种类

城市轨道交通为了实现其大运量的客运能力，通常需要与多种交通方式进行良好的衔接，因此接驳设施种类的多样性在一定程度上决定了城市轨道交通对客流的吸引能力。因此，《指南》中强制规定了站点周边必须设置行人接驳设施、非机动车停车场以及公交车停靠站几类重要交通方式的接驳设施，但是对于出租车和小汽车停车场的设置则是根据实际情况进行定夺。

(二) 设施规模

在众多研究成果中，通常重点强调接驳设施的设置规模，并且设施规模也是在设施设计过程中重点考虑的一项。然而，在《指南》中则要求通过以轨道交通线路客流预测为基础的交通接驳需求预测确定各项设施的规模。

就目前北京既有轨道交通线路来看，大部分线路的客流预测存在较大偏差，在此基础上再进行交通接驳需求预测也会造成一定偏差。因此，既有站点周边接驳设施的规模是否能够满足出行者的需求同样需要进一步评估，并为后续的改善工作提供依据。

(三) 换乘接驳距离

轨道交通对比其他交通方式具有快速、准时、经济等特点，因此提供更加便捷和舒适的接驳方式能够吸引更多出行者选择城市轨道交通。在接驳设施种类和规模都满足的条件下，换乘接驳距离就成为出行者的关注焦点。

二、导向标识

轨道交通站外导向标识最主要的功能是引导乘客快速、准确地找到自己的目标车站。站外导向标识的根本目的是服务乘客，在设置站外导向标识时要尽量把各类信息提供给每一位乘客，无论对车站环境熟悉与否，都力争让每一位乘客能够清晰、明了地看到准确、易识别、易判断的导向信息。合理地设计导向标识系统，主要涵盖了两方面的内容：一方面，标识本身所涵盖的信息一定要包含使用者所需求的最基本内容，能够使出行者准确快捷地做出判断，能够为出行者提供在当前位置上最需要的导向信息；另一方面，标识设置在合理的位置应该"主动"为出行者提供所需要的道路信息，而不是出行者通过寻找标识来获取信息，从而实现标识的导向功能。

（一）标识信息的完整性

导向标识作为一种为出行者提示路线方向的信息系统，最关键的部分就是标识上的信息，这也是标识使用者关注的重点。因此，信息的完整性和准确性是导向标识的基本要求。对此，相关规范中也给出了较为详细的规定，然而，这些规定在实际使用中是否能够满足导向标识使用者的要求，是值得关注的问题。

（二）标识数量及位置

在设置导向标识时，标识的数量和位置要满足导向的连续性要求，过少的导向标识和不连续的指示都会影响引导的效果。另外，导向标识设置的位置不醒目，有些标识被树叶等障碍物遮挡，乘客在行进过程中很难发现，也失去了导向的作用。此外，由于公共交通方式的多样性，不同种类方式之间的衔接也显得尤为重要。目前在公交车站、P+R停车场出入口等地与地铁衔接的导向标识是否完整，是否满足市民对无缝衔接换乘出行的需求，同样也是值得关注的问题。

三、便民设施

站点周边便民设施的服务对象主要是乘客，周边便民设施配备是否齐全以及是否满足乘客需求，直接影响乘客出行满意度。此类设施集中设置于站前广场，轨道交通站前广场作为一种特殊的空间形态，主要具备两方面的功能：一是交通集散功能，主要指在此要完成城市道路交通、步行交通等与轨道交通的接驳与转换，承载着大量人流的集散空间；二是公共空间功能，主要指地铁站前广场作为公共广场本应具备的功能，包括景观、休憩、交往等。

在设计的过程中，应多考虑人在地铁站前广场都有哪些需求，乘客关注哪些设施的使用，尽可能地在设计当中有所体现。因此，便民设施的设置应根据实际场地条件适当配置，满足乘客的使用需求。

（一）便民设施的种类

轨道交通站点外部便民设施的问题主要集中在设施的种类、丰富性，是否能满足其出行需求，是否为其出行提供方便等方面。乘客往往还有对快餐、报刊阅读等附带式需求。随着这种附带式需求的大量化、日常化，此类服务功能在站前广场成为仅次于交通功能的基本功能。在北京的多数站前广场设有早餐亭、报刊亭等设施，此外，在日本和韩国的地铁中，车站出入口通道墙内嵌有储物箱以方便乘客出行，如乘客买了东西，带着麻烦，可先储存在储物箱内，待乘地铁办完事回来后再取出来。再如书报摊、干洗店、微型超市等便民设施都是乘客的切身需要。

（二）便民设施的布局

轨道交通车站是人流密集的公共场所，站前广场的公共设施使用频率较高，各类设施分布的数量和位置应根据乘客流量确定，避免造成数量在局部上相对短缺或是相对过剩。此外，设施位置离车站出入口不宜太远，距离过远则降低乘客使用频率，更重要的是，便民设施成了摆设，不能真正发挥它的功能。

四、站点出入口

出入口的布局、人性化设计是与出行者息息相关并且影响出行者出行体验的部分。

（一）出入口布局

地铁出入口划分为"外部出入口"和"内部出入口"两类。"外部出入口"即衔接"地下综合体"与其他地铁综合体组成要素的地铁出入口；"内部出入口"专指贯通"地下综合体"的地铁出入口。

出入口数量和位置设置的合理性、车站出入口的可达性都是乘客乘坐轨道交通时的关注点。

对轨道交通站点外部公共设施的调研主要关注"外部出入口"设置的合理性。应从以下两个方面着手：其一，是否考虑行人过街功能，实现人车分流，减少行人对地面车辆交通的干扰，方便地上、地下交通之间的联系；其二，是否充分分析道路条件和客流来源，选择合适的出入口平面形式，既减少对地下管网的影响，又不给乘客进出地铁站造成不便。

（二）出入口人性化设计

地铁站出入口设计应适应时代的变化、为乘客提供优质的服务、满足乘客的各种需求。例如，如何减轻从地面出入口到刷卡进站闸机前的水平移动和垂直移动带来的负担，如何为老人、残疾人、孕妇、儿童等行动不便者提供方便，如何提供简单明了的标识系统，这些都是地铁站出入口人性化设计时必须认真考虑的问题。

乘客希望通道不宜太长，应该考虑到残疾人的要求。例如，上海地铁一般每站只设一部残疾人电梯，常设在一个出入口处。残疾人想进站乘地铁时，必须找到建有残疾人电梯的出入口进站乘车，给残疾人增加了不便。

■ 五、风亭、冷却塔等

风亭、冷却塔虽然服务于站内乘客，但由于其特殊的工作属性，可能对周边的居民、工作者等造成一定的影响，这些影响主要体现在噪声、异味以及城市景观等方面。

（一）噪声

地铁运营期噪声源主要为风亭风机噪声、风管气流噪声（前两项表现为风亭噪声，全年均会产生）和冷却塔噪声（包括风机噪声和淋水噪声，但只在空调季才会产生）。由于地铁大都穿越城市中心区，沿线建筑物密集，噪声敏感点众多，对不同路段、不同季节，噪声源种类、强度、影响范围和敏感点性质、规模、建筑物布局以及周围环境均存在一定差异。地铁噪声主要影响区域包括居民区、学校、医院、疗养院等敏感点。

（二）异味

车站内长期不见阳光，在阴暗潮湿的环境下滋生霉菌从而散发出霉味气体；车辆运行和乘客进站，会给地下车站带进大量的灰土，使其含尘量增高；人群呼出的二氧化碳气体会使空气中的二氧化碳浓度增高；车辆受电与接触装置间的高压电火花会在空气中激发产生臭氧；人的汗液挥发、地下车站内部装修工程采用的各种复合材料会散发出多种有害气体等。调查表明，霉味正是地下车站风亭排放异味中的主要成分之一。

（三）城市景观

风亭、冷却塔是地铁通风空调系统必要的组成部分，是地下车站以及区间隧道实现与外部进行气热交换的地面构筑物，同时也是城市物质景观的一部分，与其他要素一起构成并影响着城市景观，其设计不应游离于城市景观之外，更不应与城市景观相矛盾。

第二节　设施现状

针对北京市轨道交通站点外部公共设施情况，采用网络调研、面对面问卷调研两种方式进行乘客调查，另外通过现场勘察掌握站点实际情况，为后期的分析提供参考。通过这三种方式获取北京市轨道交通站点乘客及居民反映的公共设施存在的问题和公共设施满意度；根据公共设施存在的问题，通过与负责轨道站点设施运营和管理的相关单位访谈和座谈，获取运营管理单位在站点周边公共设施管理过程中存在的问题难点。综合分析问卷反映的乘客角度的问题以及座谈、访谈反映的困难，寻求结合点，以提高服务质量为目标，在可操控范围内提出解决措施。通过为期6个月的调研（网络问卷2个月、现场调研4个月），共回收有效的网络问卷1150份，面对面问卷12667份，勘察表416份，同时获得了各个车站周边公共设施的现场照片及视频，大量可靠的基础数据为接下来的深入分析奠定了坚实的基础。

■ 一、基于网络问卷获得的站点外部公共设施现状

通过对北京市规划和自然资源委员会网站发布网络问卷的形式展开网络调查。网络问卷的内容主要包括乘客基本信息、接驳设施、站外导向标识、无障碍及便民设施、站点出入口、风亭、冷却塔及意见反馈等。

（一）接驳设施

使用轨道交通的乘客绝大多数需要利用不同交通方式转乘进入地铁网络，最常用的转乘方式包括公交车、私家车、出租车及自行车（包括公共自行车），为分析

方便，全程步行到达地铁站点的乘客划分为另一类转乘方式。绝大多数乘客采用公交车和步行的方式到达地铁站，较多乘客反映公交、小汽车和公租自行车这三种方式在转乘中较为不便，如图3-1所示。公交换乘中常用的设施是公交站台，站台的布置位置、公交线路的走向和数量都会影响乘客的转乘体验；小汽车换乘最主要的是停车问题，地铁站周边是否有小汽车停车场，停车场规模是否满足需求，停车场距地铁口的距离等众多因素将决定乘客使用的便捷性；公租自行车主要由租车点提供，租车点的位置、公租车的数量会影响其使用的便利程度。

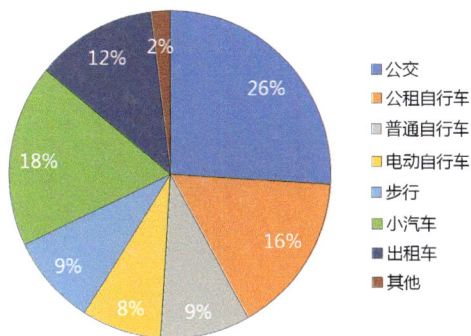

图3-1 换乘不方便比例分布

（二）站外导向标识

站外导向标识通过指示目的地方向和提供目标车站相应信息来指导乘客准确快速到达地铁站点。沿乘客行走路径设置连续的、一定规模的导向标识可以达到指示方向的作用。

根据乘客反映的情况，在方向指示方面，导向标识的问题集中在标识数量太少和不连续，两者比例分别为25%和23%，标识不醒目次之，比例达到18%，如图3-2所示。

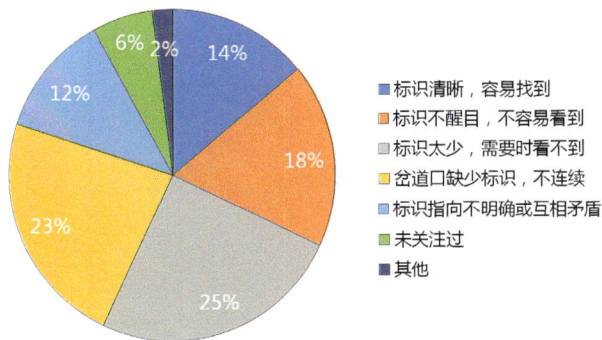

图3-2 导向标识方向指示存在的问题

在导向标识的信息指示方面有很大一部分乘客表示比较满意，但仍有大部分乘客对不同方面的信息有一定要求，如图3-3所示。乘客反映缺少距地铁口相应距离的情况较多，占37%；另外24%的乘客观察到现有的导向标识上没有地铁线路号。这些基本信息对乘客快速找到目标车站都起到重要作用，分析网络问卷发现目前站外导向标识的设置还有很大的提升空间。

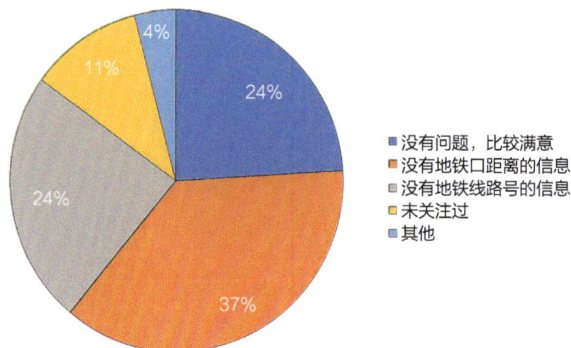

图3-3 导向标识信息指示存在的问题

图例：
- 没有问题，比较满意
- 没有地铁口距离的信息
- 没有地铁线路号的信息
- 未关注过
- 其他

（三）便民设施

乘客在前往地铁站的过程中，对车站周边的便民设施也有一定要求。合理的便民设施能够提高乘客使用地铁的满意程度，同时也会吸引更多乘客选择北京地铁出行。便民设施的种类较多，根据调查发现，乘客对过街天桥和地铁线路信息牌两类设施的需求度较高，均达到19%，如图3-4所示。随着手机、平板电脑等便携式通信设备的普及和快速发展，出行者外出的通信和信息获取不再依赖公用电话以及报纸杂志等传统方式，因此乘客对公用电话以及报刊亭等便民设施的需求度较低，仅有5%左右。

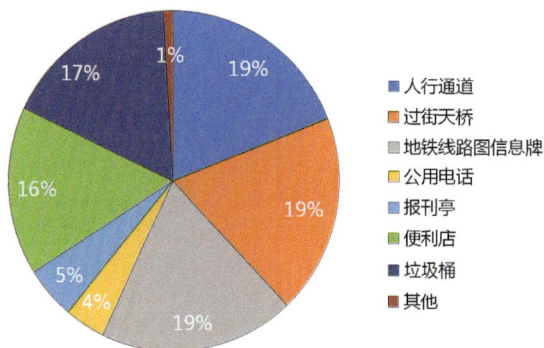

图3-4 便民设施需求度

图例：
- 人行通道
- 过街天桥
- 地铁线路图信息牌
- 公用电话
- 报刊亭
- 便利店
- 垃圾桶
- 其他

（四）站点出入口

地铁站出入口是乘客进入轨道交通系统的唯一节点，乘客对出入口环境的评价往往能够影响对整个轨道交通的满意程度。通过网络问卷乘客集中反映的问题有：目前地铁出入口摆摊现象严重，环境需要进一步加强治理，出入口与周边的建筑衔接较少，如图3-5所示。

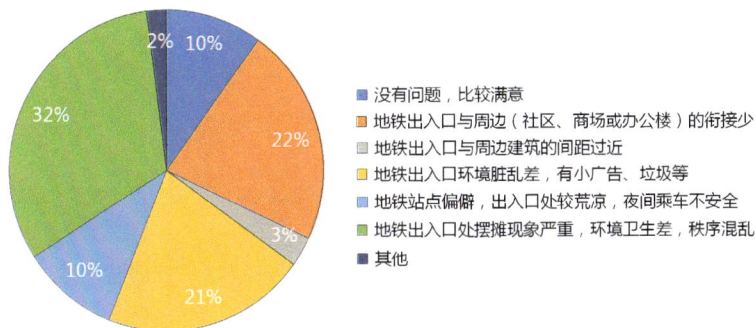

图3-5 地铁出入口存在的问题

二、基于实地调研获得的站外公共设施现状

按照不同线路对实地调研的结果进行分析总结，首先从线路概况整体把握该条地铁线的历史地位、地理位置、线路走向及周边用地情况；选出本条线路中公共设施服务种类齐全且有代表性问题的车站作为典型车站进行详细分析；将线路中较为重要的车站作为重点站逐一总结；总结出调研得到的不同公共设施的规模及每个车站各项公共设施的设置情况。

（一）2号线

1. 线路概况

北京地铁2号线是北京的一条环形地铁线路，沿原北京城池内城而建。全线线路东段、西段、北段的走向与北京二环路重叠，线路南段走向是长椿街-前门-建国门。

2号线全长23.0km，设18座车站和一座车辆段，其中普通站8座，包括阜成门站、长椿街站、和平门站、前门站、北京站、东四十条站、安定门站和积水潭站，换乘站10座，包括西直门站、车公庄站、复兴门站、宣武门站、崇文门站、建国门站、朝阳门站、东直门站、雍和宫站和鼓楼大街站，东直门站和西直门站是三线换乘车站，其余换乘车站均为二线换乘车站。

长椿街站至北京站为北京地铁一期工程的一部分，于1971年1月15日开通，其余车站，自复兴门站至建国门站为二期工程，于1984年9月20日开通。1987年12月28日，二期工程和长椿街站—北京站区间重组成环线成环运营。2002年1月，导向标志的改造工程开始施工，新的导向标志将"环线"更名为"2号线"，即为现在的北京地铁2号线，2号线线路示意图如图3-6所示。

北京地铁2号线通常为端头厅形式车站，以长椿街站为例，站型图如图3-7所示。车站一般有4个出入口（A1、A2归为1个口）。

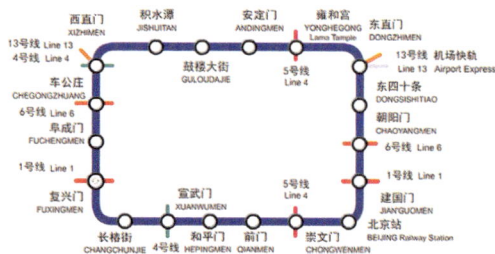

图3-6　北京地铁2号线线路示意图

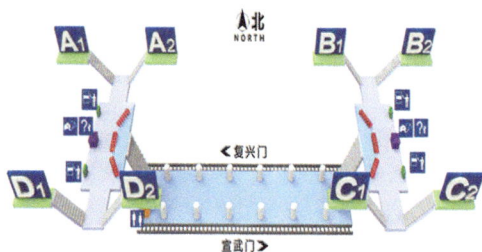

图3-7　长椿街站站型图

北京地铁2号线车站及地面附属设施建设年代久远，在近几十年中，周边新建了许多建筑，城市空间变化较大，但当时对人居环境、城市景观环境等关注较少，很少考虑与周边既有及规划空间环境的协调融合，近些年才逐步重视起来，逐步完善相关理论及规范。因此以现在的角度去审视北京地铁2号线车站及地面附属设施等，大部分急需进行城市空间的织补整合设计。

2.典型车站——雍和宫站

（1）车站概况

雍和宫站位于安定门东大街与雍和宫大街交汇处，是北京地铁2号线和5号线的换乘车站，其中2号线雍和宫站呈东西走向，毗邻二环路和安定门东大街，5号线雍和宫站呈南北走向，与雍和宫大街平行。

车站周边分布了大量的住宅区、旅游景点，车站西边毗邻国子监街，著名的孔庙和国子监博物馆、大都美术馆即位于此。车站北边250m处是地坛公园，车站北边和东边分布着一些办公大楼，如雍和大厦、航天物资大厦、糖果大厦等，另外，车站周边除了旅游景点和部分办公楼外，分布着大量的胡同和小区。由此可知，该车站是一个典型的旅游区与住宅区相结合的车站。

雍和宫地铁站为地下车站，换乘方式为"L"形换乘，周边有6个出入口，其中有3个出入口与5号线雍和宫站主体相连，3个与2号线雍和宫站主体相连，出入口基本照顾到各个方向的客流，设置较为合理。

　　除车站西边，车站南边、东边和北边均分布有公交站点，距离地铁站在100m到300m之间，且车站南边国子监公交站紧邻雍和宫。车站西边和北边分布有大量的垃圾桶和座椅，安定门东大街、雍和宫大街和和平里西街从20m至500m等处均不同地设有导向标识；在2号线A口西侧500m处和2号线C口出口处设有B+R租赁点，数量大约20个；在2号线A口和C口处、5号线A口向南500m处、2号线C口向南400m至500m范围内均设有自行车、电动自行车停车场；在2号线A口东西侧桥下，5号线A口、2号线A口北侧、C口东侧马路两侧均设有小汽车停车场，同时在2号线A口北侧设有2个即停即走出租车停车位，2号线C口东侧设有3个候车待客出租车停车位，同时车站周边还分布有公共卫生间。部分公共设施情况如图3-8所示。

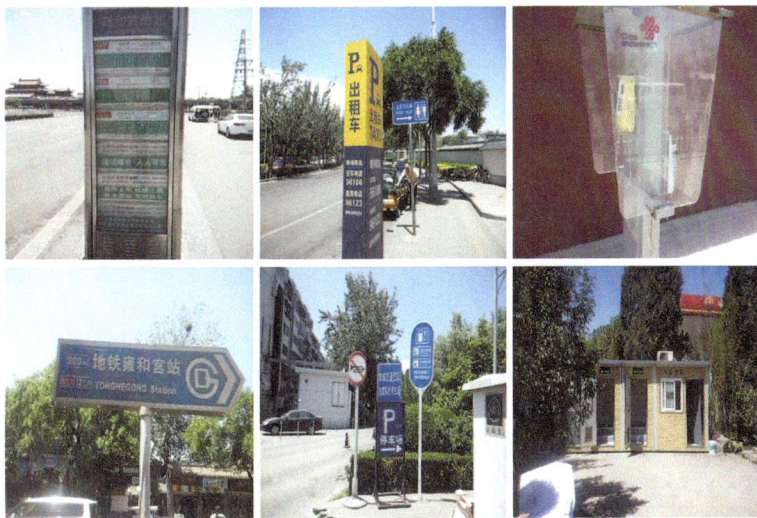

图3-8　雍和宫站各出入口设施现状

（2）雍和宫站总体评价

　　雍和宫站站点周边便民服务设施较为完善，卫生间、公用电话亭、ATM机分布于站点周围，同时作为旅游景区，站点附近分布有大量的座椅和垃圾桶以方便乘客使用，但站点周边缺少报刊亭和早餐车，应当在合适的位置设置；出入口方面，雍和宫站6个出入口分布于路口东侧和西南侧，西北侧缺少出入口，站点周边虽分布有天桥通道，但乘客仍需横穿马路，因此应加强路口红绿灯的调控以更适应道路实际情况；导向标识方面，站点周边分布有大量的导向标识，但部分导向标识有所损坏，应加强维修保养；接驳设施方面，站点周边分布有大量的公共自行车租赁点、自行车停车场、公交车站、小汽车停车场，同时站点附近也有出租车停靠点，接驳设施完善，但自行车存在乱停乱放的现象严重，地铁市政规划部门应在合适的地点设置自行车停车场，从根本上杜绝乱停乱放现象。

总体而言，雍和宫站站点周边各种公共设施完善，基本能满足本区域乘客的需求，但考虑到站点周边分布的旅游景点，需在站点出入口处设置地铁线路图，同时也要增设垃圾桶，以方便满足游客的出行需求。

3.重点站公共设施

（1）积水潭站

积水潭地铁站周边各项公共设施齐全，卫生间、公用电话、报刊亭、早餐车、地铁导向标识以及垃圾桶分布于地铁站周边，在A口东侧有直梯，出入口处公交车站点多、线路多，接驳比较方便，有较多的私家车停车场，同时在A口东侧和C口南侧有公共自行车租赁点。

积水潭地铁站毗邻德胜门公交枢纽和积水潭医院，且周边分布有较多的办公区，上班族较多，因此该站周边非机动车停车比较混乱，大量的自行车存在乱停乱放的问题，且该站的三个出入口集中在路口东侧，西侧的行人乘坐地铁需要绕行，无出租车停靠车位。

（2）安定门站

安定门地铁站紧邻安定门东大街、安定门西大街、安内大街、安外大街，出入口附近分布有较多的公共自行车租赁点，公交接驳线路发达，设有较多的出租车停靠点，站外各主路上有地铁导向标识指引，且在地铁A、B出入口各个方向均分布有大量卫生间和垃圾桶，A口西侧和北侧有银行ATM机。

该站的主要问题有自行车停车位容量不足，导致自行车随意停放；私家车停车场数量不足，导致随意停车；没有地铁早餐车和便利店。

（3）北京站

北京客运站承担了东北地区的全部列车和华北以及南方地区的少数列车，客运任务繁忙，且北京站地处建国门与东便门以西，崇文门与东便门之间，周围分布大量的办公区，属于北京市繁华地带。北京地铁站周边公交线路较多，换乘方便，出租车停靠点、私家车停车场配套齐全，属于北京市综合交通枢纽。

该站存在的主要问题有车站周边卫生间、银行ATM机和座椅较少；由于该站周边存在大量的流动人口，需要增设地铁导向标识；照顾到在北京站周边工作的人群，可以在工作区域集中的A、B出入口增设公租车租赁点。该站周边人员较为杂乱，环境相对较差，通往火车站的道路上会有小商贩出现。

（4）前门站

该站位于北京市东城区正阳门城楼和箭楼之间，前门西大街与前门东大街交汇处，呈东西走向。前门大街是北京著名的商业街之一，位于北京的中轴线上。本站毗邻天安门广场，车站周边卫生间、公用电话、报刊亭、垃圾桶配套齐全，公交线路较多，换乘方便，自行车和私家车均无乱停乱放的现象，车站周边虽然人员流动较大，但秩序井井有条，车站周边环境相对较好。

由于该站紧挨天安门广场，外地游客较多，需要增设更多的地铁导向标识引导乘客，同时车站出入口处无B+R租赁点，可在适当的位置增设。

（5）东四十条站

北京地铁东四十条车站位于东直门与朝阳门之间，周围分布大量的办公区，便民服务设施如卫生间、报刊亭、ATM机较多；出入口附近天桥通道较多，大大满足了人们的过街需求；地铁站附近地铁导向标识指示方向全面、设置合理；车站周边的B+R租赁点较多。

但是，该站地铁导向标识牌损坏严重，自行车停放区容量不足，导致乱停乱放的现象严重。

4.线路总结

接驳设施方面，2号线各车站周边服务设施较为完善，除鼓楼大街站、北京站、前门站、和平门站外，其他车站均配备有规模不等的公共自行车租赁点；各车站出入口附近设置有自行车停车场，但由于2号线车站均位于城中心区域，办公区域较多，人流量大，因此各车站普遍存在自行车停车场容量不足、自行车乱停乱放的问题；公交接驳线路较多，乘客通过公交换乘较方便；私家车停车场遍布车站周边，除安定门站和东直门站外大部分车站基本无乱停乱放现象；2号线各车站除积水潭站和鼓楼大街站外，其他车站出租车停车点分布在出入口附近以方便乘客换乘，且基本无私家车占用出租车停车位现象。

站外导向标识方面，2号线站外出入口附近除和平门站外，均设置有地铁导向标识引导乘客乘车，但部分车站导向标识数量较少，如北京站和崇文门站站点附近只有两个导向标识，有的车站虽然导向标识数量较多，但集中分布在一两个方向，有的出入口附近无导向标识，指示方向不全面。另外由于2号线附近办公区、旅游区、住宅区较多，客流量较大，导致导向标识损坏较严重。

车站便民设施主要是为乘客的地铁出行提供方便。由于2号线是城中心线路，主要服务区域为老城区，便民设施普遍较好。所有车站周边500m范围内均分布有数量不等的卫生间，垃圾桶遍布在各个出入口附近，大部分车站配备有公用电话、报刊亭、餐车和座椅。同时，由于2号线为北京地铁较早开通的线路，直梯和自动扶梯配置不完善，大部分车站均没有，且大部分车站出入口盲道不连续。

2号线各站出入口设置总体情况良好，大部分车站的出入口位于十字路口各侧，以便于兼顾各个方向的客流，减少横穿道路、绕行的问题，同时在缺少出入口或者出入口连通性差的地方修建天桥通道。个别车站如复兴门站，交叉口西侧乘客乘坐地铁需要横穿没有交通信号机的马路，建议增设交通信号机，同时在道路人行横道前设置减速标志，对于较偏僻的出入口，应沿路设置完善的导向标识。

通过以上分析，车站周边各种换乘接驳设施配套齐全，公交与地铁实现无缝化衔接，自行车与私家车停车场基本遍布在车站出入口500m范围内，且大部分车站均存在B+R租赁点，但部分车站存在地铁导向标识牌老旧损坏现象，需及时更换，大部分车站出入口附近均分布有早餐车和便利车，但个别车站未开放使用。另外，2号线站点出入口盲道不连续，大部分车站未配备自动扶梯与直梯。

（二）5号线

1.线路概况

北京地铁5号线是北京市轨道交通线网规划中贯穿旧城区的南北直径线，属于一类骨架线路。线路位于城市中轴线东侧，南北向连接丰台、东城、朝阳、昌平4个区，途经主城中心、亚运村等高密度居住区、老城中心王府井商业圈的东单大街以及千方庄大型居住区。地铁5号线是首条贯通北京市区南北向的轨道交通大动脉，对于北京市轨道交通建设而言是一个重要的里程碑。

北京地铁5号线南起丰台区宋家庄交通枢纽，由南向北经过石榴庄路、蒲黄榆路、天坛东路、崇文门外大街、东单北大街、东四大街、雍和宫大街、和平西街、惠新西街、北苑路、立汤路，终点位于北端太平庄地区的天通苑北站，如图3-9所示。5号线全长27.6km，共设23座车站，其中地下车站16座（宋家庄站、刘家窑站、蒲黄榆站、天坛东门站、磁器口站、崇文门站、东单站、灯市口站、东四站、张自忠路站、北新桥站、雍和宫站、和平里北街站、和平西桥站、惠新西街南口站、惠新西街北口站）；地面及高架车站7座（大屯路东站、北苑路北站、立水桥南站、立水桥站、天通苑南站、天通苑站和天通苑北站）。目前，地铁5号线可与7条线路换乘，共9座换乘站，为乘客换乘出行带来极大便利。

作为北京南北走向的重要交通动脉，地铁5号线沿线有多个旅游景区，有效缓解了地面交通出游旅客带来的交通压力，与此同时5号线连通天通苑大型社区及主城中心，承担着非常大的通勤客流输送压力。5号线的庞大客流促使规划设计人员在设计过程中从民生、民意的角度出发，在车站内部及站点周边增加了许多人性化设施。就站外的公共设施而言，5号线的最大特色在于终点站（天通苑北站）首次采用了P+R模式，即驻车换乘交通模式。终点站附近设计修建可以停放近300辆机动车的停车场；此外为方便社区居民使用轨道交通出行，5号线每个车站附近都设计规划和修建了不同规模的自行车停放点。可以说5号线的设计理念开启了北京地铁人性化设计的篇章。

以刘家窑站站型为例，5号线车站站型图如图3-10所示，车站一般有4个出入口。

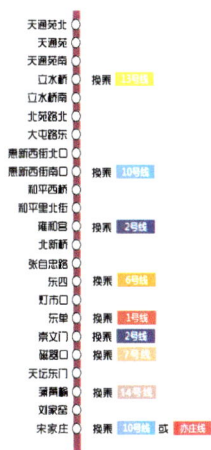

图3-9　北京地铁5号线线路示意图　　　图3-10　刘家窑站站型图

从地铁5号线开始，对城市景观给予了更多的关注，在设计初始阶段就对全线地面附属设施进行专项研究，根据风口高低和有无特殊设计要求，对风亭进行了分类，对材料、颜色、形体以及全线站址周边环境共性与个性等进行了研究，结合新老城区特点深化了适应城区不同环境的方案，基本实现了标准化设计以及小部分结合周边条件特殊设计，取得了较好的实践结果。

2.典型车站——惠新西街北口站

惠新西街北口站是5号线北部一个普通站，位于北四环与惠新西桥南侧，属于地下车站。车站附近500m范围内有小营住宅区、千鹤家园、惠新北里社区、惠新苑和安苑东里三区等多个住宅小区及居民生活配套设施，车站北部设立中国藏学研究中心和北京城建勘测设计院等工作单位，根据车站周边的用地性质可以推断惠新西街北口站的乘客以通勤客流为主。车站设置有A、B、C三个出入口，分别位于西北、东北和东南三个方向，出入口均布置在四环主路以南，与各住宅小区相邻。

惠新西街北口站的公共设施情况如下：A口周边与地铁进行转乘的设施包括自行车停车场、机动车停车场及公交站点。A口西侧60m范围内设有自行车停车场3个，总占地面积约80m²，但停车场内有车辆乱停现象；500m范围内有机动车停车场4个，同样场内存在车辆乱停现象，300m内有公交站点4个，公交线路共19条。A口附近便民服务类设施有过街天桥、站外导向标识、垃圾桶、电话亭，设施种类较为全面。B出入口附近的转乘设施同样有自行车停车场1个、机动车停车场2个及公交站点4个，服务类设施包括过街天桥、站外导向标识、垃圾桶、电话亭。C口南侧的便民设施种类与A、B口情况基本相同，除此之外增加了ATM取款机和便民超市。车站出入口附近的公共设施具体如图3-11、图3-12所示。

图3-11　惠新西街北口站出入口附近转乘设施 　　图3-12　惠新西街北口站外导向标识

惠新西街北口站周边公共设施情况总体较好，接驳种类齐全，设置了站外导向标识供不熟悉本站的乘客使用，车站出入口位置十分明确，几个出入口之间的连通性很好，在一定程度上也考虑了便民设施，为配合住宅区车站的性质，还设置了座椅供乘客休息。该站需要改进的地方不多，问题并不严重，如乘客反映可以增加公共自行车的数量方便短途接驳乘客、出入口周边的环境还可以再提升、多放置垃圾桶为道路整洁提供条件等。

3. 重点站公共设施

北京地铁5号线南北两端距离城中心较远，住宅区较为密集，天通苑北站、立水桥南站、崇文门站和宋家庄站周边的公共设施问题较为严重。

（1）天通苑北站

天通苑北站周边大型住宅区十分密集，人口密度大，距离市区较远，远郊的居民将天通苑北站作为大的交通中转站。该站周边换乘接驳设施有大型机动车停车场、非机动车停车场、多个公交站点。但是在勘察过程中发现不论是机动车还是非机动车都会有乱停乱放现象，有些车辆甚至停在路中，阻断了人行横道，十分混乱，现场情况如图3-13所示。

天通苑北站外导向标识信息缺失严重（图3-14），标识中只提供了地铁站名，另外周边摆摊现象严重，环境卫生较差，"黑车"较多。总体来看该站公共设施服务水平较低，亟待解决。除天通苑北站以外，附近的天通苑车站、天通苑南站同样存在类似的问题。由于这三个车站周边存在大型居住区，且距离城中心较远，因此在设施的设置和管理上容易疏忽，从而导致目前公共设施问题严重，亟待解决。

图3-13 机动车乱停乱放现象　　图3-14 天通苑北站导向标识损坏

（2）立水桥南站

立水桥南站也设置在城市外围，接驳设施有公交站点、机动车停车场和非机动车停车场，存在自行车乱停现象（图3-15）；立水桥南站的导向标识问题十分严重，总计共3个标识，每个标识都存在损坏现象，极大地影响导向作用；该站在出入口的连通性方面也存在一些问题，车站为高架车站，C口与A、D口相距较远，导致乘客使用时极其不便，行走距离较长；车站周边小商贩较多，小广告问题突出，整体环境较差。

（3）崇文门站

崇文门站处于城市中心区域，是5号线与2号线的换乘站，接驳设施种类较多，可达性较好，该站的主要问题集中在导向标识损坏及无障碍设施缺失（图3-16）。崇文门站共设置5个站外导向标识，线路号、车站名及距离等信息损坏数量共4个，损坏比例非常大；另外，在出入口无障碍设施方面缺少很多必要的设施设备，盲道不连续、出入口没有供残疾人使用的直梯或扶梯，作为5号线城中心范围的车站，其公共设施的服务还不能满足所有乘客的需求。

（4）宋家庄站

宋家庄站是5号线南端的终点站，与10号线和亦庄线三线换乘，位于三环和四

| 图3-15　立水桥南站自行车乱停现象 | 图3-16　崇文门站导向标识损坏 |

环之间，距离城中心较远。宋家庄站客流量极大，因此对公共设施的要求较高，对该站进行勘察调研的时候发现，车站附近缺少天桥或通道，多个出入口的连通性较差，对于换乘站而言，保证出入口的连通性可以为乘客提供更多便利；除此之外车站周边私家车乱停情况严重，有小三轮聚集现象。客流量大的车站更需要整齐、洁净的站外空间，以此提高乘客满意程度，但宋家庄站的站外公共设施情况还存在很大问题。

4.线路总结

5号线贯穿北京城南北方向，首先，在接驳方面，公交站点及公交线路数量相对较多，在线路两端公交站点数量明显降低，但公交线路数量保持在一个平均水平，这说明车站附近的公交站点相对集中，而终点站附近离城中心较远，这样的设置就必然导致同一个站点上下车乘客过多，降低乘客换乘的舒适性，从而影响使用的满意程度。其次，公共自行车租赁呈现不均匀性，北部的诸多车站均未设置公共自行车租赁点。在天通苑附近，住宅区居民使用地铁的数量极大，然而公共自行车租赁点的缺失使得附近乘客不得不步行前往地铁站或利用私人自行车前往，这过程同样影响服务水平，并且私人自行车数量的增长超过自行车停车场的停车规模，乱停现象严重。最后，不难发现，同样在线路两端，私家车、非机动车乱停现象也十分突出。作为城市外围与城市中心区的连接纽带，线路两端的车站附近露天停车场较多，但管理较差，严重影响城市环境和景观，公共设施服务水平远低于线路中部车站。

5号线沿线导向标识普遍存在导向方向不齐全、导向信息损坏的情况。根据乘客站外行走的方向，导向标识的设置应满足各个方向的乘客的需求，从5号线目前的标识数量来看，设置较少。此外，导向标识牌上信息损坏较为严重，某类信息磨损后导致导向效率降低。

服务设施数量沿线分布不均，城中心附近设施数量较多，线路两端数量较少，甚至没有。值得注意的是每个站都存在无障碍设施的设置问题，盲道不连续，没有供残疾人用的直梯、扶梯等，这对残疾人使用轨道交通造成了极大的不便，这也反映出车站周边的服务设施不能满足各类乘客的基本需求。

5号线中有6座高架车站，集中在线路北部，高架站出入口数量较少，天桥和通道数量也较少，导致不同方向的乘客需绕行才能进入地铁站，造成地铁站的通达性相对较差。5号线沿线车流量整体较多，一旦乘客需要绕行则会存在一定的不便利性和安全隐患。

（三）9号线

1.线路概况

北京地铁9号线南起丰台区郭公庄站，北至海淀区国家图书馆站，位于城市轨道交通线网的西南部；全长16.5km，设13座车站，换乘站7座，连接了几个重要的客流集散点。其中国家图书馆站覆盖了国家图书馆、紫竹院公园、动物园等旅游景点，军事博物馆站覆盖了军事博物馆、玉渊潭公园、世纪园等旅游景点，北京西站连接了北京客流量最大的火车站北京西客运站，六里桥站毗邻六里桥客运主枢纽站，可与长途汽车进行换乘；另外，七里庄站、丰台南路站以及科怡路站毗邻众多住宅小区。9号线可以与东西向干线1号线和6号线、南北向主线4号线、城市环线10号线进行换乘，有效地将客流疏解到整个城市交通线网中，如图3-17所示。

9号线对于改善城市西部交通状况、缓解北京西站交通问题、改善丰台区出行条件等都具有重要意义。

9号线车站站型图如图3-18所示，车站一般有4个出入口。

图3-17　北京地铁9号线线路示意图　　　　图3-18　北京地铁9号线郭公庄站站型图

在环境影响方面，9号线秉承了地铁对周边环境的影响进行关注的传统，并对线路进行了整体环境影响评估，结合其功能提出风亭景观造型的全线标准化建议。在景观方面，车站风亭、冷却塔在标准化设计的前提下，与出入口、周边环境相结合，布置形式多样，对城市景观影响较小。

2.典型车站——七里庄站

（1）车站概况

七里庄站是北京地铁9号线和14号线的一座换乘车站。该站位于北京市丰台区丰台北路和万丰路—东大街交汇处；周边有北京三〇七医院以及望园东里、西局欣园、东大街西里社区和东大街东里社区等住宅小区。七里庄站规划设计有七个出入口，其中A1、A2口和E口位于交叉路口西北侧，分别沿万丰路和丰台北路布置；B、C口位于交叉路口东北侧，沿万丰路布置；G、H口分别位于交叉路口东南侧和西南侧，沿东大街布置；站点出入口能够覆盖来自交叉路口各个方向的客流。

该站周边环境及公共设施情况如下：站点周边环境较好，没有不法商贩以及"黑车"等现象；周边公共设施种类较为齐全。其中各站口附近均有公交站点，公交线路较多，在B口附近设有一座七里庄公交场站；私家车停车区较多，A口附近有两处收费停车场，H口处有数个停车位，沿丰台北路的高架桥下方均布置有桥下停车区；非机动车停车位仅在A口和G口处设有，均没有雨棚等设施，较为简陋；公共自行车租赁点分别设置在A口和G口附近，总共三处，从空锁头数量来看使用率不是很高；出租车停靠点仅在距G口500m左右范围内有设置。导向标识总共有5处，分布于万丰路和东大街东侧以及丰台北路上。另外，A、B口处均有地铁便利车，但是两处均没有开放使用，A口附近有一处无障碍直梯，B口附近有一处工商银行；垃圾桶在站点附近分布较多，报刊亭也有设置，沿丰台北路设置有两座过街天桥，如图3-19所示。

虽然各项公共设施齐全，但是站点周边仍然出现了私家车和自行车乱停乱放现象，部分私家车停放在道路两侧的人行通道以及非机动车道上，占用了其他道路。

（2）七里庄站总体评价

七里庄站外便民设施总体一般，接驳种类较多，且除私家车停车场外其他接驳设施均可满足乘客需求，该站接驳公交车数量多达20余条；导向标识数量相对较少，设置位置也没有沿乘客的行走方向，由于对该站不熟悉的乘客比例较大，鉴于此应重视站外导向标识的设置；便民设施基本可以满足乘客需要，可以适当增加早餐车的数量，以进一步提升乘客满意程度；被调查的出行者对七里庄站的出入口较为满意，位置相对明确，容易寻找。

图3-19 七里庄站周边环境及公共设施情况

3.重点站公共设施

（1）白石桥南站

该站站点周边各项公共设施齐全，包括私家车停车场（路侧、地下等）、自行车停放区、公交站点、出租车停靠点、垃圾桶、便利车、地铁指示标识、报刊亭、座椅、无障碍直梯等。站口处公交车较多，接驳比较方便，有较多的私家车停车场，地铁指向标识也相对较齐全，站点整体环境较好。

该站主要问题集中在接驳设施尤其是非机动停车场的容量方面，虽然周边有自行车停放区，但仍有自行车乱停现象，说明自行车停放区容量不够，并且该站点没有设置公共自行车租赁点。此外，设置的地铁便利车也未启用。

（2）白堆子站

该站周边私家车停车位、自行车停放区较多，每个出入口附近均有公交站点，途径公交线路达二十多条；站点所处的各主路上均有导向标识指引，并且在C口附近设置有公共卫生间，B口附近设置有ATM机，A口设置有残疾人无障碍直梯。站点出入口环境较好，没有乱摆摊现象。

该站不存在太大问题，主要缺点是没有公共自行车租赁点、地铁便利车和早餐车。

（3）北京西站

该站出入口与北京西火车站融为一体，该站点属于综合交通枢纽站，接驳设施方面有统一的公交场站、出租车停靠站、私家车停车场等；各项便民设施比如便利店、超市、卫生间、ATM、垃圾桶等均有设置，并且在莲花池东路上分布有地铁导向标识。

该站作为综合交通枢纽站、北京最大的火车站，人员较为杂乱，环境也相对较差，尤其是周边道路上、通往火车站的通道内会有小商贩出现。

（4）六里桥东站

在接驳设施方面，除了没有公共自行车租赁点以外，其他设施种类较为齐全。站口附近沿广安路C、D口侧有路侧私家车停车位，C、E口处有自行车停车场，附近的公交站点有二十多条公交线路经过，并设有一座公交场站；站点周边的便民设施有报刊亭、公用电话、垃圾桶以及无障碍直梯等；站外导向标识沿道路两侧均有分布。

但是，由于该站毗邻莲花池客运站，人员杂乱，有"黑车"及三轮车拉客的现象。接驳设施种类虽然齐全，但是容量仍然不足，自行车乱停放问题尤其突出。乱贴小广告现象比较多，导致站外导向标识以及部分站点标识牌脏污现象严重。

（5）丰台东大街站

该站有两个出入口，两个出入口处均有自行车停放区，但是由于容量不足仍有较多的自行车乱停放现象；仅A口附近处有一收费私家车停车场，但位置较为偏僻不容易引起注意，导致站点周边道路上私家车占用非机动车道，乱停放现象较为严重。在站外导向标识方面该站存在较大问题，站点周边没有发现地铁导向标识。在便民服务设施方面，除了有公用电话、报刊亭、ATM、无障碍直梯之外，还设置有邮政便民邮筒以及地铁便利车，但是便利车同样未开放使用。

整体来看，站点出入口附近环境差强人意，但是沿线支路上的环境较差。

4.线路总结

9号线接驳设施存在以下几个特点：公共自行车租赁点主要分布在北京西站到丰台南路站的几处中间线路区段，线路两端均没有覆盖；私家车停车场、自行车停放区沿线路均有分布，但是大部分站点周边均存在乱停放现象，从中可以推断出其规模的不足。关于常规公交，可以明显看出四环以外的两个站点存在严重的线路条数过少的问题，两个站点周边都仅有一条线路经过。出租车接驳也具有市区外围欠完善的特点。

9号线所有站点均设有站外导向标识，但是几乎一半站点周边的导向标识没有实现出入口的全覆盖，这在一定程度上不利于不熟悉站点周边环境的乘客进站乘车。在导向标识信息完整度方面，其呈现出市区外围站点损毁程度大、市区内站点（除六里桥站外）基本保持完好的特点。

9号线四环以内各车站除了卫生间和座椅之外，其他各项公共设施较为齐全，而四环以外各车站设施不完善程度较高。虽然大部分站点均配备地铁便利车，但是均未开放使用，并且仅有个别站点有早餐车。站外环境方面，以北京西站为界，北部车站的站外环境普遍较好，鲜有"黑车"、小商贩现象，南部车站站外环境相对较差，部分站点周边有"黑车"出现；四环以外的丰台科技园站和郭公庄站周边存在大面积的施工场地，周边开发程度较低。在无障碍设施方面，除了国家图书馆站盲道连续外，其他站点盲道均不连续；除了军事博物馆站外，其他站点都能够保证每站至少一部无障碍直梯的设置。

在出入口设置方面，9号线存在较大问题。由于站点跨道路分布，有四个站点的出入口未覆盖所有道路区块，这就导致部分方向的进站乘客需要穿越马路进站乘车；对于部分有中央分隔带的马路，乘客需要绕行到附近的天桥或通道进站乘车。另外，六里桥站作为与长途客运站相衔接的站点，其出入口位置偏僻也是一个不容忽视的问题。

三、站点外部公共设施存在问题原因

目前站外公共设施存在问题可以追溯到三个时期：前期规划设计无要求、建设期落地实施无条件及运营期管理维护无主体。

（一）前期规划设计无要求

地铁作为一项百年工程，其建设周期长、投资较大，因此，在建设前要对地铁线路及车站的位置选定进行详尽的可行性研究，对地铁周边的用地性质进行严格划分。随着居民对服务水平的要求越来越高，在建设地铁时不单单要满足基本的安全通行需求，设计更加人性化的地铁成了规划阶段的一项重要任务。以人为本的理念不仅要体现在地铁线路及车站内部设施上，车站周边的附属设施同样重要。

北京地铁的人性化建设经历了3个阶段，首先是最初1、2、13号线的建设时期，该阶段对车站内部及周边公共设施的服务还没有规划设计上的要求；随后进入到4、5、10号线一期的建设时期，为了在奥运期间更好地服务群众，展现首都风貌，这三条线路开始考虑增加人性化设计；经过不断发展和积累，6、8、9、10号线二期等新线在规划时开始遵从以人为本的设计理念，进行系统性规划。

本次站外公共设施包括2、5、9号线3条线路。这三条线路分别处于地铁人性化设计的不同阶段，这也正是3条线路反映出不同问题的原因之一。2号线在建设期没有过多考虑人性化设计，虽然后期对车站周边服务设施的改造及修建提升了线路整体服务水平，但可操作的空间仍然有限。可见，在地铁前期规划时对人性化的重视程度往往对后期乘客的使用满意度有很大影响。

此外，在规划阶段还有很多不可避免的因素影响目前乘客使用满意程度，如：车站周边的土地资源有限，无法再建设大规模的私家车停车场或P+R停车场；建设期的规划理念基于当时的现状，无法预估后期乘客的期望程度等。

以2号线部分车站为代表的站外公共设施问题属于此类问题。由于前期规划设计缺乏相关标准，因而在规划设计阶段没有对站外公共设施进行有意识的规划，导致其不能满足新形势下居民对公共设施的高要求。总之车站前期周边公共设施的规划对后期乘客使用有着重要的影响，规划设计者宜充分考虑乘客的需要，以发展的眼光进行人性化的设计，出台相关规范、标准、指南、导则，为站点周边公共设施的设置提供依据，从根本提升地铁服务水平。

（二）建设期落地实施无条件

如前所述，随着地铁建设的推进，居民对地铁服务水平的要求逐渐反馈到规划和设计层面，北京市开始逐步出台地铁站外公共设施的配置要求。包括地铁与公交等其他交通方式的衔接，停车场的配置，导向标识的设置标准，风亭、冷却塔的设置等，都开始被逐步规范化。这在地铁5号线等相关线路的建设中已经开始得到体现。

然而，地铁站点的选址和建设一般是在土地开发利用已经较为成熟的城区开展，各种资源尤其是土地较为紧张，加之管理上的协调沟通难度大，好的规划和设计并不一定能顺利实施。比如部分站点周边无空间在站前广场设置早餐车或停车场等设施，虽然规划上有相关规范要求，但是这些要求没有条件实施。而大多数车站跨十字路口设置，因此出入口被设置在十字路口四角处，由于路面交通的限制，公交站点不能靠近出入口设置。

对于这类问题，需要相关主管部门相互配合，从城市规划、用地控制等层面，尽早预留站点周边公共设施的实施条件，确保好的规划设计方案能够落地实施。

（三）运营期管理维护无主体

后期维护管理是城市轨道交通车站周边公共设施正常发挥功效的保证，需要地铁运营管理部门与周边市政管理部门协调合作以共同寻找最优的管理办法。站点周边公共设施问题中站牌损坏、车站周边车辆乱停、导向标识信息缺失、早餐车设置不足、车站周边有小摊贩小广告和打"黑车"现象、卫生间环境差、部分风亭所处环境气流不畅、风亭检修不便等方面都与后期的管理维护有关。

公交站牌和地铁导向标识无遮挡地长期暴露在露天环境中，缺少定期的维护，部分车站还有贴小广告现象，严重影响了站牌的正常使用。对于私家车占用出租车停靠点的现象，运营管理部门对于自己职权之外的场地管理权限有限，难以做到有效管理。车站周边出现摆摊、小广告、"黑车"的问题，其主要原因是车站周边人流组成复杂，造成了一定的市场需求，同时大部分问题车站位于市郊，相应的市政城管监管还不够完善，助长了不法商贩的侥幸心理。风亭所处环境气流不畅，其主要原因是风亭出入风口与部分植物或建筑物距离过近。在运营维护方面，应检查周边植被的茂密程度，及时修剪或清除，如有人工堆放的障碍物宜适时处理。

站点周边的公共设施由于不在地铁站内，因此需要政府各个部门相互协调，统一分工，进行系统地管理，不遗漏也不重复管理同一种设施，不同部门之间相互配合，共同提高车站及周边服务水平，从而提升乘客满意度。

第三节　改善需求

■ 一、站点分类与需求侧重

不同性质的客流，对站外公共设施的需求不同。从住宅区出发的早高峰上班客流，对早餐车的需求相对较高，如北京地铁线2、5、9号线，其若干站点出入口设置的早餐车和书报亭等地铁商业对市民来说是需要的；而进出对外交通枢纽及旅游区的乘客，对导向标识、信息牌的需求更多。因此，承担不同客流性质的车站，对站外公共设施设置种类、标准、侧重点等要求就不同。评判站外设施改善需求，应基于车站分类，对比不同类型车站对设施的需求程度，做相应的改善分析。

基于车站客流性质对车站分类，难点在于数据的收集。而轨道交通一卡通海量刷卡数据为这一难点提供了解决办法。刷卡数据记录了乘客的出行时间、地铁线路，可以挖掘出乘客的出行频次，是否往返；再结合乘客是否使用单程票，可以从中挖掘出乘客的出行次数，从而判定客流性质。再根据车站客流性质的构成，即可对车站进行基于客流性质的分类，并基于分类确定不同类型车站的站外公共设施需求。

（一）站点分类

城市轨道交通流的吸引以站点为中心，站点自身的客流特征与轨道交通的吸引范围有直接关系，也与居民出行方式选择密切相关。同时，在城市轨道交通站点周边空间土地开发与利用、基础设施衔接规划以及客流吸引特征等相关研究方面，不同类型的站点间往往存在着较大的差异性。这就需要对城市轨道交通站点进行类别划分，来讨论不同类型站点间的这种差异。合理划分地铁车站类型，可以为改善地铁的客流吸引能力、扩大辐射范围及与其他交通方式的衔接规划和建设提供参考，同时为交通方式一体化分析和评价提供借鉴。

传统的对地铁车站的分类一般是定性的分析，使用专家打分法或层次分析法对站点进行分类。本次调研从车站的客流特性出发，采用主成分分析法和聚类分析法进行定量分析，对站点在这些因素变量上的相似程度做定量的计算，得到站点分类结果。这就为站点分类提供了定量的更为细致的方法，在实际中更具有可操作性，同时也为后续的相关研究打下了基础。

对车站进行聚类分析，首先要从刷卡数据中提取出反映车站客流特性的具有代表性的相关因素作为初始变量。综合考虑通勤客流、早晚高峰客流特性、工作日与周末客流差异、一卡通与一票通的比例等因素的影响，选取工作日早高峰进站客流量/工作日全天客流量、工作日晚高峰进站客流量/全天进站客流量、工作日早高峰出站客流量/工作日全天出站客流量、工作日晚高峰出站客流量/全天出站客流量、工作日全天客流量/周末全天客流量、工作日ABBA_A[①]客流量/工作日全天客流量、工作日ABBA_B[②]客流量/工作日全天客流量、一票通比例、工作日单次进出站客流量/工作日全天客流量、周末上午8点至12点出站客流量/周末全天出站客流量、周末下午3点至7点进站客流量/周末全天进站客流量、周末晚8点至10点进站客流量/周末全天进站客流量、周末晚8点至10点出站客流量/周末全天出站客流量13个因素作为聚类分析的初始变量，见表3-1中初始变量的选取。

初始变量的选取

表3-1

编号	变量名称
F1	工作日早高峰进站客流量/工作日全天客流量
F2	工作日晚高峰进站客流量/全天进站客流量

---

① 一天内从A站进、B站出，再从B站进、A站出的乘客在A车站的客流量为ABBA_A。

② 一天内从A站进、B站出，再从B站进、A站出的乘客在B车站的客流量为ABBA_B。

续表

编号	变量名称
F3	工作日早高峰出站客流量/工作日全天出站客流量
F4	工作日晚高峰出站客流量/全天出站客流量
F5	工作日全天客流量/周末全天客流量
F6	工作日 ABBA_A 客流量/工作日全天客流量
F7	工作日 ABBA_B 客流量/工作日全天客流量
F8	一票通比例
F9	工作日单次进出站客流量/工作日全天客流量
F10	周末上午8点至12点出站客流量/周末全天出站客流量
F11	周末下午3点至7点进站客流量/周末全天进站客流量
F12	周末晚8点至10点进站客流量/周末全天进站客流量
F13	周末晚8点至10点出站客流量/周末全天出站客流量

基于以上描述地铁客流特性的13个初始变量，对北京地铁网络上的车站进行K均值聚类分析，可将北京地铁车站分为四类：

第1类站点为居住区车站，如天通苑站、俸伯站、土桥站等。该类站点多为各条线路的远离市中心的端头站，乘客早上乘坐地铁上班，晚上乘坐地铁回家，车站周边区域多体现"睡城"特性，八通线、昌平线所属车站均为该类型车站。

第2类站点为机场T2、T3航站楼站。这两个站点为一卡通比例超高的对外交通枢纽站，工作日临时客流量占工作日全天客流量的85%左右，较其他对外交通枢纽表现出更明显的特性。

第3类站点为工作区车站，如国贸站、中关村站、永安里站、西二旗站、生物医药基地站。该类车站多分布于市二环至四环之间，从地理位置上看，北城工作区车站数量明显高于南城工作区车站数量，工作日出行客流多为"先出后进"的通勤客流，周末全天客流分布较平缓，属于特征显著的工作区站点。

第4类站点为对外交通枢纽类车站和旅游区车站，如北京西站、前门站、南锣鼓巷站、园博园站。该类车站有大量临时客流，属于外地乘客聚集地，北京站和北京西站是大型火车站，前门站属于旅游景点类车站。

站点分类结果由GIS展示，如图3-20所示。

（二）需求侧重

将本次研究的所有车站分类后得到如表3-2所示结果，不同类型的车站对公共设施的侧重点不同，规划者可根据具体要求做更加人性化的设计。

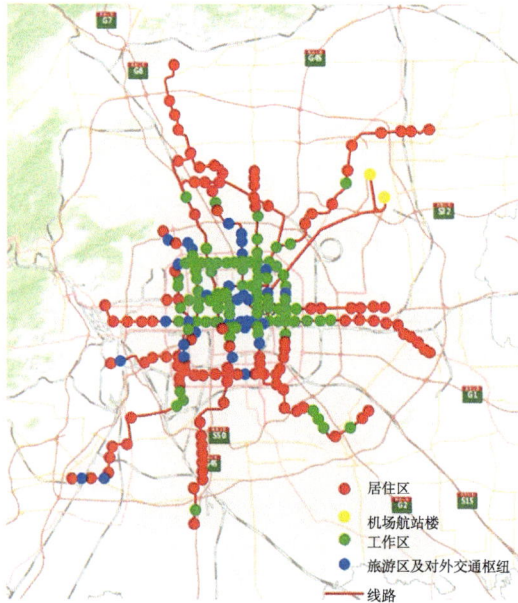

图3-20　基于乘客属性的全网车站分类

乘客需求侧重点　　　　　　　　　　　　　　　　　　表3-2

车站类别		代表车站	公共设施布置侧重点	具体要求
居住类	2号线	长椿街站	接驳、便民设施、风亭、冷却塔	接驳设施可重点设置公交站（线路方向齐全，数量较多）、B+R租赁点、P+R停车场供居民通勤、外出；设置早餐车、ATM、过街设施，较多布设垃圾桶，风亭、冷却塔要控制噪声，减少异味
	5号线	天通苑北站、天通苑站、天通苑南站、立水桥站、立水桥南站、蒲黄榆站、刘家窑站、宋家庄站		
	9号线	六里桥东站、七里庄站、丰台东大街站、丰台南路站、科怡路站		
工作类	2号线	建国门站、复兴门站、西直门站、鼓楼大街站、安定门站、雍和宫站、东四十条站、朝阳门站、崇文门站、和平门站、宣武门站、阜成门站、车公庄站	接驳、出入口、便民设施	接驳设施重点设置公交站、私家车停车场、出租车停靠点；出入口容易寻找，避免横穿马路，可与大型写字楼衔接；重视早餐车、报刊亭、垃圾桶及便利的过街设施
	5号线	东单站、北苑路北站、大屯路东站、惠新西街北口站、惠新西街南口站、和平西桥站、和平里北街站、北新桥站、张自忠路站、东四站、灯市口站、磁器口站		
	9号线	军事博物馆站、国家图书馆站、白石桥南站、白堆子站、丰台科技园站、郭公庄站		

续表

车站类别	代表车站		公共设施布置侧重点	具体要求
交通枢纽及旅游类	2号线	积水潭站、东直门站、北京站、前门站	接驳、站外导向、便民设施、出入口	接驳重点关注公交站、出租车停靠点；导向标识方向齐全、数量较多，尤其考虑与其他交通方式的衔接；关注ATM、报刊亭、垃圾桶、卫生间，严禁小商贩；出入口清晰易找，可与交通枢纽或大型商场衔接
	5号线	天坛东门站		
	9号线	北京西站、六里桥站		

二、需求度分析

（一）需求度计算方法

1. 改善度需求

为计算真实准确的需求度，可采用现场问卷调研辅助现场勘察调研的方式，将勘察表和现场问卷相结合，共同计算改善需求度，如式（3-1）所示。

$$D_{ij} = f(k_{ij}, w_{ij}) \tag{3-1}$$

式中：D_{ij}——第 i 个车站的第 j 项设施的需求度分值；

　　　k_{ij}——第 i 个车站的第 j 项设施的勘察分值；

　　　w_{ij}——第 i 个车站的第 j 项设施的问卷满意度百分比。

2. 改善需求度降级计算

目前，大部分站点的公交线路的运营路线基本上已经覆盖了周围的主要道路方向，能够兼顾到四方客流；现场勘察得出现有公交线路条数与乘客填写的调查问卷的需求程度存在较大的偏差。不少乘客在填写问卷时针对转乘设施的需求往往会下意识地选择公交线路，而忽略该站公交线路是否已经能满足需求。因此，需根据现场勘察得到的现有公交线路条数对乘客问卷中的需求程度进行降级处理。降级标准见表3-3中公交线路需求度降级标准。

公交线路需求度降级标准　　　　　　　　　　　　　　　　表3-3

现有线路条数	降级系数
0～4	1
5～8	0.9
9～12	0.8

续表

现有线路条数	降级系数
12～16	0.7
>16	0.6

依据该标准，结合六里桥站勘察情况，六里桥站周边有5个公交站点、8条公交线路，选取降级系数为0.9；根据调查问卷中得出的"公交线路"需求度为32.8，最后计算得出降级后的公交线路需求度为0.9×32.8=29.52。需求等级依然为中级程度。

（二）改善需求度分级

1.各站设施改善需求等级

依据子类改善需求度分级，建立各站设施改善需求等级表，其目的在于：

（1）计算子类改善需求度，确定子类改善级别，用不同颜色表示，清晰简单；

（2）依据子类设施可追溯到大类设施，可判断改善工程的难易程度；

（3）可直观反映各站的主要存在问题，通过颜色可直接确定最突出的站外公共设施问题以及最满意的设施，为改善公共设施的优先级提供可参考的依据；

（4）反映全部车站各公共设施综合满意度及需求情况。

对所有调研车站计算改善需求度，并进行降级处理；将得到的最终需求度按表3-4所示的改善需求分级标准进行分级，最终给出49个车站改善需求度分级结果及改善建议，见表3-5、表3-6。

改善需求分级标准 表3-4

改善需求等级	标识颜色	需求度
极低		1～15
低等		15～30
中等		30～45
高等		45～60
极高		60～100

2.站点周边服务设施关注点

对站点周边服务设施的关注主要集中在出入口环境、便民服务设施和换乘接驳设施三大类：

（1）出入口环境

日前，中国交通运输经济研究中心副主任李红昌表示，日本地铁在设计之初就

各站设施改善需求等级表

表 3-5

设施分类 站点名称	土建设施类						交通接驳类						导向标识类				服务设施类						
	人行通道、天桥	出入口不好找	要横穿马路	要绕行	步行道路不够宽	站点偏僻	步行	公交车线路	公共自行车租赁点	非机动车停车场	出租车停靠点	私家车停车场	标识不容易注意	标识太少	岔道口缺口标识	标志损坏	地铁线路图	报刊亭	早餐车	垃圾桶	摆摊	小广告、垃圾	黑车
宋家庄站																							
刘家窑站																							
蒲黄榆站																							
天坛东门站																							
磁器口站																							
灯市口站																							
东四站																							
张自忠路站																							
北新桥站																							
和平里北街站																							
和平西桥站																							
惠新西街南口站																							
惠新西街北口站																							
大屯路东站																							
北苑路北站																							
立水桥南站																							
立水桥站																							

117

续表

设施分类 站点名称	土建设施类							交通接驳类					导向标识类				服务设施类						
	人行通道、天桥	出入口不好找	要横穿马路	要绕行	步行道路不够宽	站点偏僻	步行	公交车线路	公共自行车租赁点	非机动车停车场	出租车停靠点	私家车停车场	标识不容易注意	标识太少	岔道口缺标识	标志损坏	地铁线路图	报刊亭	早餐车	垃圾桶	摆摊	小广告、垃圾	黑车
天通苑南站																							
天通苑站																							
天通苑北站																							
国家图书馆站																							
白石桥南站																							
白堆子站																							
军事博物馆站																							
六里桥东站																							
六里桥站																							
七里庄站																							
丰台东大街站																							
丰台南路站																							
科怡路站																							
丰台科技园站																							
郭公庄站																							
鼓楼大街站																							
积水潭站																							

续表

设施分类 站点名称	土建设施类						交通接驳类						导向标识类				服务设施类						
	人行通道、天桥	出入口不好找	要横穿马路	要绕行	步行道路不够宽	站点偏僻	步行	公交车线路	公共自行车租赁点	非机动车停车场	出租车停靠点	私家车停车场	标识不容易注意	标识太少	岔道口缺识标	标志损坏	地铁线路图	报刊亭	早餐车	垃圾桶	摆摊	小广告、垃圾	黑车
西直门站																							
阜成门站																							
复兴门站																							
长椿街站																							
宣武门站																							
和平门站																							
前门站																							
崇文门站																							
北京站																							
建国门站																							
朝阳门站																							
东四十条站																							
东直门站																							
安定门站																							
雍和宫站																							

考虑到出入口与商业设施的配套，不仅有利于地铁人流量的疏散，更能形成以地铁站为中心的商圈。李红昌认为，未来北京地铁的商业网点也应该设置更加丰富的业态，串联起乘客们的生活、工作和休闲空间，让他们不再是地铁站内的匆匆过客，而是把它设计成一个让旅客逗留的空间。有新的业态出现，出入口环境就能有所改善，地铁就会变成城市中一道非常靓丽的风景线。

红色车站改善建议 表3-6

线路	红色车站	突出问题	相应解决措施
2号线	复兴门站	进入车站要横穿马路	考察站点周边环境是否可以增设天桥通道，无条件地区设置人行横道，同时在人行横道前加设减速振动带和减速慢行标志
	宣武门站	进入车站要横穿马路	考察站点周边环境是否可以增设天桥通道，无条件地区设置人行横道，同时在人行横道前加设减速振动带和减速慢行标志
	建国门站	接驳公交线路较少	增加公交线路，公交车台设置在轨道交通出入口一定距离处，接驳距离不宜过远也不宜过近
5号线	宋家庄站	非机动车停车场较少、小广告垃圾较多、黑车横行	合理确定自行车停车场规模、网络化B+R租车解决非机动车停车问题，市政城管联合执法解决地铁站外环境
	蒲黄榆站	垃圾桶较少	4个出入口方向沿乘客行走道路设置垃圾桶，由于周边分布住宅小区、超市等，客流较大，建议以100～150m为间隔设置
	北新桥站	车站东侧公交接驳步行距离大	车站东侧最近公交站在600m左右，可调整相应公交站到500m范围内
	立水桥站	出入口"黑车"较多、小广告严重、垃圾未及时清理	联合相关部门遏制"黑车"、加强周围环境治理，多设置垃圾桶，可适当增加环卫设施
	天通苑站	小广告较多和垃圾未及时清理	增设垃圾桶进行垃圾回收，加强小广告的整治
	天通苑北站	小广告无人处理、地面存在垃圾、附近有打"黑车"现象	安排相关清洁人员处理小广告，张贴禁止标示。增设垃圾桶。增设正规出租停靠点及公交线路
9号线	六里桥站	标识太少、出入口不好找、站点偏僻、缺少地铁线路图	在站点出入口附近适量增加导向标识。清除站点出入口附近的障碍物，避免视野盲区。站点附近每隔适当距离增设标识牌。增设地铁线路图，并考虑相关接驳信息
	丰台科技园站	可接驳公交车线路过少	合理增开公交线路
	郭公庄站	可接驳公交车线路过少	合理增开公交线路

（2）便民服务设施

对北京市地铁1号线调研中发现，公主坟站站内的通道里没有任何商业便民服务设施，只有A口连接着城乡购物中心，A口外侧路边有摆摊卖水的商贩，而其他三个出口外根本找不到任何商业设施的影子，乘客们就餐、购物的需求都很难得到满足。便民服务设施更多地针对出入口的站前广场环境，希望能够增设站点周边的垃圾桶、便利店或早餐服务车；站外或闸机之外的非付费处增设卫生间；增设地铁线路图、地铁自提柜项目以及其他电子信息类服务。

（3）换乘接驳设施

最主要的需求是公交车站点线路。另外，公租车以及非机动车的接驳问题也较多，应增加公租车以及非机动车停车场。有些市民希望针对大型住宅小区设置摆渡车或微型公交专线进行早晚高峰人员的接送；还有市民针对市区内用地紧张导致停车场少的问题，提出可以通过设置立体停车场予以缓解的建议。

（三）改善效益综合分析

公共设施改善的效益主要体现在民众对其的需求程度，因此改善效益分析主要分析的是民众对各种设施的需求程度，需要考虑各种设施的总体需求程度。为从全路段综合考虑各项设施的改造需求，按照表3-7所示的改善需求计分标准，通过式(3-2)计算各项改造设施子类的改造需求综合得分，然后对改造设施大类中所有子类的改造需求综合得分计算平均值得到该大类的改造需求综合分值。

$$P_{\text{Sub}-j} = \sum_{i}^{n} D_{ij} \tag{3-2}$$

式中：$P_{\text{Sub}-j}$——第 j 项改造设施子类的改造需求综合分值；

　　　D_{ij}——n 个车站中的第 i 个车站的第 j 项设施的需求度分值。

改善需求计分标准 表3-7

改善需求等级	标识颜色	分值
极低		1
低等		2
中等		3
高等		4
极高		5

需求度分值结合表3-5和表3-7得出。综合分析各类设施的改善需求，按照设施总体满意度计算方法，计算得出站点各类设施的综合平均需求得分、排序如图3-21所示。

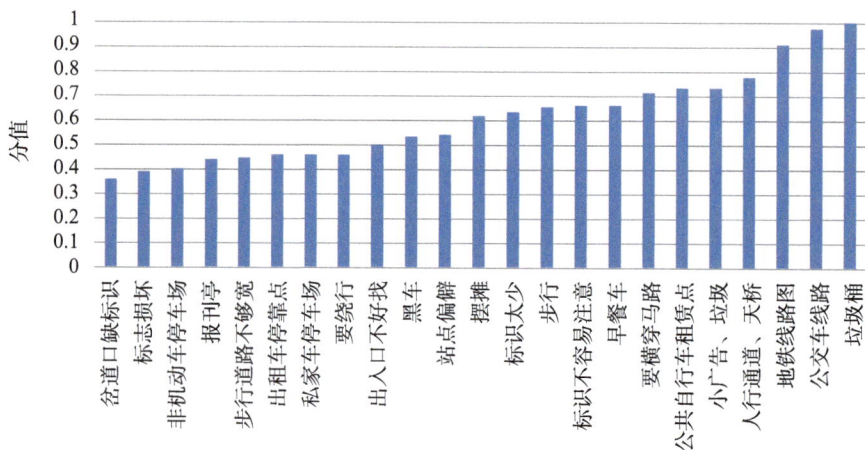

图3-21   各类设施改善需求统计柱状图

由图3-21分析可以看出，改善需求可以分为三类：0.3～0.6区间的低需求区、0.6～0.8区间的中需求区和0.8～1.0区间的高需求区。其中高需求区中包含垃圾桶、公交线路以及地铁线路图三类，中需求区中包含人行通道、过街天桥、小广告现象、公共自行车租赁点、早餐车、缩短步行接驳距离、标识太少并且不容易注意、摆摊现象严重等八类。在这十一类中，修建人行通道和过街天桥以及缩短步行接驳距离属于土建设施类改造，增加公交线路以及公共自行车租赁点属于交通接驳类改造，标识太少以及不容易注意属于站外导向标识类改造，剩下的属于周边环境类改造。

其中，土建类设施是这些设施中工程量最大、投入成本最高的设施大类；就其改善效益来说也是相对较高的，属于高成本、高效益类改善设施。然而，从分析结果中可以看出该类改造需求分布在中需求区，因此对此类设施的改造需要综合分析后再决策。交通接驳类中需要根据具体的子类情况进行区分，对于改善成本较低的公交站点、公共自行车租赁点等因其改善效益也相对较高可以考虑予以添加；而对于私家车停车场等改善成本较高、改善效益较低的设施需要慎重考虑。同样，对于站外导向类中的标识数量及标识位置也可以考虑适当地增加，就其改善成本及改善效益综合来看基本合理。周边环境类属于低成本、高效益的改善设施，而高需求区中三项有两项为周边环境类，因此可以重点考虑该类相应设施的改造。

因此，根据成本效益理论分析可以看出，在投入同等人力物力的条件下，欲获得最大的改善效益，应从周边环境类的改善入手，其次可以考虑增加公交线路站点以及公共自行车租赁点，再次可以考虑改善站外导向标识的设置，最后对于土建设施类的改造需要经过慎重考虑并结合实际综合成本及效益再进行。

第四节 改善建议

一、接驳设施

（一）公交站点接驳

1.存在的问题

（1）接驳位置不合理

常规公交作为与轨道交通换乘接驳的主要交通方式，需要根据轨道交通站点位置合理选择接驳位置。如果接驳距离过长或者接驳路线复杂、与机动车道交织等都会造成乘客出行体验差、满意度不高的出行体验。

例如，积水潭地铁站附近的积水潭公交站和积水潭桥北站距地铁出入口的距离均在300m以上；安定门地铁站附近的安定门公交站设置在立交桥之下，下车后需要上立交桥并穿过马路才能到达地铁站，换乘路线复杂、危险，并且在公交站处无法准确定位地铁站位置，进一步导致了换乘不便捷，如图3-22所示。

图3-22 安定门站公交车站点

（2）接驳线路条数不足

常规公交的接驳线路数应该与选择公交接驳地铁的乘客数相匹配，《指南》中并未给出关于公交接驳线路条数的具体规定。就目前调研情况来看，部分站点存在严重缺少的现象。例如，9号线的丰台科技园站和郭公庄站在站点周边500m范围内仅有一条公交线路与轨道交通进行接驳换乘；另外建国门站500m范围内仅有4

条线路进行接驳换乘。

2.解决措施

（1）缩短接驳时间、距离，提高舒适度

常规公交站台应设置在轨道站点出入口附近，接驳通道尽量设置自动扶梯，并辅以行人设施，以缩短接驳距离和时间，提高换乘舒适度。

（2）人、车流分离

轨道站点与常规公交站台之间尽可能设置专门的人行通道，并组织好公交进出站台的线路，避免人流与车流的交织。为了减少常规公交与轨道交通接驳时对地面交通造成影响，公交停靠站一般设置成港湾式，港湾站的规模应根据其所接驳的客流量和每小时到达的车辆数综合确定。

（3）合理确定接驳布局与接驳站台规模

常规公交站的接驳布局、站台规模应根据接驳客流量的大小、停靠公交的线路数量及其空间需求，并结合站点周围的用地规划综合确定。

（二）非机动车接驳

1.存在的问题

（1）非机动车停车场规模不足

虽然所有站点附近均设置有非机动车停车场，但是基本上每个站点周边均存在非机动车乱停的现象，如图3-23所示，说明了目前站点周边的非机动车停车场仍然不能满足需求。

图3-23 非机动车乱停乱放

（2）B+R租赁点未匹配设置

B+R租赁点未匹配设置是指，目前一些站点虽然在周边设有公共自行车租赁点，但是对应的周边住宅区没有设置，导致站点周边的公共自行车使用率较低，比较典型的就是9号线七里庄站的公共自行车租赁点。

（3）配套设施不完善

《指南》中对于非机动车接驳设施的设置给出了具体规定，推荐在停车场内设置监控摄像头等监控设施，确保车场内安全管理；设置打气筒、自行车修理工具等便民服务设施。但是，就目前的调研结果来看，未发现设置有摄像头以及相关便民服务设施；并且很多自行车停车场没有设置雨棚等防雨设施，在雨天不利于乘客的接驳出行。

2.解决措施

（1）合理确定自行车停车场规模

自行车停车区规模主要按照高峰时段的转乘人数以及每个车位的周转率来进行确定。准确把握自行车接驳客流特征，合理规划停车场地的规模，避免停车供给与需求不匹配。若停车场地过大，会导致较高的空置率，造成浪费资源；若停车场地过小，易导致自行车强占非机动车道与人行道，并干扰非机动车与行人的正常通行。另外，避免因位置设置不合理而导致使用率低下；自行车停放处可设置在地铁出入口附近的路侧，利用轨道交通出入口的边角带设置自行车停车带，利用高架桥下面的空间设置停车区域。

（2）网络化B+R租赁

租赁自行车适用于轨道交通与潮汐不明显的客流集散点之间的换乘，如公园、商场、运动场馆、图书馆、医院等。租赁自行车的灵活性依赖于自行车租赁点的网络化。因此，不能孤立地在轨道交通站点周围设置租赁点，而应与城市自行车租赁网络同步建设。

（3）设置便民服务设施

按照乘客需求设置必要的便民服务设施。

（三）小汽车停车场

1.存在的问题

小汽车停车场存在的问题主要就是停车场规模不足，与需求不匹配。由于本次调研的几条线路均位于五环以内，所以站点周边没有P+R换乘停车场；但是各站点周边均有不同数量的商业收费停车场，甚至位于市中心区域的站点周边也分布着不少停车场。然而，由于北京市居民的私家车保有量较大，站点周边仍会出现私家车乱停现象；在调研的几条线路中有将近三分之二的站点周边存在乱停车现象，说明了目前小汽车停车场数量仍不能满足乘客需求，如图3-24所示。

图3-24　小汽车乱停乱放

2.解决措施

考虑到小汽车停车场占地面积较大，并且目前北京市居民的小汽车保有量仍在增加，所以一味地以增加小汽车停车场的方法来应对该问题是不太现实也是不太合理的解决措施。解决小汽车停车的问题，主要是解决小汽车出行的问题。可以采取提高小汽车出行成本，或者提高小汽车停车成本等手段来间接解决。

（四）出租车停靠点

1.存在的问题

（1）站点位置设置不合理

《指南》中规定，出租车停靠站距轨道交通车站宜小于等于20m，不应大于50m。但是在一些车站附近，出租车停靠点距离站点出入口较远，例如9号线七里庄站的出租车停车位设置在距出入口500m处；并且，国家图书馆站的部分出租车站点设置在路边花木丛中；这些站点设置位置均不利于乘客换乘使用，如图3-25所示。

图3-25　出租车停车位问题

（2）站点未被充分利用

目前，大部分的出租车停靠点未被充分利用，一方面是因为乘客的使用意识不强，另一方面是因为出租车停靠位被私家车占用。

2.解决措施

根据《指南》中的规定，为了方便乘客换乘，接驳设施最好设置在轨道站点进出口位置附近；按换乘量的实际需求设置相应的停靠设施规模，在换乘量大的站点适宜设置专门的路外停车换乘场所，在换乘量较小的轨道站点可采用路边停车的形式；轨道站点有公交接驳的情况下，出租车接驳区域应采用港湾式，且位于公交车站的上游，并与公交车站保持适当距离。

网络化出租车停靠站点，提高乘客对出租车停靠站点的使用意识，同时也要求出租车司机遵守靠站停车的规则，从两方面入手来规范出租车停靠点的使用。

（五）步行接驳

1.存在的问题

本次调研利用附加问卷获取了2830个步行到达地铁站乘客的出行起点信息。利用北京步行道路网GIS及地铁网络的GIS数据，测算出步行到达地铁站乘客的步行距离。其均值为430m，四环内市区75%分位为494m，郊区四环外是712m。根据相关研究，75%分位的步行距离是乘客的可接受步行距离。本研究认为站外公共设施问题应聚焦于这一范围，这是接驳设施理想的布置范围。根据步行乘客利用北京道路网、北京地铁网的情况，基于网络距离划分了北京地铁车站的步行区域，并利用该步行区域分析了该区域内公交站点的分布情况。

由步行区域图3-26可知，由于部分车站所在区域道路连通性差，道路密度过低，乘客实际在路网上的行走距离远大于直线距离，因而可接受的步行距离所覆盖的面积远小于直线距离覆盖的面积。

2.解决措施

为解决道路连通性差、乘客绕行距离远的问题，在站点空间允许的条件下，应尽量使人车流分离，合理组织不同交通方式的衔接空间，修建安全、完善的步行设施，如人行天桥和地下通道；对于高低起伏的接驳线路，应设置自动扶梯、电梯等人行辅助设施以满足行人的方便性、安全性和舒适性要求。

二、导向标识

（一）存在的问题

轨道交通已经成为居民出行的首选公共交通出行方式，为了方便乘客快速进入轨道交通线网，地铁站周边的导向标识则起到了重要的作用。北京地铁站外导向标

图3-26　GIS划分的基于路网的乘客步行区域图

识存在的问题主要集中在以下几个方面：（1）标识牌损坏导致信息缺失；（2）标识设置较少；（3）不同种交通方式之间导向信息衔接不当。

1.导向信息缺失

一个完整的导向标识要提供乘客足够的信息，北京地铁站外导向标识目前涉及的信息有线路号、车站名、距出入口距离及导向箭头。导向标识露天设置，没有遮蔽物，使用时间过长后会出现信息磨损、字迹不清，从而导致信息不全，某些指示信息缺失。2号线崇文门站的某个导向标识如图3-27所示，通过该标识很难看出车站名称以及距离信息，地铁线路号更是损坏严重，无法起到提供指示信息的作用。这样的问题并不是偶然现象，很多车站都存在这样的问题，如在勘察中同样发现导向信息磨损严重的2号线东四十条站，如图3-28所示。

2.标识数量过少

站外导向标识的主要服务群体是对地铁站及周边环境较为陌生的乘客，在设计布置时要从这类乘客的角度出发，保证乘客能快速准确地找到目标车站。在车站的服务范围内不能只依赖一两个标识，过少的标识不具有较好的连续性，导向

图 3-27　崇文门站信息损坏情况

图 3-28　东四十条站信息损坏情况

效率较低。标识设置数量的不合理性在多个车站体现出来，如和平门站、前门站、北京站等。

3.不同交通方式衔接不畅

导向标识的作用就是帮助居民快速、准确定位目标车站，调研中很多乘客希望采用其他交通方式到达地铁站附近时可以马上看到导向信息，这就涉及不同出行方式之间的衔接问题，站外标识的设置在功能上也应承担起不同方式之间的转换作用。目前北京地铁站外的标识是一个独立的系统，并没有与其他交通方式的信息指示融为一个完整的服务体系，这一点已经落后于上海、广州等城市。

（二）改善建议

1.导向信息

根据导向信息存在的问题，提出分级导向的思想，根据北京地铁的吸引范围将导向标识的设置分为三级，不同级别设置的信息内容不同。

（1）一级导向信息标识

一级导向信息标识应设置在轨道交通站点服务半径的最外围、城市主干道的交叉口处或是一些大型社区（居住区）、公共场所，如体育场、会展中心等的周围。导向信息内容包括显示出行者当前位置距离最近轨道车站的方向、距离和整个城市的轨道交通线网图。

（2）二级导向信息标识

二级导向信息标识设置在行人向车站行进的道路边上以确保不产生信息断流。它的设立可以使乘客了解自己的行进方向没有出现偏差，而继续前进直至到达车站。这层导向信息所传递的内容还应该包括车站的名称，与一级导向信息标识不同的是在这级导向信息标识中，可以不再提供轨道交通的线网信息，但应给出出行者当前位置与周边环境关系的示意图。

（3）三级导向信息标识

三级导向信息标识，目的是为出行者明确标示出当下所在的位置，为乘客标明该站点的名称，以方便乘客确认该站点是否是自己所寻找的站点。因此，这类导向信息牌应该设置在车站入口附近，用于发布单个车站的名称、单条线路信息等，如图3-29所示。

图3-29　广州地铁三级导向标识示意图

另外值得注意的是，由于导向标识露天设置，信息容易磨损，针对此类信息缺失，在设置时可以改善信息牌材料，减少信息磨损的发生。

2.标识数量

导向标识数量不宜过多也不宜过少，过多的导向标识造成资源浪费，影响城市景观；过少的标识又会影响导向效果，降低导向效率。《公共交通客运标志　第2部分：轨道交通》DB11/T 657.2—2015中规定，在车站500m范围内开始设置导向标识。勘察调研过程中发现宜根据乘客的行走路线，沿途分级设置。以地铁站点为中心向外辐射，要保证八个行走方向均有导向标识指引，保证每个方向的乘客均能接收到地铁出入口位置的相关信息。

3.不同交通方式的衔接

此种类型的导向标识主要作用在两种方式之间的衔接和下车步行的阶段。如果使用公交换乘，则可以利用一般的地面公交车站的设施，增设轨道交通的线网信息和站点信息，以使每一个公交车站都能够发挥小型公交枢纽的职能。轨道交通信息的附着方式可以利用公交车站已有的设施，如停靠站候车棚的广告版面，可以改为提供轨道交通线网信息的版面，尤其是在与地铁站重合的车站，更有增设这样信息的必要，以实现不同交通方式的结合。选用其他交通方式换乘（出租车、B+R、P+R）可以独立设置导向标识，实现不同种交通方式的无缝衔接，如图3-30所示。

为了方便残障乘客能够快速找到具有无障碍设施的出入口，站外导向标识也可以增设相应无障碍设施提示信息，如图3-31所示。

图3-30　上海市公交站牌设置可换成地铁站的信息　　图3-31　上海地铁导向标识结合无障碍设施信息

三、便民设施

城市轨道交通建设是投资大、周期长的公益性基础设施，对城市的发展有着巨大的影响。站点周边便民设施作为轨道交通站点区域配套设施的重要组成部分，应与轨道交通建设统筹规划，配套设置，且尽可能地完善服务功能。

轨道交通站点周边便民设施种类、数量繁多，主要包括人行通道、过街天桥、地铁线路图、报刊亭、公用电话亭、便利店、垃圾桶等。不同的设施具有不同的使用功能，对乘客的出行过程有着不同的影响，由此需要考虑的问题也不尽相同。

（一）人行道和过街天桥

人行通道和过街天桥统称为立体行人过街设施，一般都位于人口稠密地区和交通繁忙的主干道上，它主要具有疏导交通、保证行人安全的功能。

按照《城市人行天桥与人行地道技术规范》CJJ 69—95的设计原则，属下列情况之一者，可设置天桥或地道：①行人横过市区封闭式道路或快速干道或机动车道宽度大于25m时，可每隔300～400m设置一座。②路段上双向当量小汽车交通量达1200pcu/h，或过街行人超过5000p/h时可以设置通道。

按照《城市人行天桥与人行地道技术规范》CJJ 69—95设置天桥或地道，缺少与实际情况的结合，存在安全隐患。

1.存在的问题

（1）出入口位置位于机动车道间，缺少人行过街设施

由于北京市轨道交通建设发展迅速，市中心土地问题严重，使得轨道交通出入口位置设置受限，乘客需穿越机动车道、非机动车道、高架桥到达出入口，如图3-32、图3-33所示。乘客乘坐或离开轨道交通时，需快速穿过机动车道，对行人造成了很多的安全隐患，也对来往的车辆造成不便，影响交通连续性，在此类站点建设人行通道和过街天桥是非常必要的。

图3-32　需穿越非机动车道到达地铁出入口　　图3-33　需穿越高架桥到达地铁出入口

（2）出入口连通性差，绕行距离长，缺少人行过街设施

地铁车站出站口都建在十字路口，使得路口四个方向来的乘客都可以就近进入地铁站。然而，这四个出站口本身却并不直接互相连通，而是通过乘车站台连接在一起。人们要想从一个出站口到另一个出站口就必须从地面上过马路。从乘客的角度来说，一旦走错了出站口而又不想从地面过马路，就必须再次购买地铁车票从站台穿越；而从城市交通综合设计来讲，在那些没有过街天桥且无信号灯的十字路口，地铁出站口若不能兼具地下过街通道的功能，会给行人过街带来极大的安全隐患。

2.解决措施

（1）城市轨道交通车站应尽量与人行通道和过街天桥配套实施、统筹规划；要及时规划站点周边道路，应改变基础设施建设的滞后性，配合车站与道路同步建设人行通道或过街天桥；应改变以往基础设施建设的无序性，对于不能同步实施的要安排好实施进程并留好实施接口，适时建设。

（2）高架线车站、出入口位于机动车道中间及大型立交桥下的轨道交通站点的出入口应与人行通道和过街天桥协调设置。

（3）对于不同的车站应结合具体情况，因地制宜地选用合理的人行通道和过街天桥设置形式，人行通道或过街天桥楼梯踏步的高度、宽度要合理设计。适当增加宽度，以提高通行能力。分离式设置的人行通道或过街天桥宜设置自动扶梯或预留设置自动扶梯的条件；与车站一体式设置的人行通道或过街天桥则必须设置自动扶梯。

（4）人行通道和过街天桥的建设可通过综合物业开发为城市轨道交通的建设提供财力保障。

（二）垃圾桶

轨道交通车站是人流量非常密集的公共场所，地铁车站站前广场并不同于休闲娱乐的广场，乘客在此停留的时间并不长，乘客在行走路线小范围内活动，若垃圾桶不设置在行走路线范围内，会导致垃圾随地丢弃的行为出现。

《城市环境卫生设施规划标准》GB/T 50337—2018规定在道路两侧以及各类交通客运设施、公共设施、广场、社会停车场等的出入口附近应设置废物箱；设置在道路两侧的废物箱，其间距按道路功能划分：商业、金融业街道50～100m；主干路、次干路、有辅道的快速路100～200m；支路、有人行道的快速路200～400m。

《城市环境卫生设施规划标准》GB/T 50337—2018中并未对地铁车站站前广场垃圾箱的设置作明确说明。因此，在站前广场运营管理过程中，存在诸多问题。

1.存在的问题

"垃圾难扔""垃圾难倒""垃圾桶及其周围的卫生状况高度恶化"是典型的站外公共设施存在的问题。

（1）设计不合理

国内很多城市的垃圾桶具有各种异形，比如青蛙垃圾桶、熊猫垃圾桶，该类垃圾桶开口小，自身又特别容易脏。国内的垃圾桶，特别是许多室内的垃圾桶都设计了盖子，使用的时候需先打开盖子，非常麻烦，经常造成垃圾被丢弃在垃圾桶周围。

（2）间隔和数量不合理

轨道交通车站垃圾桶摆放数量有待提高，多数人认为垃圾桶数量比较少。调查显示垃圾桶摆放距离不均匀，最小距离20m左右，最大距离却达200～300m。有研究表明让人愿意扔垃圾的心理距离是受天气、教育程度、所处环境等诸多综合因素共同作用的结果。乘客有时候不愿多走几步路，将垃圾扔进垃圾桶内。有时明明知道扔在了外面，也不愿捡起来重新丢到垃圾桶里。

间隔和数量不合理，降低了垃圾桶的使用率，不仅影响了市容，而且给环卫工人清理工作带来了麻烦。更重要的是，这让垃圾桶成了摆设，与原本布设垃圾桶的初衷背道而驰。

（3）垃圾桶位置

垃圾桶位置设计不当也会降低垃圾桶的使用率。垃圾桶与公交站点、停车位、广场的结合设计，是为了方便人们使用，但若垃圾桶摆放在停车位中，车辆遮蔽了垃圾桶，使其丧失了应有的功能；乘客在行走路线小范围内活动，若垃圾桶不设置在行走路线范围内，也会经常出现垃圾随地丢弃的现象。

2.解决措施

（1）垃圾桶设计合理

在美国，虽然垃圾桶的形状各异，却没有特别奇形怪状的，美国的垃圾桶大都线条简洁、容易清洁。开口一般都足够大，除了部分室外的垃圾桶，基本都没有盖子，可以实现垃圾桶的无障碍投放，一般单手就可以扔进垃圾桶。

在材料的选用上，应该选择耐酸碱、耐腐蚀、不易掉色、不易掉漆的材料。不管在冬季还是夏季都可以良好使用，方便环卫工人清洗和维护。

垃圾容器分为固定式和移动式两种。普通垃圾箱的规格为高60～80cm、宽50～60cm；放置在公共广场的要求较大，高宜在90cm左右，直径不宜超过75cm。

（2）垃圾桶的摆放位置

轨道交通车站站前广场的垃圾桶摆放应在客流流线可达范围内，垃圾桶设置在行走路线范围内方便乘客投放，且垃圾桶位置应醒目，不要遮掩在其他设施中。垃圾容器一般设在轨道交通站点出入口附近的位置，其外观色彩及标志应符合垃圾分类收集的要求。

（3）垃圾桶的数量

根据乘客流量设计垃圾桶的数量。

（三）地铁线路综合信息图

为了向乘客提供更优质接驳换乘服务，有效提升轨道交通窗口形象，应在轨道交通站点出入口设置地铁线路综合信息图。地铁线路综合信息图内容设置不仅可以为乘客提供地铁运营信息、乘车和换乘信息，还可以融入周边楼宇位置信息及生活服务类信息。

1.存在的问题

（1）站外出入口缺少地铁线路综合信息图，需增设，如图3-34所示；

（2）设置内容、位置不统一。

图3-34 地铁线路综合信息图

2.解决措施

（1）整合、一体、信息全面、准确是站外综合信息的基本原则。主要显示周边地图、轨道交通线网图、其他交通接驳信息，如机场、火车站、公交车站等，如图3-35所示。

图3-35 上海地铁出入口侧壁的综合交通信息设置

（2）地铁线路综合信息图的识别符号系统规范化，站牌版式设计、字体设计、字体排布方式、线路信息应易懂、清晰醒目。

（3）为方便乘客的出行，也可设置先进的电子设备，如LED显示器、电子查询机和PIS项目等。PIS全称为乘车信息系统，是通过在地铁出入口站外建设智能化电子屏，实现在地铁站为出入站乘客提供信息服务和应急指挥的系统，其功能包括：实时地铁运营信息网络化、智能化发布；紧急突发事件实时发布；乘客引导；应急指挥与紧急疏散；公共宣传；智能视频监控。

（四）便民服务车

1.存在的问题

（1）非正规游商多，正规早餐车运营困难

目前，大部分早餐车都是无证无照的路边游商，在4环外车站出入口附近尤为显著，站外环境脏、乱、差现象十分严重。

游商提供的食品安全完全没有保障，但价格低廉。正规早餐车食品供应单一价格比游商高，因此，客流量常常受损。正规早餐车被"失职"，也反映出城管部门和相关物业公司管理工作的缺失。

（2）未设置便民服务车

站外出入口没有设置便民服务车。

2.解决措施

（1）为解决上述问题，应加快便民服务网点的建设。吸引更多市民走进正规早餐店，吃安全、便捷、放心的早餐。

（2）便民服务车的设置应考虑便民、利民、为民，应提供干净卫生、保质保量的食品服务。此外，采用流动餐车的形式，设计制作应充分考虑功能性、实用性、安全性，防尘防雨，节能环保。整车外观醒目，干净卫生，操作方便。

（3）对现场加工早餐、卫生堪忧且占用便道和影响城市形象的非正规早餐摊点进行取缔和清理。

（五）卫生间

公共厕所是城市公共设施的重要组成部分，在我国，公共厕所的设置数量严重不够，尤其是大型集会广场和汽车站、火车站。有的车站广场非常难找到厕所。有的厕所甚至存在乱收费现象。这严重影响游客对城市的印象。《城市环境卫生设施规划标准》GB 50337—2018中规定了公共设施用地的公共厕所设置标准，见表3-8。

公共厕所设置标准 表3-8

城市用地类别	设置密度（座/km²）	设置间距（m）	建筑面积（m²/座）	独立式公共厕所用地面积（m²/座）
公共设施用地	4～11	300～500	50～120	80～170

注：人流密度区域取高限密度、下限间距；人流系数区域取低限密度、上限间距；商业金融业用地宜采用高限密度、下限间距；其他公共设施用地宜取中、低限密度，中、上间距。

1.存在的问题

（1）站外出入口附近没有设置卫生间；

（2）卫生间环境差。

2.解决措施

（1）在人流量密集的区域，应设置醒目的视觉识别系统。在密集广场，女厕所门口往往会有很多人排队，而男厕所相对来说没有那么紧张。可根据实际情况，适当增加供女士使用的卫生间数量。

（2）公共厕所里垃圾箱、卫生纸、洗手液、烘干机应一应俱全。

（3）根据人体工程学原理，提供残疾人使用的坐便器。

（六）其他便民设施

乘客主要对设施数量不足、配套不完善不满意。目前，轨道交通站点配套设施单一化、落后化，已不满足乘客出行的需求。随着社会进步，人们对公共设施提供服务的水平要求越来越高。

随着信息化加速，乘客对电子信息服务需求日益增高，具体表现在对通信基站、智能化电子屏、WIFI服务、农副产品自提和自助缴费项目等服务的需求。

1. 存在的问题

（1）在轨道交通站前广场的便民设施中，乘客对站前广场一站式服务增加的设施需求集中在ATM、WIFI及超市（便利店）三方面，其中，ATM和WIFI服务比例最高。这表明，随着信息化加速，乘客对电子信息服务需求有所增长。

（2）此外，乘客对便民缴费、网络自提比较感兴趣，为了提升站前广场的满意度以及设施的丰富性，应增加以上设施。

2. 解决措施

由于乘客对站前广场满意度低，应提出站前广场的一体化设计理念，将站前广场的诸多功能，如公共卫生间、报刊亭、ATM等与车站建筑结合，统一设计，将空间组织、交通梳理、环境整治及使用者的需求综合考虑，空间由单一性向多元化方向发展，从整体上寻求站前广场空间环境的改善。

（1）农副产品自提和自助缴费项目

农副产品自提和自助缴费项目可以设置在地铁沿线的非机动车停车场管理用房内，布放公共缴费终端设备及自助订单等便民设备，为市民更好地提供地铁站前广场服务，同时以管理用房为依托，为在合作方网站购买农副产品的客户提供自提服务。

（2）地铁自提柜项目

地铁自提柜项目可以在地铁沿线的站前广场和非机动车停车场内，布放自提柜设备，为市民提供快递自提服务。通过在地铁站点布置地铁自提柜构建一个独立的第三方物流自助服务平台，利用云计算、移动互联网技术，可为消费者提供一种便利的取件方式，也可为快递企业节约人力和成本，同时还能充分发挥地铁站点的规模效益和物流的节点优势。

（3）自助银亭

随着人们生活节奏的加快，传统的银行模式已经不能满足人们对银行业务的需求，为向乘客提供便捷的金融服务，可以在地铁站前广场上开展自助银亭项目，进一步提升地铁站前广场的综合服务水平。

北京市轨道交通建设迅速发展，日客运量巨大，乘客出行起终点已逐步用地铁站点名称代替。轨道交通站点已成为北京市地标，代表一个区域独特的地理特色。目前，应依托这些轨道交通站点打造统一化、规范化的便民设施服务区域，乘客只要到达地铁站，就能在站前广场获得其所需求的全部便民服务，例如ATM、自助缴费机（水、电、燃气、手机充值）、自提项目、卫生间、便民超市等。这种一体化、统一化、规范化的便民服务区对提升北京市文明形象、改善北京市环境卫生、提高乘客满意度具有积极促进作用。

（七）管理中存在的问题及措施

1.存在的问题

目前，站前广场公共设施，存在以下问题：

（1）站前广场规划属性不清。由于缺乏合理的规划手续，征地拆迁手续往往不够完善，土地权属也不清晰。在实际管理工作中，针对站前广场的管理及办理便民项目相关审批手续难度较大，即使部分便民项目已取得相应的营业手续，有时也会因土地权属问题而多次遇到城管等政府部门的清理，使得便民服务工作不得不中断。

（2）缺乏对轨道交通与土地利用的统一规划和综合开发，前期未充分考虑后期便民服务等业务的预留条件。

（3）车站周边商业配套设施不完备，为不法游商提供了生存空间。

（4）由于人流量大、交通衔接复杂以及城市位置比较重要等原因，地铁站前广场尤其是功能相对多样的换乘站现阶段容纳了多个部门的设施，它们由不同的部门负责管理维护，但因部门之间缺乏有效的沟通协调，常常造成管理的混乱。

2.解决措施

（1）明确权属，加强管理

整顿失职管理部门，优化轨道交通站前广场便民设施的管理体制。在精简、统一、高效、协调、有序的原则下，着力解决相关建设及管理职能界定模糊的问题，建立一套顺畅的建设、管理体制。

（2）协调工作，互联互通

轨道交通站前广场便民设施往往涉及多个城市建设管理部门和相应的设计单位，可以被称之为"跨界设计"。这种"跨界设计"对于现有的城市管理体制提出了挑战，只有多个行政部门通力合作，解决并协调好建设方与运营方、土地产权方与使用方的各方利益，才可保证一个较完善站前广场的落成与运营。

（3）政府相关部门在规划、决策时，应该听取民意

政府相关部门在对垃圾桶的规划和决策方面，应该从市民的角度出发，实行听证会制度，积极听取市民在便民设施的设置等方面的建议和意见，只有做到从市民的实际出发，才能更好地做出决策和规划，才能更好地为人民服务。只有市民才知道他们的真正所需、真正所想，也只有这样才能把城市环境问题解决得更好。

四、站点出入口

地铁车站出入口是联系地铁与城市功能空间的必经之路，对于出入口设置合理性的评价，应该着眼于出入口设置能否发挥其功能、是否符合规范规定的设置原则，是否满足乘客的需求。

出入口设施存在的主要问题有：出入口不好找，到达出入口过程中要横穿马路或绕行，出入口的步行道路不够宽，车站站点外部需增设天桥或人行通道，站点位置偏僻，出入口存在摆摊、垃圾、小广告及"黑车"等现象。

（一）出入口不易寻找

1.存在的问题

城市轨道交通站点出入口不好找的问题主要是由出入口数量不够、因施工临时封闭部分出入口或有出入口未开放等原因造成的，但从调研结果反映的情况来看，只有少数车站由于地理位置等原因需要改进该问题，如北新桥站C口位于胡同内、蒲黄榆地铁B口标识太小不好找，大部分车站的出入口都尽可能做到了醒目、易识别。

2.解决措施

针对地铁出入口不好找的问题，我们可以从以下几个方面解决：

（1）增强地铁出入口建筑识别性，在地铁出入口处设置一些醒目的标志。同时，地铁出入口的景观设计应考虑时代特色和地域文化进行个性化设计，增加地铁车站出入口的辨识度的同时，也为城市景观增色，使地铁出入口成为一个地区的名片。

（2）在出入口较隐蔽的地方，沿到达地铁站的方向增设完整的地铁导向标识。目前地铁站点周边虽然存在导向标识，但是导向标识设置较少，一般每个方向只有一个，对于出入口偏僻的地方可以在不同的距离处增设多个导向标识。

（3）条件允许的情况下，适当调整公交等接驳设施的位置，提高出入口可达性；乘坐地铁的乘客大部分是通过其他交通方式换乘而来，适当调整接驳设施的位置，使其更靠近出入口，可以为乘客的出行提供较多便利。

（二）横穿马路

1.存在的问题

横穿马路的问题是由于出入口位置设置不合理造成的，调研涉及的大部分车站均存在需要横穿马路和增设过街天桥及人行通道的问题，其中鼓楼大街站、雍和宫站、天坛东门站、灯市口站及军事博物馆站5个站需要乘客横穿马路的区域较多，其中问题比较严重的是需横穿无交通信号机的人行横道，如复兴门站交叉口西侧，宣武门站D1和D2出入口。

2.解决措施

针对地铁进出站需要横穿马路的情况，解决措施主要有以下几点：

（1）在出入口附近设置人行横道，交通繁忙的路口一定要配置交通信号机。人行横道设置相对简单，操作可行性更高。

（2）修建过街天桥通道。在路面交通流量很大的主路上，为了不影响路面交通，一般采取修建过街天桥通道的措施。

（3）出入口靠近快速路且须通过人行通道横穿马路时，要在人行横道前加设减速振动带和减速慢行标志。

（三）绕行

1.存在的问题

有些车站虽然出入口比较醒目，但是到达出入口过程中需要较长时间的绕行。存在这些问题的主要原因是地铁在最初规划设计时没有和周边的道路交通以及商业发展规模结合起来，导致后期车站周边飞速发展而使得出入口的可达性大大降低，另外施工也可能造成以上问题。

2.解决措施

针对绕行问题，主要的解决措施是增设天桥通道，减少直线距离。

（四）站点偏僻

1.存在的问题

地铁站点出入口偏僻的问题大多出现在新建线路的地铁站点，尤其是郊区线路，部分新建地铁车站出入口没有夜间照明设施，出入口周边仍为一片荒草，夜间乘客极度不安全，这主要是由于轨道交通地铁站点附属设施建设及地铁站点周边用地规划步调不一致，导致部分新建地铁线路的附属设施配套不齐全、站点周边公共设施严重缺乏等问题。

另外，地铁站出入口偏僻大多与摆摊、"黑车"、垃圾等问题同时出现，说明了这些车站的站外空间管理不善、秩序混乱，需要综合治理。

2.解决措施

（1）依法统一对地铁出入口区域进行管理

不少市民建议增设执法岗亭，严厉打击不法商贩以及"黑车"；通过增设统一性质的便利店替代不法商贩，增加公交线路、出租车停靠点并实现类似深圳的一键叫车服务等功能来取缔"黑车"。

（2）促进轨道交通项目与周边项目的协同建设

为解决新建地铁线路配套设施不齐全的问题，应积极促进轨道交通建设与配套设施的同步规划、同步建设、同步使用，提高地铁出入口服务水平和服务质量。

（五）步行道路不够宽

1.存在的问题

步行通道不够宽的问题主要集中在一些早期建成的车站站点，由于地铁站人性化设计考虑不足，对出入口步行通道的作用认识不全面，导致设计时未严格按照规范的要求设计步行通道的宽度，不仅影响残疾人选择轨道交通出行，在轨道交通客流日益增长的趋势下，还会造成出入口的拥堵问题。

2.解决措施

针对出入口步行道路不够宽的现象，主要有以下几个解决方法：

（1）区分进出站客流方向，防止对向客流造成的拥堵冲突；

（2）地铁客流量过大时，适当采取限流措施；

（3）在条件允许的情况下对车站进行局部改造，增加出入口数量。

五、风亭、冷却塔等

（一）存在的问题

1.噪声

（1）风亭噪声

风亭噪声：风亭的消声处理目前基本可以满足环保要求，建设各方均是本着满足环评要求进行工程实施，采用的措施可以满足要求，通过了环保验收，基本实现了对外环境无影响，目前尚未调研到因风亭噪声问题收到的投诉。

（2）冷却塔噪声

冷却塔噪声：地铁噪声投诉问题的主要对象是冷却塔。目前搜集到的资料显示，民众对地铁噪声的投诉多为冷却塔所致。地铁建设时基本选用的都是超低噪声横流冷却塔，但是冷却塔的制造标准为工业标准，其噪声要求远低于声环境对噪声的要求，往往造成冷却塔噪声不满足环保要求，而需要设置环保措施，这就不可避免地对冷却塔功能实现产生负面作用。

2.风亭异味

地铁内部空气中的主要污染物来源于地面的环境空气，当机车运行时系统会使空气的温度升高，乘客进出地铁带入大量的灰土使灰尘含量升高，人的汗液挥发、地铁内部装修工程采用的各种复合型材料散发的多种有害气体以及地铁内部长期不见阳光而在阴暗潮湿的环境下滋生的霉菌散发的霉味气体等各种气态物质混合在一起，在相互作用下，使风亭的排风产生了难闻刺鼻的气体。

北京市季节差异明显，冬季温度低、空气干燥，这种低温低湿的环境条件，不利于细菌生长，使得风亭排出的气体在冬季异味明显变小，人们不易发觉。夏季燥热、湿度较低，分子活化能降低，不利于细菌生长。因此北京地区尚未收到因风亭异味引起的乘客或居民投诉。

但是在调研期间，发现部分车站风亭30m范围内存在公共卫生间或者垃圾处理场等可能对空气质量产生负面影响的建筑物（如5号线磁器口站、2号线雍和宫站等），以及由于人员素质不等造成在风亭部分隐蔽角落形成的"临时卫生间"等（如惠新西街北口站），均可能对风亭的空气质量产生外部影响。

3.景观影响

从总体上讲，北京地铁地面附属设施本身的设计越来越成熟，且越来越注重与周边环境的融合与协调。

北京地铁2号线车站的风亭，是符合当时的时代特色的，但随着时间的推移和城市现代化环境的巨大改变，很多地面附属设施已经不符合城市整体环境，需要进行织补、整合与改造或是在城市建造中考虑建设时的时代特色进行特殊考虑，作为一个时代的记忆留存。

在后续新线的建设中，对地铁风亭、冷却塔等地面附属设施设计建造的要求越来越高，各线路都提出自己的设计标准并在全线采用，以达到标准化设计、增强线路的识别性和加快工程进度以及便于后期维护等目的。最初是在5号线得到了实践，但也产生了新的问题，因为设计、建设周期等原因，极易采取最简单、易实施的标准化设计，而没有对所处的不同环境进行充分分析并进行协调性的设计；或者由于与周边规划的不同期、工程难度过大或者征地拆迁困难等客观原因导致没有与周边环境较好的融合。

（二）改善建议

（1）城市规划及建筑物合理布局：对于新开发区，规划部门根据噪声防护距离，限制在其影响范围内新建居民住宅、学校、医院等噪声敏感点，开发商自主建设以上敏感建筑时，必须由开发商来承担建筑隔声的设计与施工；结合旧城区的改造，应优先拆除靠声源较近的居民房屋，为新开发的房屋留出噪声防护距离或利用非敏感建筑物的遮挡、隔声作用，降低噪声影响。

（2）选择低噪声风机和冷却塔。

（3）风亭和冷却塔位置选择：风亭在选址时，应尽可能远离噪声敏感点，并使风口背向敏感点；充分利用车站办公、设备及其他非噪声敏感建筑的屏障作用，将其设置在风亭与敏感建筑物之间。

（4）阻隔声源传播途径：冷却塔设置通风隔声罩，冷却塔朝敏感点一侧设声屏障，风亭排风口设导向消声器，冷却塔周边设置冷却塔声屏障，并建议种植乔木。

第五节　示范站

■ 一、接驳设施示范站

地铁站周边合理的接驳设施应满足以下几个要求：能够与多种交通方式接驳，

如：公交、出租车、自行车、私家车等；接驳距离较短，在乘客可接受的步行范围之内；接驳设施规模能够基本满足乘客需求。

有一部分在接驳设施布置上较为合理，以5号线磁器口站为例，该站周边设置了全部交通接驳种类，包括公租车、自行车停车场、公交站点、私家车停车场和出租车，乘客不论使用哪一种交通方式达到或离开地铁站都有相应的配套设施，因此，在调查乘客对该站接驳设施需求时，有31%的乘客认为不需要再增设其他设施，如图3-36所示。

合理接驳设施的第二个方面是接驳设施距地铁口的步行距离在乘客可接受的范围之内。根据磁器口站调研的数据，该站平均接驳距离为300m，近70%的乘客认为该距离可以接受，说明该接驳距离在乘客的可接受范围内。

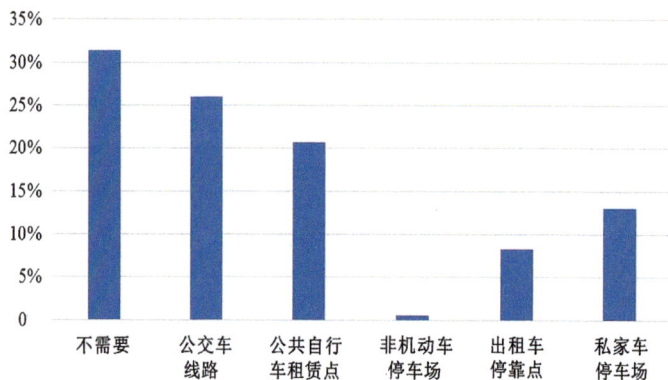

图3-36　磁器口站接驳设施需求度

磁器口站的接驳设施设置不仅在接驳种类和接驳距离上合理，每种设施的规模也得到了乘客的认可。车站周边共设置公租车停车位75个、自行车停车位630个、公交线路20条、私家车停车场600个，见表3-9。调查过程中很少有乘客反映现有的接驳设施规模严重不足的情况，满足乘客需求的设施规模提升了乘客的满意程度，如图3-37所示。

磁器口站接驳设施规模　　　　　　　　　　　　　表3-9

车站名称	公共自行车租赁点			自行车停车场				公交站点			私家车停车场			出租车		
	数量（个）	总体规模（辆）	平均距离（m）	数量（个）	总体规模（辆）	平均距离（m）	乱停区（个）	数量（个）	总体规模（条）	平均距离（m）	数量（个）	总体规模（辆）	乱停区（个）	数量（辆）	总体规模（辆）	被占用数量（辆）
磁器口站	3	75	236	15	630	130	4	7	20	240	10	600	2	2	2	0

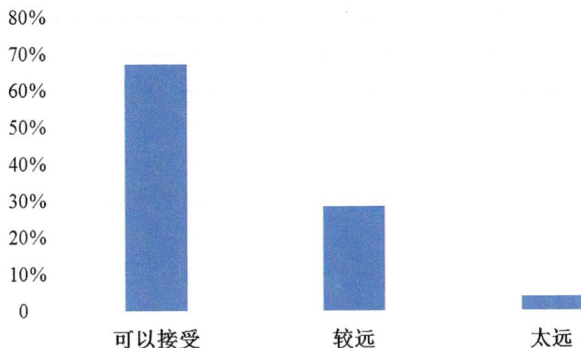

图3-37 磁器口站接驳距离满意度

二、站外导向示范站

站外导向标识对乘客准确到达目的地起着重要的作用，较好的导向标识要满足方向指示全面、信息完整可靠两个条件。一个地铁站通常有多个出入口，每个出入口均要设置一定数量的导向标识，同时要兼顾道路交叉口等特殊地段，位置恰当且具有一定数量的标识才能起到导向的作用。除此之外，标识上信息也十分重要，地铁线路号、车站名称、距车站距离等基本信息可以帮助乘客明确自己的目标车站，准确无误地到达地铁站。

长椿街站是2号线上的一座普通车站，车站跨十字路口设置，共4个出入口，调研中发现该站站外导向标识8个，每个出入口的方向设置2个，导向标识距离地铁口距离在200～400m范围内。每个标识包含线路号、车站名和距离等信息，且无一破损，标识信息十分完整。标识沿乘客的行走路线设置，在交叉口均有导向标识指引，如图3-38所示。可见该站周边的站外导向标识布置得十分合理，导向效果较好。

图3-38 交叉口处导向标识及标识合用情况

三、便民设施示范站

轨道交通站点外部便民设施种类数量分布众多，主要包括人行横道、过街天桥、地铁线路图、卫生间、公用电话、报刊亭、早餐车、垃圾桶、ATM机、座椅、盲道、直梯、自动扶梯等，不同的设施具有不同的使用功能，对乘客的出行过程有不同的影响，以2号线安定门站为例，见表3-10。站点周边的便民设施作为轨道交通站点区域配套设施的重要组成部分，应与轨道交通建设统筹规划，配套设置，且尽可能地完善服务功能。

安定门站服务设施规模

表3-10

车站名称	卫生间（个）	公用电话（个）	报刊亭（个）	垃圾桶（个）	ATM（个）	座椅（个）	自动扶梯（个）
安定门站	12	2	5	13	5	2	8

以2号线安定门站为例，乘客对站点周边便民设施增设意愿分布比例如图3-39所示，其中23.20%的乘客认为现有的便民设施可以满足需求，不需要增设任何设施。

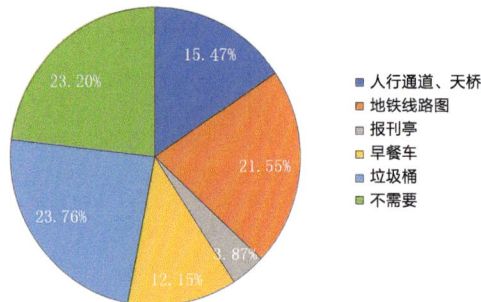

图3-39　便民设施增设意愿分布比例

调查过程中很少有乘客反映现有的便民设施规模严重不足的情况，60.96%的乘客认为本站站外便民设施满足需求，站外便民设施存在问题的分布比例如图3-40所示。

2号线各站点出入口附近均设有服务附近群众和乘客的卫生间、公用电话亭、报刊亭和早餐车，在游客较多的雍和宫地铁站还设置了大量的座椅以方便乘客临时休息。9号线各车站除了与1号线相接驳的军事博物馆站外其余车站均设置有直梯，方便携带大件行李的乘客和残障人士乘坐地铁。另外，5号线的灯市口站和磁器口站以及2号线的宣武门站和建国门站也设置有直梯以方便乘客出行。9号线国家图

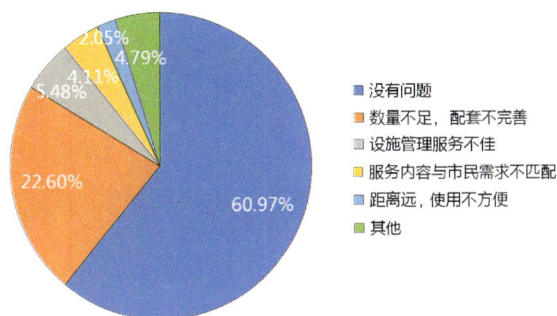

图3-40 站外便民设施存在的问题

书馆站、六里桥东站、六里桥站、七里庄站、丰台东大街站、丰台南路站、科怡路站、丰台科技园站、郭公庄站，2号线的西直门站和鼓楼大街站，5号线的天通苑北站、天通苑站、天通苑南站、北苑路北站、大屯路东站、惠新西街南口站、张自忠路站、东单站及宋家庄站均设置有自动扶梯以方便乘客出行，有效地解决了地面至站厅不同标高间不同乘客的乘降需要，改善了乘客乘车条件，增加了乘车的舒适度。本次调研的车站除了郭公庄站外，其余车站站点周边均分布有大量垃圾桶，有效地保持了地铁周边区域的环境卫生。车站中值得借鉴的服务设施布设如图3-41、图3-42所示。

图3-41 东四站C口附近的银行ATM机

图3-42 七里庄站出口处的直梯和天坛东门站的线路综合信息图

四、出入口示范车站

出入口的布局、人性化设计以及类型和景观设计是与出行者息息相关并且影响出行者出行体验的部分。出入口设置应满足位置合理性、可达性、便利性和出入口醒目的要求。

下面以9号线白堆子站为例，从出入口数量和位置设置的合理性、车站出入口的可达性描述出入口的设置。白堆子站在十字路口设置了四个出入口，覆盖了全方向的客流，乘客不需横穿马路或绕行即可进站乘车，吸引客流的同时还做到了为群众更好地服务。出入口位置临近公交车站，方便民众换乘接驳，同时，出入口周边视野开阔，对站点不熟悉的乘客可在第一时间辨别地铁站的位置。在人性化设计方面，白堆子站出入口设置有无障碍斜坡，有效地减轻了残疾人士从地面出入口到刷卡进站闸机前的水平移动和垂直移动带来的负担，如图3-43所示。

图3-43　白堆子站易辨识的出入口和无障碍坡道

五、风亭、冷却塔示范车站

在北京地铁建设过程中，也有很多比较成功的案例，在车站风亭及冷却塔的设计中，充分考虑了运行效果、环境影响和景观影响三者的关系，相互融合，取得了成功，值得我们借鉴。如5号线东单站的冷却塔小品处理，既弱化了冷却塔对广场景观和环境的影响，同时也保证了地铁的系统运行需求，具体见表3-11。

风亭、冷却塔示范车站　　　　　　　　　　　　表3-11

序号	成功范例	典型特点	
		运行效果	景观特点
1	积水潭站（2号线） 	风亭维护管理方便，百叶过风面积大，透空率高，空气质量良好	风亭与纪念馆内仿古围廊建筑合建，融为一体，城市景观好
2	西直门站（2号线） 	冷却塔不与周围办公建筑相邻，不存在噪声扰民问题，风冷机组并排设置，由围栏围护，排风亭与出入口合建，排风口采用金属网形式	地面附属设施全部放置于立交桥下，且不临近道路，达到了较好的消隐效果，对城市景观影响很小
3	安定门站（2号线） 	安定门站采用风冷机组提供冷源，风冷机组与出入口结合设置，放置在东北出入口上方，周围采用百叶型围栏遮挡	建筑形体小巧、富于变化，外饰面采用花岗岩石材，符合老城气息，与附近的高层住宅等较为协调，城市景观好
4	惠新西街北口站（5号线） 	风亭紧邻过街天桥布置，充分做到了标准化设计，冷却塔置于地面，周边设置护栏，利于检修及维护，塔体周围设置挡水板，有效地缓解了冷却塔飘水问题	风亭、冷却塔与东北出入口结合，布局紧凑，周边采用了绿植、围墙等分隔，城市空间融合好
5	和平里北街站（5号线） 	冷却塔、排风亭和北侧居民楼的距离合理，达到规范设计要求。风亭百叶处风速无超标现象，冷却塔通风效果很好，周边未收到噪声投诉	东北风亭采用低矮敞口风亭，造型类似花坛，采用了浅色花岗岩外饰面，与道路及周边建筑色调协调，同时弱化了建筑体量，融入了道路景观中

续表

序号	成功范例	典型特点	
		运行效果	景观特点
6	东单站（5号线）	东南风亭采用矩形低矮风亭形式，上覆钢丝网，环绕种植绿篱，弱化了对广场景观的影响，同时也保证了地铁的运营和游客的安全。冷却塔采用镂空设计，塔体周边较为空旷，通风效果好	冷却塔置于东南风亭南侧的绿地内，塔体周围用镂空设计的城市小品将整个塔体包围，造型新颖独特且消隐效果好
7	白堆子站（9号线）	建筑采用了深灰色外立面，与北侧新建高层建筑遥相呼应，风口位于建筑背街面，采用百叶格栅，冷却塔置于屋顶，因距离住宅较近，设置了声屏障，并且设置导流风筒减少噪声影响	地面附属设施由于采取了整合设计，对城市空间的侵占较小，整体城市景观较好
8	军事博物馆站（9号线）	冷却塔置于还建楼楼顶，整体封闭包护，侧面进风位置设置消音百叶隔声罩，上面出风位置采用消声器，减少噪声对周边居民楼的影响	风亭及冷却塔结合地铁拆迁还建的居民活动中心楼合建。还建楼风格与周边建筑协调，外立面与周边建筑色调一致，较好地融入了周边环境

第四章 车站接驳设施设计

第一节 综 述

一、指导思想

轨道交通与其他交通方式的合理衔接，可以处理好城市客运系统的不同层次、不同功能、不同服务水平交通模式之间的关系，使客运系统中线与面有机结合、相互补充、共同发展，形成统一的城市客运体系。

轨道交通与其他交通方式的良好衔接，可以在充分发挥各客运子系统的作用基础上，加强子系统之间的相互渗透和补充，减少不必要的竞争，从而提高整个城市客运网络的运行效益，提高公共交通在客运市场中的比例，确立公共交通在城市客运交通中的主导地位。

轨道交通与其他交通方式的良好衔接，可以缩短人们的出行时间，从而可大大提高公交系统的服务水平和吸引力，刺激城市公交的发展，优化城市居民出行结构。做好交通衔接，有利于促进公交系统内部整合、推进规划路网的建设和确定合理的交通组织。

二、接驳各设计阶段内容

轨道交通线网规划或建设规划编制完成后，依据用地规划以及线网规划等资料，预留交通接驳设施用地。结合轨道线路功能定位以及相关规划统筹分析确定公交场站、P+R停车场等大型接驳设施的必要性及规划选址。在轨道交通线路规划阶段，结合用地规划、站点功能定位等，对各站点轨道交通各类接驳设施配置与否、配置等级提出规划建议。在轨道交通线路总体设计阶段，依据上位规划客流预测结果，结合站点区位、用地性质，提出各项交通接驳方式比例，预测交通接驳设施规模，提出接驳设施用地要求。在轨道交通线路初步设计阶段，依据车站总平面设计、各出入口分向客流预测等相关资料，进一步核实交通接驳设施规模，确定交通接驳设施设计方案，梳理接驳流线组织。

三、接驳设计流程

轨道交通接驳设施规划设计流程包括：确定轨道交通各站点的类型、确定规划年各站点接驳方式比例、研究各接驳设施总需求规模、制定各接驳设施的规划方案。轨道交通接驳设施规划设计流程如图4-1所示。

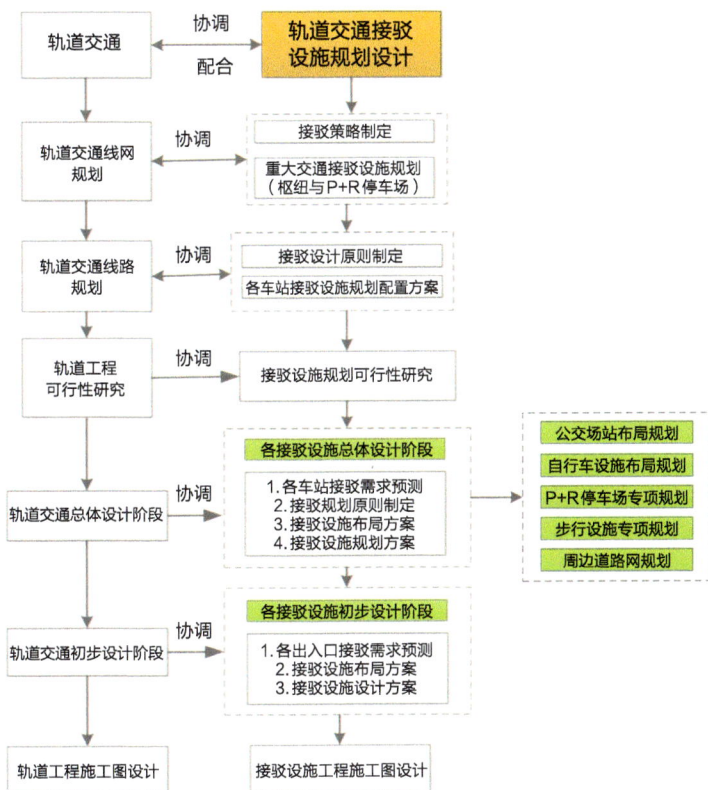

图4-1 轨道交通接驳设施规划设计流程图

在轨道交通接驳设施规划设计阶段，在编制轨道交通线网规划时，制定与轨道交通线网规划相适应的交通接驳策略与重大交通接驳设施规划（如枢纽与P+R停车场）；在轨道交通线路规划时，编制接驳设计原则及各车站接驳设施规划配置方案；在制定轨道交通可行性研究报告时，编制接驳设施规划可行性研究报告。在轨道交通总体设计阶段，依据轨道交通站点设计单位关于出入口布置情况，编制交通接驳设计方案，依据各站点的客流预测情况，推算接驳设施的设置数量、规模等。同时，确定接驳规划原则、接驳设施布局方案及规划方案。在轨道交通初步设计阶段，编制各接驳设施初步设计方案，依据客流预测情况，推算出入口的接驳设施的设置数量、规模，详细布局各接驳设施方案。依据轨道交通站点的附属建筑施工图（含地面建筑）的设计情况，详细布置接驳设施施工图。

四、接驳规划方法

轨道交通接驳规划设计按图4-2所示流程进行。

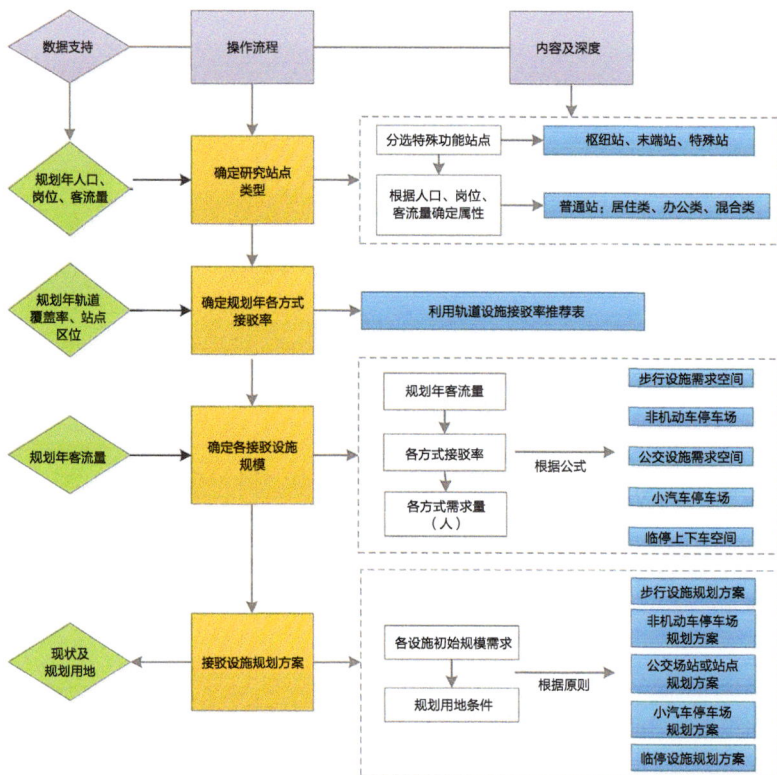

图4-2　轨道交通接驳设施规划设计流程图

根据轨道站点规划年的人口、岗位情况、客流量等确定站点分类，将站点基本分为两大类，即特殊功能站点，如枢纽站、末端站、特殊站；另一类为普通站点，如居住类（早高峰进站客流突显）、办公类（晚高峰进站客流突显）、混合类。依据规划年轨道覆盖率情况和站点区位情况，确定规划年各接驳方式的接驳率。依据规划年预测客流数据，确定各接驳设施规模，可根据本章第二节推荐的预测公式进行计算。依据现状及规划用地情况，确定接驳设施规划方案。

第二节　设施设置

一、车站站外接驳规划理念与规划原则

（一）城市轨道交通的衔接规划理念

轨道交通衔接理念是进行交通衔接规划、设计与管理等一系列相关内容研究和分析的指导性纲领，应遵循如下几点基本理念：

1. 交通衔接规划应遵循城市总体规划和综合交通规划的思想

城市综合交通规划是城市总体规划的重要组成部分，而轨道交通车站的交通衔接规划是综合交通规划中的专项规划，这必然要求交通衔接规划要符合城市总体规划和城市交通发展策略、服务于总体规划目标的实现。该种思想主要体现在：

（1）与城市具体特点相结合

由于城市的情况不同，包括土地发展模式、交通出行结构以及交通政策、交通发展目标等均不尽相同，交通衔接作为城市交通系统的一部分，也会根据不同城市的具体情况制定不同的发展原则，体现不同的发展目的和思想，不应是千篇一律。以北京为例，作为一个机动化水平较高的城市，交通衔接应强化建立停车换乘体系吸引小汽车使用者；而同时，由于自行车使用水平较高，又应重点考虑如何引导自行车向轨道交通进行换乘。不管交通衔接规划的原则和目的如何变化，有一点是固定的，那就是交通衔接应体现城市的具体特点，切实地贯彻城市总体规划和综合交通规划的思想。

（2）交通衔接规划应与城市土地利用规划紧密结合

土地利用是城市总体规划的核心内容，它既是城市公共交通网络包括轨道交通网络规划的基础，也是规划工作服务的目标。城市轨道交通与其他交通方式的衔接规划和城市土地利用规划是相互影响、相互促进的。一方面，良好的交通衔接规划能支持城市空间发展和地区中心的形成，并为其提供一个高效的公共交通运输服务，提高土地利用价值，最典型的是在轨道交通沿线形成以车站为中心的"串珠"式的区域中心。另一方面，良好的城市土地利用规划和控制，可以保证交通衔接设施的用地和布局形成，提高交通衔接的效率、可实施性和安全性。

（3）交通衔接应与区域综合交通环境相结合

轨道交通与其他方式衔接是一项复杂工作，其目的在于对城市客运系统的两大子系统中封闭客运子系统和开放客运子系统之间进行科学的分析，对它们之间的联系和各自的功能作用进行合理的功能定位和优化平衡，达到提高整个客运系统功能和效率的作用。首先，应将交通衔接融入区域交通环境中。在区域交通的重要节点上，例如大型公交枢纽中，交通衔接规划应满足综合交通规划的要求，加强与常规公交的衔接，兼顾其他各种衔接方式，合理组织人流和车流，以达到快捷、安全的衔接目的。同时，随着轨道交通的运营，以车站交通衔接为契机带动周边交通的完善也是交通衔接研究的目的所在，对具体衔接点，还应该从完善区域道路网、公交系统和交通出行环境的目的出发，根据具体条件确定衔接点在综合交通网络中的功能定位。

2. 交通衔接的整体性和系统性

交通衔接是一项复杂的整体性工作，涉及城市多项专业、多种交通方式，操作中也涉及各个工作部门，需从整体角度把握它们之间的联系和各自的功能作用，进行合理的功能定位和优化平衡，以求整体效益最佳。它包括内外两个层面：外部层次是指交通衔接与城市其他子系统之间的协调，包括土地开发（尤其是地下空间开发）、城市景观、绿化、道路交通组织与管理等。内部层次是在交通衔接中各个子系统之间的平衡、互补和匹配，包括各种衔接设施资源配置的最优化。例如，在外围区域，当公交线网不发达的情况下，可以通过增加区域公交服务或提高自行车停车设施的设置和管理水平方便乘客换乘；而在中心区，公交完善的情况下，则应优先优化公交线路和站点，鼓励常规公交换乘。同时，交通衔接应着眼于全线甚至是全网的衔接设施配置，单个车站的衔接规划或设计并不是孤立的。

3. 交通衔接应尽可能达到需求与供给的相互平衡

交通设施的需求和供给是问题的两个方面，需求是供给的依据，但供给条件反作用于需求，这两者是相互影响、相互作用的，在一些阶段还可能保持相对的动态平衡。由于轨道交通车站周边环境、各种交通衔接方式特点、乘客的出行特点等方面的情况不同，不同车站各种交通衔接设施的需求和供给条件会根据情况发生变化。为了贯彻规划思想，在不违背总体发展政策的情况下，应使设施的供给尽可能满足需求，以提高衔接服务水平；同时，当受供给条件限制，或为保持与相关规划、政策的一致性，需要通过供给的调整，发挥衔接设施供给对需求的调节和引导作用，达到合理条件下的一种需求状态。

4. 交通衔接应体现分级、分层次的思想

（1）各种衔接方式具有不同优先级

各种衔接方式的特点和在城市中的功能定位是不同的，交通衔接必须首先明确各方式的优先级，对于衔接需求量大且政策明确予以支持的衔接方式应予以更多的重视，进行资源的优先分配。同一种衔接方式随区域变化，发挥的作用和规划侧重点也不尽相同，同时，随时间的变化，各种衔接方式在各个时期的要求也不一样。因此，衔接规划必须结合线路特点给出不同区域、不同阶段各种衔接方式的规划原则，以及在车站周边各种衔接设施的空间布设优先级和具体标准。

（2）不同区域具有不同的特点和要求

在城市不同区域，交通结构、交通政策、用地条件等是不相同的，在进行交通衔接规划时，就应根据不同区域的情况进行规划工作，充分把握各区域交通衔接的特点和要求。例如，在城市核心区内，城市轨道交通线网密度大、车站数量多，车站周边大部分区域都处于步行直接吸引范围内，同时核心区土地开发强度高，衔接设施用地较为紧张，导致核心区内衔接方式将以步行为主，衔接规划应重点考虑步行衔接规划。

（3）不同时期应区别对待

随着时间的变化，城市轨道交通线网的密度是逐渐加密的，车站空间距离逐渐减小，车站的吸引范围随着新建线路的增加而逐渐变小，从而导致步行衔接需求的增加。远期的出行方式，随着社会经济的进步，机动车逐渐增加，但道路的承载能力有限，自行车、公交、城市轨道交通的出行结构也会产生一定的变化。中心区用地的变化和外围区的建筑容积率的加大，在近期和远期有可能对交通出行方式产生很大影响。因此，交通衔接规划应该能够适应近、远期不同交通需求的规模，采取近、远期规划相区分又相互结合的规划理念。

5. 交通衔接应体现人性化，实现交通系统的高效率

交通衔接系统作为各种交通方式之间联系的纽带，是整个城市交通系统的重要节点。交通衔接应实现整个城市交通系统的人性化、高效率。

步行系统衔接量最大，同时也是各种交通方式最终的衔接形式，因此非常重要，需要结合周边道路、过街设施、建筑进行综合考虑，保证步行系统的连续性、安全性和便捷性。常规公交衔接量也大，对于位于车站附近的常规公交首、末站场地应相对集中布置，既便于常规公交之间的换乘，也便于城市轨道交通与常规公交之间的衔接，而常规公交的中途停靠站应尽可能接近城市轨道交通车站出入口，并采用港湾式布置，减少与其他机动车交通流的相互干扰。自行车衔接量也较大，且需占用一定的地面空间，绝大部分车站都需要设置，应给予足够重视，自行车停车场尽可能采用分散布置，紧邻城市轨道交通车站出入口。出租车衔接作为一种非常必要的补充方式，在不同区域需要区别对待，并需要做好相应的管理工作。小汽车衔接应单独考虑，综合分析，停车场宜因地制宜，设置在车站周围，并采取一定的管理措施。各种衔接设施的布局应便于各种交通的组织和管理。

6.交通衔接功能的实现需要相关政策和管理措施的配合

交通衔接从规划、设计，到建设、运营，涉及多个部门，各种交通方式又存在相互配合、相互协调的问题。因此，交通衔接是一项庞大的系统工程，为了保证整个系统功能的发挥，就需要各个部门、各个专业相互配合，需要相关政策和管理措施的统一协调。例如，在交通衔接规划中，轨道交通与常规公交线网的整合是关键环节，但公交线网的调整涉及面较广，且是项复杂的系统工程，因此是交通衔接规划自身难以解决的，需要由权威部门牵头，从整个公共交通体系优化的角度进行协调和整合。再如，交通衔接设施的收费与管理也是确保衔接设施功能发挥不可缺失的环节，只有提高设施管理水平、辅以优惠的收费政策才能更好地吸引其他方式使用者换乘轨道交通出行。

交通衔接设施的设置原则是从城市与交通整体发展的角度，立足于整个轨道交通网络提出车站各种衔接设施的设置原则，该原则应符合城市总体规划、综合交通规划等相关规划对各种衔接方式的定位，用以指导各线车站功能定位以及具体车站衔接设施构成与方案设计的总体纲领。

（二）轨道交通衔接设施构成与特性

轨道交通的衔接方式包括：步行、常规公交、自行车、出租车、小汽车和对外交通方式。其中，对外交通方式一般包括长途汽车、铁路、飞机、轮渡等，具有此种衔接方式的轨道交通车站多位于城市综合交通枢纽内，由于采取对外交通方式的客流无须进行衔接方式选择，且最终以步行方式进入轨道交通车站，往往利用综合枢纽内部设施（步行通道、楼扶梯等）解决，对车站周边道路交通基本无影响。因此，本书所指的衔接方式主要包括五大系统——步行、公交、自行车、出租车和小汽车（图4-3）。

衔接设施是其他方式与城市轨道交通实现衔接换乘的载体，各种衔接方式的衔接设施构成如图4-4所示。

上述不同衔接设施对空间占用不同，这种差异性也决定了各种衔接方式对衔接设施规划的依赖不同，进而体现衔接规划对需求影响程度的大小。

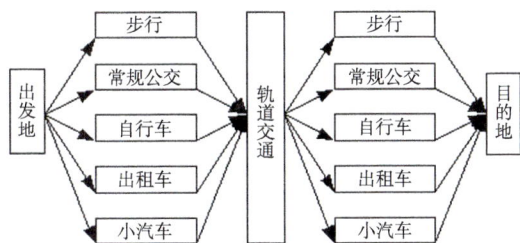

图4-3 衔接关系示意图

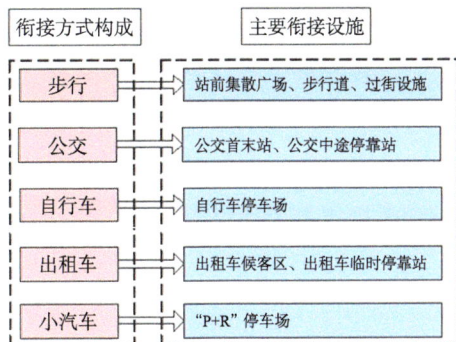

图4-4 轨道交通车站的衔接设施构成

1.步行衔接设施

主要利用道路系统中的步行设施以及轨道交通的站前广场实现进出城市轨道交通，基本不需要额外的空间占用。衔接规划的重点是为步行提供连续、安全、舒适的步行空间。

2.常规公交衔接设施

衔接主要通过站点来实现公交线路与轨道交通的换乘，因此站点的调整，包括公交首末站和中途停靠站，是衔接规划所需考虑的重点，而在不同区域这两种设施的关注度不同。在公交线路较成熟的情况下，中间停靠站的优化是衔接规划的关注重点；而在外围区尤其是末端站，由于线路尚不完善，公交客流的衔接需要通过增设公交首末站，开设新的常规线路或区域小公交来完成。由此判断，在大多数轨道交通车站，中间停靠站的优化是公交衔接的主要内容。中间停靠站一般在道路红线内，基本无须占用土地空间。因此，从用地占用的角度分析，公交衔接往往不是衔接规划落实的难点。

3.自行车衔接设施

自行车停车场是自行车客流换乘城市轨道交通必须依赖的停车设施，自行车的衔接距离一般介于步行和机动车方式之间，且自行车是现行国内城市市民的主要出行方式之一，因此在不受供给制约的情况下，几乎所有车站都存在自行车衔接客流的需求，即大多数轨道交通车站都需要考虑是否设置自行车停车场地的问题，也是交通衔接规划中土地协调与控制的难点和要点所在。自行车衔接客流是供给与需求相互作用、相互制约的典型反映，供给的多少既取决于需求，同时对需求也起到制约作用。因此，自行车停车场的设置与否以及规模大小直接影响到自行车衔接客流的多少，正是这种关系致使交通衔接规划中需要反复对自行车停车场地进行强调和协调。

4.出租车衔接设施

出租车衔接客流主要通过临时停靠站和候客区实现与轨道交通之间的换乘，这两种设施占用空间规模较小且一般在道路红线内解决，因此需求对供给的依赖性不如自行车和小汽车停车场强。

5.小汽车衔接设施

与自行车衔接客流类似，小汽车衔接客流在衔接中需要依赖"P＋R"停车场，且小汽车单车位占地规模较大，因此"P＋R"停车场在空间布局上受土地供给条件制约最大，一般车站尤其在中心区通常不具备设置条件。因此，用地的供给能力是"P＋R"停车场设置原则所要考虑的关键因素。

在此特别说明，由于28号线处于中心区，衔接设施不考虑"P＋R"停车场。

（三）北京市各种交通方式的衔接功能定位

结合北京市总规和综合交通规划中对各种交通方式的定位分析，对各种衔接方式的合理定位必须在考虑共性的基础上，体现差异性。

共性：对各种衔接方式的整体态度，适用于中心城区的整个区域，在一定时期具有相对稳定性。共性最直观的体现是，在不同的车站对衔接方式考虑采取统一的优先次序。

差异性：在中心城的不同区域，考虑多种因素对衔接需求和供给的影响，对衔接方式采取不同的定位。差异性主要体现在不同区域各种衔接方式的重要度不同以及对应的衔接设施设置原则不同。

1.各种衔接方式的优先级

北京的轨道交通衔接规划对各种衔接方式的定位，宜采取如图4-5所示的优先次序。

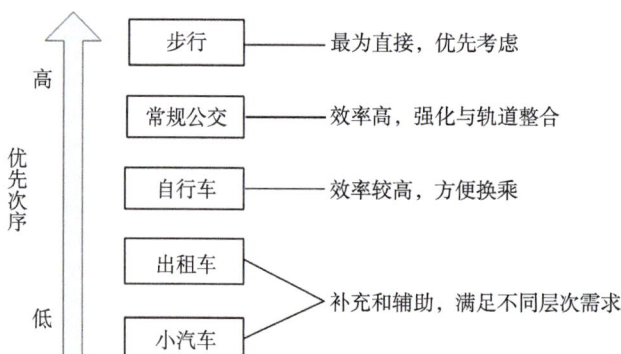

图4-5　各种衔接方式的优先次序

2.衔接方式在不同区域重要度的变化

结合上节对轨道交通线网在不同区域的差异性分析，可以得出各衔接方式随区域变化自身在衔接规划中所占重要度的变化趋势，且这种变化趋势由现状—近期—远期将逐渐显现（图4-6）。

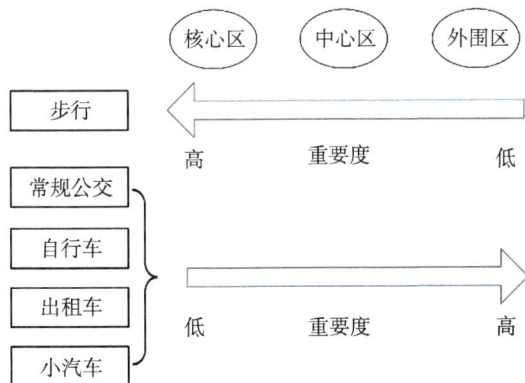

图4-6 各种衔接方式在不同区域重要度的变化趋势

3.各种衔接方式的定位分析

结合上述对各种衔接方式的优先级以及不同区域的重要度，具体定位分析如下：

（1）步行是最直接、最便捷的衔接方式，衔接规划要优先考虑，体现"以人为本"。

在轨道交通客流构成中，步行是最主要、最便捷，也是最为环保、节能的衔接方式，即使在使用其他交通工具的情况下，最终都将转化为步行方式进出车站。因此，对待步行应充分体现"以人为本"的交通理念，将其放在所有衔接方式最优先考虑的位置，通过集散广场、步行道和过街设施等为步行提供安全、连续、便捷和舒适的步行空间。

随着北京轨道交通网络的完善，城市中心区大多区域处于直接吸引范围内，尤其在核心区，应重点强化步行方式的衔接。

（2）常规公共交通，承担轨道交通线路以外的公共交通出行，是衔接规划中的主要衔接方式。

在轨道交通衔接客流中，常规公交与步行的衔接比例相近，均为最主要的衔接方式。在有交通工具的衔接方式中，常规公交人均占用资源少、效率高，应成为首要提倡的衔接工具。

通过常规公交线路与城市轨道交通的衔接，形成以轨道交通线路为骨架、以市区线和郊区线大公交为辅、区域小公交为必要补充的"鱼骨"结构网络，从而建立层次完善、协调配合的城市综合公共交通体系。

在不同区域、不同时期，轨道交通车站的覆盖密度不同，采用常规公交换乘轨道交通的客流需求则不同，因此，对常规公交的功能定位以及确定两者之间的关联关系，需要持分区域、分时期和分等级的观点区别对待。

1）在核心区二环以内，近期轨道交通线网密度相对较高，公交设施的配备也较其他区域相对完善，乘客主要采用步行或自行车作为轨道交通衔接方式，但同时也存在一定常规公交换乘轨道交通的客流需求。远期轨道线网密度进一步提高，轨道交通将成为公共交通的主体，常规公交起辅助作用。

2）在中心区二环至四环之间，随着轨道交通线路的不断增加，车站之间的空间距离不断缩小，车站直接吸引范围覆盖面积不断增大，乘客中利用步行和自行车到达城市轨道交通车站的量将较多，同时利用公交换乘城市轨道交通的比例也会保持在一个相对较高的水平。此外，各车站周边的用地开发已经达到了一个相当的水平，车站的乘降量相对较大，由于中、小巴的客运能力相对较小，因此不宜布置中、小巴客运与轨道交通车站衔接，减少地面交通系统的压力。

3）在四环以外区域，轨道交通车站直接覆盖比率较低，应该根据车站的乘降量适当增设以车站为起终点的中、小巴常规公交线路，接送距车站较远的居民乘坐轨道交通，既提高轨道交通的客流吸引力，方便市民公共交通出行，也为远期大型公交场站的改建保留用地条件。

（3）自行车是间接吸引范围内客流的有效衔接方式，衔接规划应为需求与引导并重。

自行车作为绿色、环保、节能的交通方式，在相当长时间内仍是人们交通出行的主要方式之一。在交通衔接规划中，应通过完善自行车专用道路、停车设施，并提高对停车场的管理水平，引导换乘地铁出行，从而限制远距离的自行车出行。

考虑不同区域城市土地资源不同、车站吸引范围不同，对自行车停车场设置应采取不同供给政策。对市中心区轨道交通车站，在用地条件允许的地方，应设置相应的自行车停车场，可采用集中或分散的布局形式。对于轨道交通线路两端的新发展区和城乡接合部，应设置较大规模的自行车专用停车场，扩大城市轨道交通的吸引范围。

（4）出租车，可满足多层次服务需求和方便部分乘客，是衔接规划的必要考虑对象。

根据北京市交通发展战略，今后将在完善公共交通网络的基础上，通过有效管理减少出租车的空驶率。因此，轨道交通车站的衔接规划要适当设置出租车停靠站，鼓励出租车定点停靠，可以减少空驶而降低对道路交通的负荷。

出租车衔接规划要结合区域的需求管理政策和道路组织要求，分区域、分时期采取不同策略，对于中心区以设置临时停靠站为主，方便与地铁换乘；而在外围区，由于公交线网尚不发达且衔接距离较远，通过设置出租车候客区来为乘客提供方便的服务。

（四）北京市分区域、分方式交通衔接规划原则

结合各种交通方式的衔接功能定位分析，综合考虑北京市城市用地发展现状及规划、交通现状及规划等对轨道交通衔接需求的影响，在此基础上提出北京市分区域、分方式的衔接规划原则。

1. 轨道交通网络特征对衔接需求的影响

轨道交通线网密度、车站密度不同，则决定车站的吸引范围和采用的衔接方式不同。在车站较稀疏的情况下，车站更多为间接吸引，在该范围内将以自行车、公交以及其他机动车衔接客流为主；而在车站逐渐加密的过程中，间接吸引范围逐步向直接吸引转化，相应的衔接距离缩短，人们将由原来的机动化衔接转为自行车或步行衔接。这一系列的转变必然要求衔接规划与其相适应，进而对各种衔接方式提出不同的定位要求。

根据《北京轨道交通网络规划》和《北京轨道交通近期建设规划》，随着轨道交通规划网络的完善，不同区域的线网密度存在明显差异：

（1）核心区（二环以内）：为城市的核心区，其轨道交通规划线网密度是最高的，覆盖密度为 $1.64km/km^2$，现状为 $0.7km/km^2$，2015年采用 $1.0km/km^2$。

（2）中心区（二环与四环间）：规划线网覆盖密度为 $0.92km/km^2$，2015年采用 $0.6km/km^2$。

（3）外围区（四环以外）：规划线网覆盖密度采用 $0.2km/km^2$。

北京轨道交通线网在不同时期、不同区域线网密度的变化，将直接导致车站直接吸引（步行吸引范围）与间接吸引范围（步行吸引以外范围）发生交替变化，表现最为明显的是四环以内的中心区。近年来，四环以内的车站密度将有明显提高，车站周边步行出行比例会逐步提高。

衔接距离直接影响衔接方式选择，是衔接需求预测的主要依据，必然也是衔接规划所要考虑的关键因素，不同影响范围的衔接客流所提供的衔接方式和关注重点有所不同。由此得出，北京的轨道交通衔接规划必须基于不同时期、不同区域的线网密度变化对各种衔接方式进行合理定位。

2.共享单车对衔接需求的影响

2016年，共享单车引爆国内市场，以摩拜、ofo为代表的共享单车开始攻城略地，从北京、上海等特大城市迅速扩张到其他一、二线城市，截止到2016年11月，ofo累计投放车辆16万辆，摩拜累计投放车辆近10万辆。共享单车正逐步改变着城市"最后一公里"的出行方式。仅需通过移动端身份识别认证，即开即骑、即停即走，无桩模式优势尽显的共享单车，吸引了大量的人从私人自行车、公交、出租车等其他衔接方式向共享单车转移。但共享单车为居民衔接换乘地铁提供极大方便的同时，其停车设施用地缺乏、乱停乱放等问题愈发突出，因此，轨道交通衔接设施规划应充分考虑共享单车的设施需求。

3.交通衔接规划原则

当线路途径区域差异较大时，如包含城市外围区（四环以外）、中心区（二环～四环）至核心区（二环以内）的情况，不同衔接方式的规划策略需要分近远期、分区域进行制定。

（1）近期实施原则

1）步行

通过完善集散广场、步行道和过街设施等，构造安全、连续、便捷和舒适的步行系统。集散广场、步行道和过街设施依据客流需求，选取适当规模，满足通行能力要求；过街设施与道路规划设施结合考虑，轨道交通出入口应成为行人过街通道的组成部分；非跨路口设置的车站，要充分考虑行人过街的方便性，过街方式以平面为主，立体为辅；实现人流与车流分离，在有条件的车站，结合周边商业开发，可考虑建设地下步行系统。

2）常规公交

主要包括公交线路的调整、公交总站布设和中途停靠站优化。公交线路的调整和公交总站布设需要从公交全网规划的角度系统考虑，交通衔接规划重在提出衔接需求和调整建议。对于一般车站，中途停靠站的优化是衔接规划的重点。

①公交线路调整与总站布设原则：

围绕地铁调整公交线路和公交场站，确立地铁在城市客运系统结构中的骨干地位。以放射状组织与地铁主要站点（交通枢纽或重要站点）衔接的公交线路，强化常规公交对地铁的客流喂给和疏散功能。调疏与地铁走向平行的公交线路，增加与地铁垂直具有客流喂给作用的线路，有利于常规公交与轨道交通的双赢。在地铁压力大的区段保留适当规模的平行线起分流作用，且车站适当加密，为乘客提供多种选择和服务。优先保留历时较长而载客率较高的公交线路，尽量减少对居民出行习惯的影响。出于对设施改造成本的考虑，优先保留电车线路。在外围地铁站，尤其是末端站，根据客流需求走向，增设以地铁车站为起终点的中、小巴常规公交线路，方便较远的居民利用地铁，增强地铁的向外辐射能力和区域客流集散能力。

②区域公交设置与中途停靠站优化原则：

对外围具有高密度居住小区的地铁车站，可考虑开辟居住小区专线，负责接送附近的居民乘坐地铁，提升"区域bus"理念。根据地铁出入口位置，优化公交停靠站布设，使之尽可能接近地铁出入口，减少换乘距离；分析衔接客流方向，优先考虑垂直换乘方向的公交线路。

公交中途停靠站的规模要与衔接公交客流需求相适应，设置位置同时要满足交通组织要求。在有条件的情况下，尽可能采取港湾式停靠站。

3）自行车

核心区，由于近期的地铁线网尚未按规划实现，乘客出行还有部分为间接吸引，用地条件紧张时，停车场地规模按单车位占地规模的下限控制，并鼓励采取新式停车或环保停车方式；二环与四环之间的中心区，根据客流需求预测结合用地条件，采用集中与分散布置相结合的方式，合理设置停车场地，尽可能满足需求；外围区，设置规模充足、停放条件较好的自行车停车场，以扩大轨道交通的服务范围和层次；并根据需求方向构成和骑行路径，采用分散布置方式，合理安排空间布局，方便换乘。

4）出租车

主要包括出租车候客区（限定车位，允许等待乘客）和临时停靠站（即时停靠，不允许等待）。在核心区和中心区，原则上城市轨道交通车站附近不设置出租车候客区，考虑提供多层次衔接服务，在交通组织允许的条件下，设置临时停靠站，方便换乘乘客即时上下；在外围区车站，允许临时停靠，并根据需求合理设置出租车候客区，规模不宜过大，一处控制在2～8个车位；在设置有出租车临时停靠站或候客区的车站，允许小汽车临时停靠。

（2）远期规划策略

依据规划发展意图及轨道交通网络的发展情况，提出交通衔接原则，控制预留设施用地。

1）步行

在中心区步行是地铁出行最重要的衔接方式，衔接规划的重点是为步行提供安全、连续、便捷、舒适的步行空间。减少自行车的停车场地，通过步行系统的优化设计，引导地铁乘客采用步行方式换乘地铁。

2）常规公交

在核心区，随着轨道交通规划网络的实现，轨道交通在公共交通中的地位逐渐由骨干转变为主体，常规公交主要起到为轨道交通疏散客流的作用，削减与地铁平行的公交线路；在中心区，常规公交与地铁各自发挥优势，继续完善常规公交线路，调整公交线路的站点和方向，强化对地铁客流的喂给和疏散；在外围区，常规公交仍是公共交通的主体，根据各个区域用地的开发和人口密度的增加，增加与地铁接驳的常规公交线路或"区域bus"，形成以地铁车站为中心向外辐射的公交线网。

3）自行车

远期自行车的出行比例将进一步下降。在核心区，大多数站点的吸引范围为直接吸引，自行车停车场地规模大幅度缩减；中心区鼓励公共交通系统换乘地铁，同时兼顾自行车换乘地铁的需求，对自行车停车场规模适当缩减；外围区，根据衔接换乘需求，提供适当的自行车停车场地，尽可能满足需求。

4）出租车

在核心区，限制出租车停靠；在中心区，一般只考虑设置出租车临时停靠站，一些特殊站点可考虑设置出租车候客区；在外围区，允许临时停靠，并合理设置出租车候客区。

二、车站站外接驳设施的配置方法

（一）站点分类

1.站点类型

根据站点周边的土地性质、站点位置以及站点客流特征。可以将轨道站点分为普通站、枢纽站、末端站和特殊站（表4-1）。

轨道交通站点分类　　　　　　　　　　　　　　　　　　　　表4-1

站点分类		分类说明
普通站	居住类	站点周边以居住区为主
	办公类	站点周边以办公区为主
	混合类	站点周边用地包含居住、办公、商业等多种类型
枢纽站		城市交通的主要客运枢纽站，如大型公交、轨道枢纽等
末端站		轨道交通线路的终端站
特殊站		站点周边用地以商业、景区为主

其中，末端站指轨道交通线路的首末站，不包含首末站是换乘站的情况，如宋家庄站、国家图书馆站等不包含在内。

2. 站点分类指标

依据轨道交通上位客流需求预测结果，根据车站工作日高峰小时进站量和出站量来判断站点类型。

$$工作日早高峰小时进站比例 = \frac{工作日早高峰小时进站量}{工作日早高峰小时进站量 + 工作日早高峰小时出站量} \times 100\%$$

$$(4-1)$$

判断标准如下：

（1）工作日早高峰小时进站比例大于65%（含）的站点为居住类；

（2）工作日早高峰小时进站比例小于35%（含）的站点为办公类；

（3）工作日早高峰小时进站比例大于35%且小于65%的站点为混合类。

（二）设施需求分析

1. 接驳设施组成

轨道交通接驳设施主要由行人设施、非机动车设施、公交设施、出租车设施以及P+R设施组成。具体内容包括：站前广场、过街设施、非机动车停车场、公交停靠站、公交场站、出租车停靠站、出租车场站、小汽车P+R停车场等。

2. 各接驳方式吸引范围

根据轨道交通接驳范围的不同，可分为内层、中层和外层三个接驳服务圈。内层接驳服务圈服务半径为0.5～1km，主要包括步行、非机动车等交通方式的接驳；中层接驳服务圈服务半径为1～3km，主要包括非机动车、公交车、出租车等交通方式的接驳；外层接驳服务圈服务半径为3km以上，主要包括公交车、出租车、私家车等交通方式的接驳。

3. 各类型站点接驳设施配置准则

若站点位于市中心，且距离办公区在1000m以内，如国贸站，应设置空中连廊或是地下通道；距离办公区在1000～3000m的站点，如复兴门站、西二旗站，自行车接驳超50%，应扩大自行车停车场规模。位于郊区非区中心的居住类站点宜配置公交场站、出租车停靠站和小汽车P+R停车场。若末端站位于区中心，考虑到土地资源紧张，可以不设小汽车P+R停车场，但需要加大自行车、公交车和出租车的接驳设施规模。若末端站并非位于区中心，宜设置公交场站。对内枢纽类轨道站点与其他方式的换乘通道宜设置空中连廊或是地下通道。对外枢纽类轨道站点若同时服务于周边居住或是办公居民，宜设置非机动车停车场。步行接驳占比较大的站点，如望京站，应设置空中连廊或是地下通道。混合类站点进出站客流及自行车使用比例相近，站点的自行车周转率较高，可适当缩小自行车停车场规模。

各类型站点接驳设施配置优先顺序见表4-2。

各类型站点接驳设施配置优先顺序 表4-2

项目		普通站			枢纽站		末端站	特殊站
		居住类	办公类	混合类	对外枢纽	对内枢纽		
行人接驳设施	站前广场	□	□	□	□	□	□	□
	行人过街设施	□	□	□	□	□	□	□
	空中连廊/地下通道	○	□	○	□	○	△	○
非机动车设施	非机动车停车场	□	□	□	△	□	□	□
公交接驳设施	公交车停靠站	□	□	□	□	□	□	□
	公交场站	○	△	△	□	□	○	△
出租车接驳设施	出租车停靠站	○	□	○	□	□	□	○
P+R接驳设施	P+R停车场	△	×	△	△	△	□	×

注：□—应，○—宜，△—可，×—不宜。

4.各接驳方式规划年接驳比例推算

按照轨道站点客流吸引范围的分布，若客流主要集中在站点500m半径范围内，步行比例则选值较高；若客流主要集中在站点500～1000m半径范围内，步行、共享单车和私人自行车比例选值较高；若客流主要集中在站点1000～2000m半径范围内，共享单车、私人自行车和公交车比例选值较高；若客流主要集中在站点2000m半径范围内，公交车、出租车和私家车比例选值较高。站点周边居住或办公类用地性质较为单一，且站点区位靠近外围时，共享单车出行比例可适当增加。

各类型站点早高峰分方式接驳比例推荐值见表4-3。

各类型站点早高峰分方式接驳比例推荐值 表4-3

站点类型		步行	共享单车	私人自行车	公交车	出租车	私家车
普通站	居住类	40%～55%	5%～20%	4%～8%	15%～25%	1%～4%	2%～5%
	办公类	40%～50%	3%～7%	2%～7%	10%～20%	1%～4%	2%～5%
	混合类	37%～47%	2%～5%	2%～8%	14%～24%	2%～6%	3%～9%
枢纽站		27%～37%	5%～15%	5%～9%	26%～36%	2%～6%	3%～9%
末端站		15%～25%	8%～12%	2%～6%	37%～47%	1%～5%	4%～10%
特殊站		25%～35%	3%～30%	2%～6%	22%～32%	2%～6%	1%～3%

5.各接驳方式设施规模确定

（1）非机动车停车场规模按以下公式进行计算：

$$S_{bi} = \frac{Q_{bi}}{\varphi_b \times \beta} \times \alpha \times \overline{S}_{标} \tag{4-2}$$

式中：Q_{bi}——高峰小时自行车换乘轨道客流量（人/h）。

　　　α——自行车停车场最大瞬间利用率，依经验取值范围为0.8～1.0，建议采用最大值1.0计算。

　　　β——自行车停车场周转率，为停车场高峰小时总停车次数与总泊位数之比，依经验建议取值范围为1.0～1.5。

　　　φ_b——每辆自行车载客人数，建议取值为1人/辆。

　　　$\overline{S}_{标}$——每辆自行车停车面积，非绿化停车场设计指标为1.8m²/辆，绿化停车场设计指标为2.8m²/辆。

（2）公交车站台规模按以下公式进行计算：

$$N_b = \frac{J}{Q} = \frac{J(bB + t_c)}{3600BR} \tag{4-3}$$

式中：J——每小时服务乘客数，即公交与轨道换乘的高峰小时客流量（人/h）。

　　　Q——一个站位每小时最大乘客量（人/h）。

　　　b——平均停留时间，即每个乘客上下车时间（s），建议取2s。

　　　B——乘客上下车人数，建议取20人。

　　　t_c——公交车间隔时间（s），建议取300～360s，即发车间隔为5～6min。

　　　R——抵偿停站时间和到站时间波动的折减系数，反映车辆停站时间与到站时间变化程度对停靠站容量的影响系数，车辆到站与停站时间越均匀，此数值越大，一般最大不超过0.833。

（3）临时停车场面积按以下公式进行计算：

$$S_{kr} = \frac{Q_{kr}}{\psi_k \times \beta} \times \alpha \times \overline{S}_{标} \tag{4-4}$$

式中：Q_{kr}——临时停车换乘轨道客流量（人/h）。

　　　α——临时停车配置空间最大瞬间利用率，依经验取值范围为0.8～1.0，建议采用最大值1.0计算。

　　　β——临时停车配置空间周转率，为停车空间日均总停车数与总泊位数之比，依经验建议取值为60。

　　　ψ_k——每辆临停车载客人数，建议取值范围为1.3人/辆。

$\overline{S}_{标}$——每辆临停车车位面积，建议取值为15m²。

（4）停车换乘停车场配置空间按以下公式进行计算：

$$S_{car} = \frac{Q_{car}}{\psi_{car} \times \beta} \times \alpha \times \overline{S}_{标} \qquad (4\text{-}5)$$

式中：Q_{car}——小汽车停车换乘轨道客流量（人/d）。

   α——临时停车配置空间最大瞬间利用率，依经验取值范围为0.8～1.0，建议采用最大值1.0计算。

   β——临时停车配置空间周转率，为停车空间日均总停车数与总泊位数之比，依经验建议取值为60。

   ψ_{car}——每辆临停车载客人数，建议取值范围为1.3人/辆。

   $\overline{S}_{标}$——每辆小汽车车位面积，非绿化停车场指标宜为25～30m²/辆，绿化停车场指标宜为40m²/辆。

在轨道交通线路初步设计阶段，应细化预测各站点分方式、分方向接驳设施的需求。轨道交通线路在总体设计完成后，应细化分方向客流预测，确定全日、早高峰、平峰各出入口的进出站量，作为初步设计阶段接驳设施需求的计算依据。

三、接驳规划成果要求

轨道交通接驳设施规划说明书应包括：概述、轨道交通线路及沿线用地情况、轨道交通线路各车站分类、轨道交通接驳设施需求预测、轨道交通接驳设施规划方案五部分。具体要求如下：

1.概述

重点介绍轨道交通接驳规划的编制背景、编制依据、技术路线或工作思路等。

2.轨道交通线路及沿线用地情况

一是介绍轨道交通线路的规划情况，包括线路走向、站点位置及功能等；二是介绍轨道交通线路沿线的现状用地情况（可分站描述）；三是介绍轨道交通线路沿线的用地规划情况（包括已批、未批或正在研究当中的）。

3.轨道交通线路各车站分类

重点结合本导则提出的轨道交通车站的分类方法，对各站进行分类。

4.轨道交通接驳设施需求预测

以上位客流预测结果为依据，根据推荐的各类型车站各方式接驳率，计算各车站各方式交通设施需求规模。在总体设计阶段确定各站点分方式接驳设施总规模，在初步设计阶段确定各站点分方式接驳设施分方向规模。

5.轨道交通接驳设施规划方案

包括规划原则、车站周边用地可改造性分析和接驳规划方案三方面内容。如果轨道交通分段开通，则应提出轨道交通接驳设施的近、远期规划方案。最后，提出轨道交通线路接驳设施规划方案的总结，包括设施规模、与既有规划关系等。

第三节　规划设计

一、设施类型及总体原则

（一）接驳设施类型

在进行接驳设施规划设计时，对不同接驳方式设施分别进行考虑，各接驳方式的设施组成见表4-4。

接驳设施类型　　　　　　　　　　　　　　　　　　　　　　　表4-4

接驳方式	接驳设施
步行	步行道、行人过街设施、站前广场
非机动车	非机动车停车场
公交车	公交线路、站台、场站
K+R	出租车及小汽车临时停靠泊位
P+R	小汽车停车换乘停车场

（二）原则

（1）应减小轨道交通和常规公交、出租车、小汽车、非机动车、步行等不同交通方式间的衔接换乘距离，减少地面交通之间的相互干扰，使各种交通方式与轨道交通之间便捷换乘。

（2）轨道站点接驳设施规划从功能、规模与设计三方面展开。首先，根据城市规划及区位确定轨道车站的类型；其次，根据车站类型确定站点接驳设施类型和规模；最后，基于车站类型和接驳设施类型提出规划布局方案。

（3）轨道交通接驳模式总体可分为三种："直达换乘""临停换乘""停车换乘"。

针对三种轨道接驳模式，与之对应的是三种接驳设施类型：通道或天桥设施、上下客站台或泊位以及停车场场站或枢纽。

（4）轨道交通接驳方式的优先顺序为步行、非机动车、公交车、出租车、小汽车临停接送及小汽车停车换乘。

（5）步行及自行车接驳设施在各个车站都应得到满足；公交中途站在各类站点应进行设置，且根据客流情况，尽量采用港湾式停靠站，在末端站、枢纽站及公交换乘客流较大的车站宜设置独立的公交上下客空间。机动车临停（K+R）设施宜在城市外围设置，城市中心区可灵活设置；小汽车换乘停车场（P+R）不应在城市中心区设置，宜设置于城市外围地区。

（6）主城区范围内，线网密度较高，应重点关注步行及自行车停车设施。外围地区线网密度较低，应重点关注机动化接驳设施的设置。

（7）轨道交通接驳设施应保证与轨道交通同步规划、同步设计、同步建成、同步使用。

（8）轨道交通车站周边道路应纳入接驳设施一并考虑，并保证轨道交通开通时外部道路具体行车及行人集散的条件。

二、站点出入口

站前广场轨道站点出入口布置应结合站位、周边现状及规划土地利用而定，尽量分散、多向布设。在城市核心功能区，轨道站点出入口应与周边主要的商业、办公、公共服务等建筑连通，不能连通时应使出入口和建筑间的步道连续便捷，宜设置地面风雨连廊或二层连廊或是地下通道（图4-7）。

轨道站点出入口选址不应设置在高速公路两侧和立交桥区，不宜设置在城市快速路及交通性主干路两侧或相邻交叉口。轨道站点宜结合周边建筑、建筑前区、绿化带、道路设施带设置，减少对人行道通行的影响，轨道车站出入口确需占用人行道时，人行道的剩余宽度不得小于3m。

路段设置轨道站点的，应在道路两侧均设置出入口，因用地条件受限只在道路一侧设置出入口时，应优先采用平面过街设施连接出入口的道路两侧，采用立体过街设施连接时须设置无障碍升降电梯（图4-8）。

交叉口设置轨道站点的，应在交叉口四个象限均设置出入口，且至少有一个出入口对角设置无障碍升降电梯，因用地条件受限不能在四个象限均设置出入口的，应优先采用平面过街设施连接出入口与无出入口的象限，采用立体过街设施连接时

图4-7 中国香港地铁连接的风雨连廊

图4-8 地铁站出入口设置
无障碍电梯

须设置无障碍升降电梯。轨道出入口设置在道路两侧或交叉口四个象限时，应设置非付费空间，同时具备立体过街功能，并合理布设隔离措施以保留地铁停运时的过街功能。

轨道站点各出入口均应设置电动扶梯，至少有一个出入口设置无障碍升降电梯。轨道站点各出入口均应设置行李坡道，行李坡道的宽度和坡度应符合现行国家标准《无障碍设计规范》GB 50763—2012的要求。

三、站前广场

站前广场内应设置必要的信息指示牌、垃圾箱、照明等公共服务设施，服务设施的位置应考虑行人的流线要求。轨道车站各个出入口均应设置客流集散广场，集散广场的有效面积不宜小于50m²，条件受限时不应小于30m²（图4-9）。

地铁出入口站前广场面积在50～200m²范围内时，应优先布置乔木和座椅，条件许可时可同时布置绿植、花坛、街景及小品；面积超过200m²时，宜进行专项景观设计，设置休憩座椅、绿化、休闲娱乐、商亭和咨询服务等设施。轨道出入口站前广场应与乘客进出站流线和道路步道流线协调、连续（图4-10）。

图4-9 集散广场效果图

图4-10 丹麦哥本哈根站站前广场

在人流密集的学校、医院、公共服务设施、大型商业办公区附近的轨道站点，宜灵活利用站前广场设置微公园。微公园宜采用与人行道、设施带、绿化带不同的铺装材料，宜结合乔木设置座椅，提供遮荫的休憩空间，应避免设置大片的草地和花坛。站前广场应考虑表面排水的需求，并与道路及周边地块的排水系统统筹考虑。轨道车站出入口及站前广场不宜设置墙体、围挡、护栏、广告牌等设施（图4-11、图4-12）。

图4-11　反例：地铁站前挡墙　　　图4-12　正例：地铁站前挡墙改造

四、人行步道

与轨道站点出入口相连的人行步道宽度不宜小于4m，条件受限时不应小于3m。轨道站点出入口100m范围内的人行步道应连续、平顺，过街处的路缘石应缓坡处理，周边用地的机动车出入口不应降低步道主体高度，与机动车道衔接处可做缓坡处理。轨道站点出入口相连的人行步道铺装应平整，应使用防滑透水铺装材质。

五、自行车设施

轨道站点出入口100m范围内的自行车道宽度不宜小于3.5m，不应小于2.5m。新建轨道站点应在站点出入口附近设置地面自行车停车场，出入口较多的应根据自行车交通的流量、流向分散布置在各出入口附近。用地条件受限的已建车站，可利用行道树之间的空间、道路外侧分隔带乔木之间的空间就近、灵活设置自行车停车设施。

自行车停车场与站点出入口的步行距离宜控制在50m以内。自行车停放场出入口应设置合理、方便可达，不得阻碍行人通行，自行车进出停车场与机动车交通流有冲突时应设置自行车通行道提示标线。鼓励轨道站点出入口的自行车停车场与共享单车及其他非机动车共用。自行车停车场宜采用绿化式停车场，绿化停车场可按2.8m²/辆控制规划用地。非绿化停车场按1.8m²/辆控制规划用地。

六、公交设施

公交站与轨道站点出入口的步行距离宜控制在50m以内，最大不应超过100m。

公交车停靠站宜与出租汽车停靠站分开设置。每个公交车停靠站停靠的线路数不宜超过6条；线路超过6条时，可分站台布设。同向站台总数不宜超过3个，当超过3个站台时，宜设置独立的公交换乘场站。公交车停靠站与站前广场结合设置时，应增加站前广场面积。轨道站点和公交枢纽周边应形成连续、便捷的换乘路径，公交站设置在隔离带上的，应在公交站与步道间施划行人过街标线。

公交站台宽度不应小于2.5m，应设置无障碍坡道和座椅。公交站台设置在路侧设施带，且步道宽度允许时，应将自行车道绕行到公交站台后侧，避免公交车出入站与自行车冲突，自行车道后绕公交站台时，新建道路的自行车道宽度不应小于3m，步道有效宽度不应小于3m，改造道路的自行车道宽度不应小于2.5m，步道有效宽度不应小于2.5m。

公交站台设置在路侧设施带，但步道宽度不允许进行自行车道后绕的，宜布设反式公交站台，以扩大步道有效通行空间（图4-13）。

公交站台内部的树池无法移动的，树池应做平整化处理，站台内的有效站口宽度不应小于2m（图4-14）。

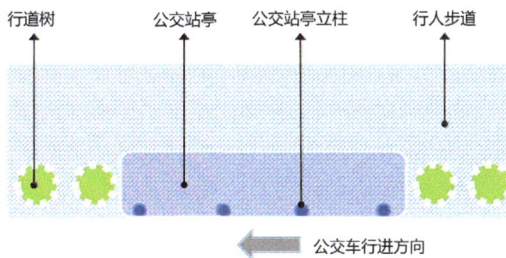

图4-13　反式公交站台

图4-14　平树池示范案例

七、临停设施

轨道站点周边道路空间许可时，可设置出租车或小汽车的临停设施，轨道线路首末区段站点宜布设临停设施。出租车上下客区与站点出入口的步行距离宜控制在

150m以内。私家车和网约车上下客区与站点出入口的步行距离宜控制在200m以内。各类临停设施均不应干扰进出站乘客和步道上的行人流线。各类临停设施应避免与自行车行进流线冲突，难以避免时应在自行车通行空间施划优先提示标线和标志。各类临停设施距离公交站应超过30m，避免影响公交车进出站流线。

八、停车换乘设施

城市中心区、城市核心功能区、新城内部的轨道站点不宜设置P＋R专用停车场。轨道线路首末区段的车站可根据周边用地条件设置小汽车换乘停车场（P+R停车场）。P+R停车场出入口机动车流线不应与行人和自行车流线冲突，难以避免时，应设置机动车停车让行标志，行人自行车通行空间应设置清晰的提示标线。

鼓励利用桥下空间设置P+R停车场，独立占地的停车场宜采用立体形式，平面停车场应采用绿化式停车，树种应以乔木为主，绿化式停车场绿化用地面积计算方法参见《关于大力推进露天停车场绿化工作的意见》（京绿城发〔2007〕9号），P+R停车场出入口至轨道交通车站出入口距离宜小于等于150m。非绿化式停车场用地指标宜为25～30m²/辆，绿化式停车场用地指标宜为40m²/辆，地下或立体停车场建筑面积指标宜为35～40m²/辆。

九、周边道路规划设计

（一）配套道路设施

在轨道交通线路规划方案阶段，应同步开展道路规划条件的研究，明确轨道交通沿线规划道路等级及红线。在轨道交通线路总体设计阶段，应明确轨道交通车站周边规划道路的等级、红线、标准断面形式、道路建设主体及道路规划方案。在轨道交通线路初步设计阶段，轨道交通车站周边规划道路平面需达到初步设计深度。

（二）道路平面及纵向要求

道路红线宽度允许时，应设置机非隔离带，用于布置乔木和设置常规公交站台，部分路段可根据需要设置路侧临时停车位，机非隔离带宽度不宜小于2.5m。常规公交站台距离轨道出入口距离不宜超过50m，站台尾端应设置无障碍坡道，且在自行车道上施划行人过街横道线，有条件的还可设置彩色行人过街横道线或抬起式行人过街设施，以确保乘客过街安全，提示自行车减速避让行人。

与轨道站点相邻的城市道路路段车道宽度宜采用3.25m，交叉口入口道宜采用3m，因渠化需要压缩车道时，可采用2.8m宽。交叉口入口道渠化不宜采用拓展红线宽度的方法增加机动车道数，应优先采用缩窄机动车道宽度的方法进行渠化。枢纽站、末端站和特殊站进出站客流较大时，站点临近的交叉口宜通过缩窄机动车道的方法对交叉口入口道的步道和自行车道适当拓宽，并可结合自行车交通流转向需求进行渠化，渠化后单条自行车通行道宽度不应小于1.5m（图4-15）。

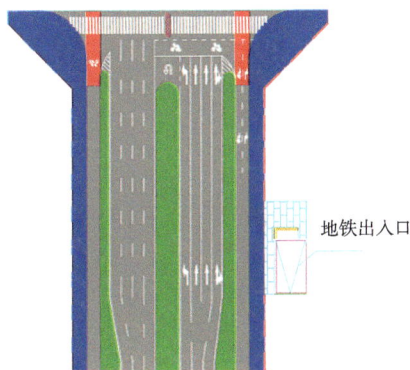

图4-15   自行车渠化车道图

道路交叉口的路缘石转弯半径应结合道路等级和条件确定，并符合表4-5的要求，采取较小的路缘石转弯半径时，应设置相应的机动车减速提示标志和标线。

道路交叉口的路缘石半径推荐值   表4-5

道路等级	道路条件	路缘石半径（m）
城市主、次干路	施划自行车道	5～8
	未单独施划自行车道	8～10
城市支路	施划自行车道	5
	未单独施划自行车道	5～8

常规公交站台应优先布置在机非隔离带上，其宽度不应小于2.5m，机非隔离带宽度不足时，可在设站路段对机非隔离带进行局部拓宽，拓宽隔离带时自行车道宽度不应小于2.5m。行人过街距离超过16m时应设置行人过街安全岛，安全岛沿垂直方向的宽度不宜小于2.5m，条件受限时不应小于1.5m。交叉口或路段行人过街处的步道应进行缓坡处理，确保无障碍通行，必要时可设置彩色或抬起式过街标线。

第四节　北京轨道交通28号线交通接驳案例分析

■ 一、线路概况与功能定位

（一）线路概况

北京轨道交通28号线（原CBD线）为北京城市第二期建设规划项目。28号线（原CBD线）工程自东大桥至九龙山站，线路全长4.9km，均为地下线，共设站8座，其中4座换乘站（预留1座），规划建设期为2018—2021年。2016年11月，《北京轨道交通28号线（原CBD线）规划方案》获得批复，线路自东大桥至大郊亭，衔接北京东站，全长6.55km，均为地下线，共设车站8座，其中4座为换乘站，在北京东站设置停车场一座。同时，结合CBD的客流需求，该方案为28号线线路预留远期向西北延伸至东直门、向东延伸至四惠东的条件。线路起于东直门交通枢纽，沿东直门外大街、春秀路、工体西路、朝阳门外大街、针织路敷设，经过CBD核心区，衔接北京东站，线路在北京东站后分主支线运营，支线接入沿东四环路向南的大郊亭方向，主线接入沿京通快速路向东的四惠方向。后期为解决北京东站停车场选址难问题，北京市城市规划设计研究院和轨道交通设计研究院有限公司于2017年10月共同提出北京轨道28号线工程规划调整方案。

2018年11月，调整方案获得批复，线路自东大桥至广渠东路，衔接北京东站，全长8.77km，均为地下线，共设车站9座，其中5座为换乘站（预留1座），设置广渠东路车辆段1座。

2018年11月，北京市基础设施投资有限公司组织编制《北京市轨道交通第二期建设规划调整方案》，包含28号线（原CBD线）并上报国家发改委。28号线（原CBD线）线路调整为由东大桥至广渠东路，线路主要沿朝阳门外大街、针织路、建国路、大郊亭中路、广渠路敷设，线路全长8.75km，全为地下线，共设9座车站，其中换乘站5座。车辆采用直线电机系统6辆编组，全线设广渠东路车辆段1座。

北京轨道交通28号线（原CBD线）是中心城东部的区域加密对角线，沿线串联了工体三里屯特色地区、东四环居住组团、中央商务区（CBD）、百子湾居住组团等城市居住区和重点功能区，联系了工人体育场、东直门交通枢纽、东大桥、北京东站等大客流集散点以及对外大型交通枢纽，是中心城东部的功能区与枢纽的联络线。

北京轨道交通28号线（原CBD线）工程全线分期实施，近期建设东大桥站至广渠东路站，线路长度8.88km，共设9座车站，其中换乘站5座，分别是在东大桥站与6号线、17号线、22号线换乘，在京广桥站与10号线、22号线换乘，在光华路站与规划R4（20）号线换乘，在大望路站与1号线、14号线、规划R1（18）号线换乘，在大郊亭站与7号线换乘。全线平均站间距为963m，最小站间距为434m，位于光华路站与核心区站之间；最大站间距为1524m，位于大郊亭站与广渠路站之间。全线设广渠东路车辆段1座，占地约21.2公顷，满足线路运营的需求。远期线路北端由东大桥站向西北延伸至东直门，延伸后线路全长12.0km，车站12座（图4-16）。

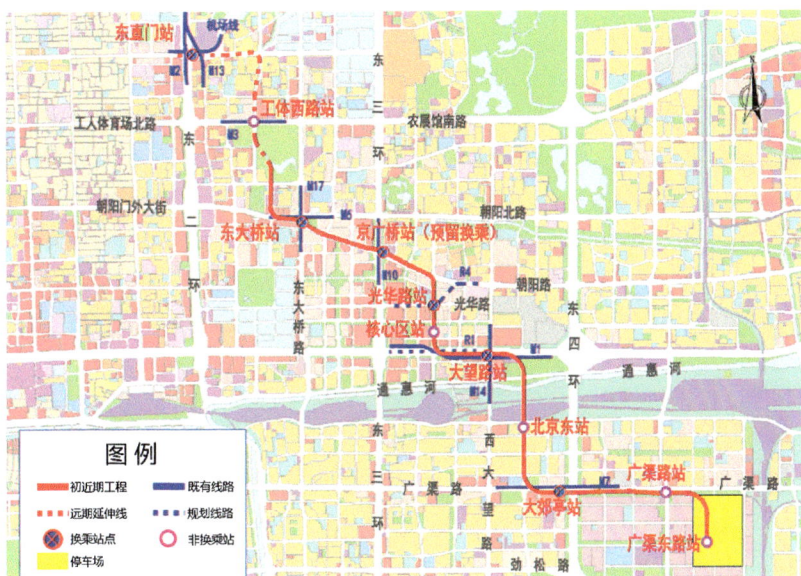

图4-16　北京轨道交通28号线工程调整规划方案线路示意图（含远期线路）

（二）线路交通功能定位

本线路功能定位如下：

（1）串联线网，增强线网对CBD的服务，实现更多线路通过28号线间接服务CBD；

（2）CBD地区的骨干线，增强CBD的站点覆盖率，缓解现状1号线、10号线等在CBD地区的站点压力；

（3）中心城东部的区域加密对角线，完善轨道交通线网结构，弥补中心城东部"井"字形轨道交通线网的不足；

（4）中心城东部的功能区-枢纽联络线，串联东直门、CBD商务区和百子湾居住组团，重新打造东直门、东大桥、北京东站综合交通枢纽。

二、线路周边现状与规划情况

（一）沿线用地现状与规划

北京轨道交通28号线工程主要经过东直门商务区及交通枢纽、工体三里屯特色区、北京商务中心区（CBD）、北京东站交通枢纽、东四环居住组团（图4-17）。其中，近期线路（东大桥—广渠东路站）沿线串联了北京商务中心区（CBD）、北京东站交通枢纽、东四环居住组团等城市居住区和重点功能区，联系了东大桥、北京东站等大客流集散点和对外大型交通枢纽。

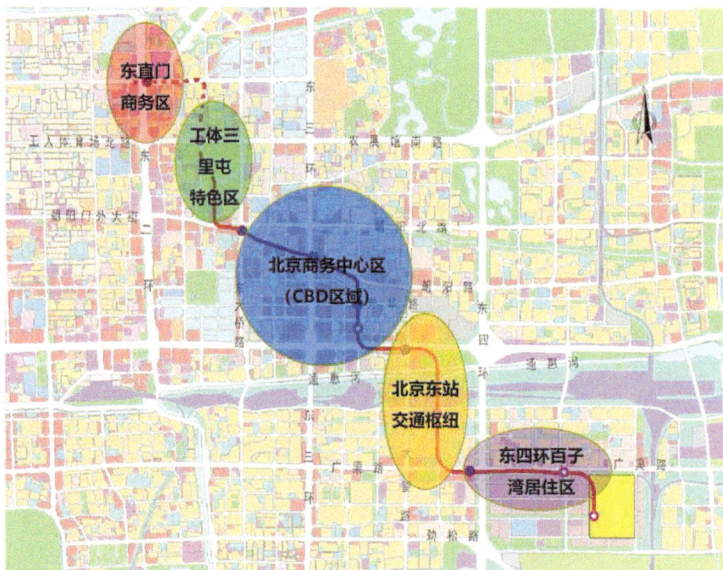

图4-17　北京轨道交通28号线沿线主要功能区

北京商务中心区（CBD）：北京商务中心区（CBD）是北京市重要功能区之一，是北京重要的国际金融区和现代服务业聚集地，岗位人口多、居住人口少的特征明显，吸引了全市70%的外资金融机构、世界500强企业和跨国公司地区总部。核心区用地性质主要为办公、商业、公寓、酒店、会展文化等。未来，该地区的岗位人口将进一步集中。

北京东站交通枢纽：北京东站处于"北京西站—北京站—通州—燕郊"东西向重要的客运走廊上。北京东站为北京中心城区区域快线（市郊铁路）主要客站之一，是CBD辐射首都区域乃至京津冀区域的重要枢纽节点。车站北侧为南磨房乡产业用地。

东四环百子湾居住区：东四环百子湾居住区以现状居住小区为主，包括西侧的：后现代城、金港国际小区、首府小区等高档住宅区；东侧的：广渠路21号小区、百子湾西里等居住小区。现状居住用地约55公顷，总建筑面积127万m²，容纳居住人口3.7万人。现状公共设施用地约30公顷，总建筑面积约60万m²，岗位人口估计约1.5万人。

地铁28号线各车站处于东二环和东四环之间，东大桥站—京广桥站多为商业、办公、金融用地和多功能混合用地；光华路和核心区地处CBD核心，规划用地多为商业办公，开发强度大；大望路车站周边以商业居住为主，地块开发程度高、发展成熟；北京东站车站周边以铁路用地、公共绿地、配套居住为主；大郊亭站—广渠东路周边以高档住宅为主，兼有少量多功能用地（图4-18）。总体而言，28号线车站沿线用地开发强度较高，是城市重要客流吸引端。

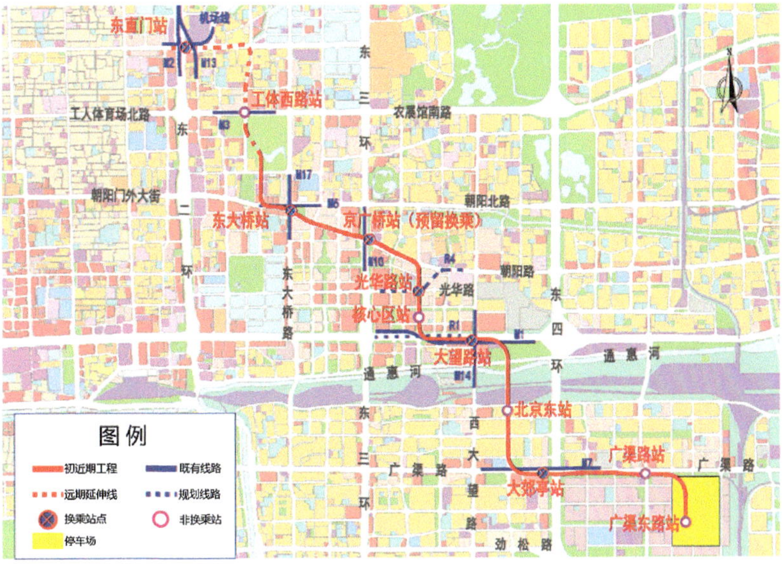

图4-18 北京轨道交通28号线沿线用地规划图

（二）沿线道路现状与规划

道路是各种衔接方式运行的载体，采用交通工具或步行方式都需要使用道路到达地铁车站，因此地面道路是交通衔接设施能够发挥作用的基础和前提条件，站点周边道路网规划建设情况、道路等级以及人行步道情况会在一定程度上决定交通接驳方式。

北京轨道交通28号线近期工程，起点位于朝阳门外大街与东大桥路路口，沿朝阳门外大街、朝阳路向东敷设，之后线路转入针织路向南，经过CBD核心区，线路向东转入建国路，沿西大望路向南，衔接北京东站，出站后继续向南，之后转向广渠路向东、化二路向南，止于广渠东路站。

区域内3条快速路东三环路、东四环路、通惠河北路全部实现规划；主干路除东大桥路南段、化二东侧路外，其他道路均实现规划；次干路大郊亭中路（百子湾路—东站货场北路）未按规划实现，北京东站、广渠东站周边道路尚未按照规划实现，道路实现程度较低。总体而言，与轨道交通重合的道路除北京东站站和广渠东站外，沿线道路基本已经实现规划，与地铁车站衔接的重点在垂向的接驳道路，应重点加强垂向道路的连通性。

（三）沿线公交现状与规划

地铁28号线沿线共涉及公交线路100余条，公交停靠站50余座。东大桥站、京广桥站、大望路站、大郊亭站、广渠路站五座地铁站周边公交系统较为密集。针织路位于CBD核心，衔接方式主要为步行，公交线路设置较少。北京东站、广渠东路周边道路实现程度低，导致衔接公交线路数量不足。朝阳路上的公交线路密集，以长线为主，过境交通消耗了地面公交大部分的能力。建议调整优化部分公交线路，增强公交线路对轨道交通的喂给作用，作为轨道交通的补充，发挥常规公共交通的集散作用，从而增加轨道交通的辐射能力。

以东大桥站为例，东大桥站周边公交线路密集，共计30余条，主要沿朝阳路、东大桥路分布。BRT2在此处设站，主要服务于中心城与通州之间的公交客流。常规公交线路也以长线为主，主要服务于跨区的中长距离出行。由于东大桥站位于CBD核心区，轨道线路密集，衔接客流主要以步行、自行车短距离衔接为主，但是，东大桥站作为四线换乘站的枢纽型地铁站，即使现状公交场站迁走，也将吸引少量中长距离的公交换乘客流。

规划设计单位开展东大桥区域一体化规划设计，对用地、道路、交通组织重新进行整合，对既有公交停靠站的合理性进行分析调整。主要工作包含：对东大桥站公交场站进行了改移，整合了附近的公交站点，并优化了公交线路。其中朝阳北路（东侧）的公交停靠站距离交叉口过近，且与朝阳北路南侧公交停靠站功能相同，建议取消前者（图4-19）。

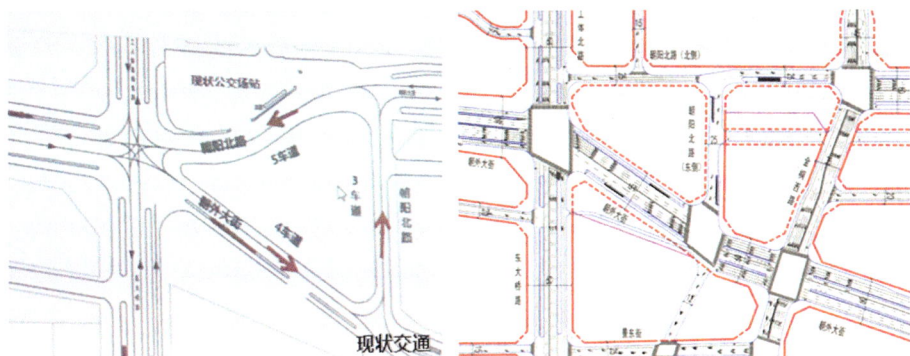

图4-19　东大桥道路及交通组织现状及规划方案

（四）沿线BRT现状及规划

BRT2（朝阳门—杨闸环岛）：沿朝阳路、东三环、朝阳北路布设，在28号线东大桥站、京广桥站设站，可实现与18号线换乘。

广渠路快速公交BRT5：沿广渠路布设，主要解决东二环到东六环、主城区到城市副中心大体量快速交通问题，2020年建成通车。包括16对停靠站站台工程，其中9个站点具备地铁换乘条件。可与28号线的大郊亭站、广渠路站实现换乘。

由于BRT2与28号线的线形关系，与28号线的换乘量较小。对于BRT5，由于沿广渠路布设的7号线，过东四环后向南走，广渠路往东缺少轨道覆盖，因此BRT5与28号线换乘需求较大，可支撑主城区到副中心之间的快速联系（图4-20）。

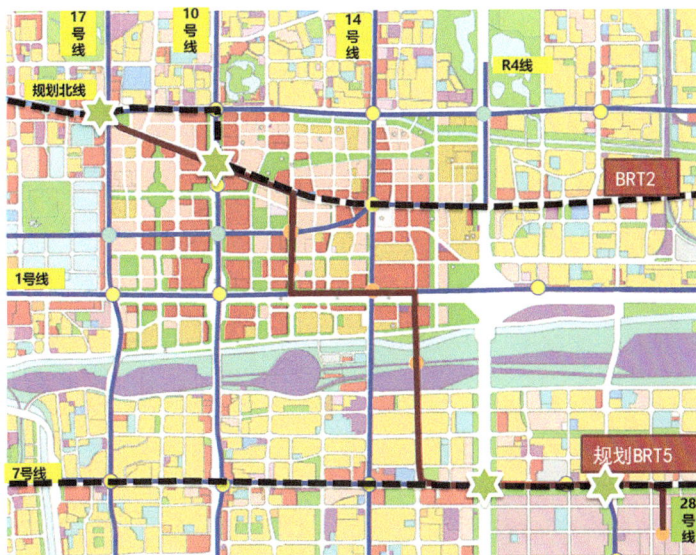

图4-20　BRT线路现状及规划示意

（五）区域内轨道交通规划

本线路9座车站中有5座为换乘车站，分别为东大桥站（与6号线、在建17号线和22号线换乘）、京广桥站（与10号线和22号线换乘）、光华路站（与规划R4号线换乘）、大望路站（与既有1号线、14号线和规划R1号线换乘）、大郊亭站（与7号线换乘）。范围内有28号线、6号线、22号线、1号线、7号线、10号线、14号线东段、R4线、R1线以及17号线共计10条地铁线路、20余个车站（图4-21）。

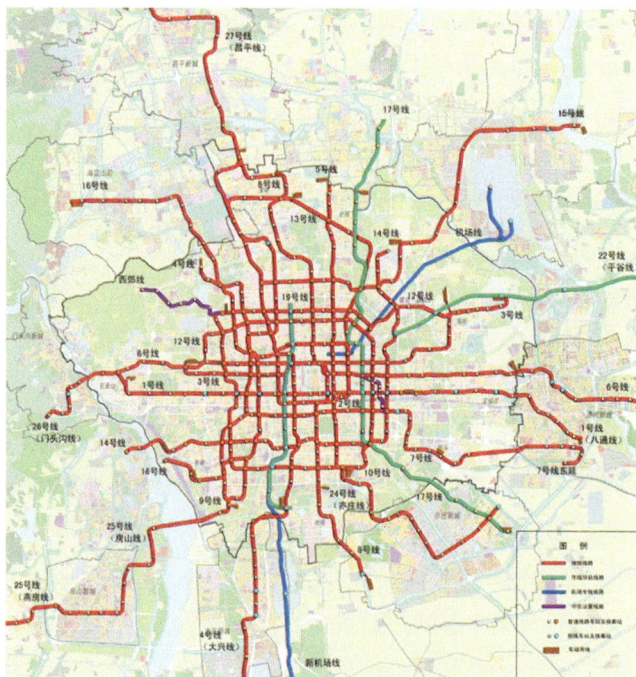

图4-21　2020年轨道交通建设规划

三、分区区域特点分析

地铁28号线工程线路为由6号线东大桥站至广渠路南侧仓储用地，线路起点位于工人体育场南路（朝阳中医医院附近），沿朝阳门外大街、朝阳路向东敷设，此区段本线与将来的规划北线共路由；之后线路转入针织路向南，经过CBD核心区后，向东转入建国路，在大望路站与1号线和14号线换乘；随后向南敷设，在国铁轨道南侧设站衔接北京东站；站后在广渠路东转，与7号线大郊亭站换乘，继续向东敷设，最后止于广渠东路车辆段。沿线串联了北京商务中心区（CBD）、北京东站交通枢纽、东四环居住组团等城市居住区和重点功能区。根据线路所穿越区域不同，将地铁沿线区段按照周边客流的出行特征分为三大类别进行叙述（表4-6）。

分区衔接设施供给策略　　　　　　　　　　　　　　　　表4-6

区域	北京商务中心区（CBD）	北京东站交通枢纽	东四环居住组团
土地开发条件	开发强度高，岗位人口多、居住人口少的特征明显，以办公、商业、公寓、酒店、会展文化为主	开发强度低，规划以交通设施、居住为主	开发强度较高，以居住、少量公建为主
道路条件	次干路和支路密度较高，微循环顺畅	次干路和支路密度较高，微循环顺畅	次干路和支路密度较高，微循环顺畅
公交	公交线路密集	公交线路密集	除广渠东路站外，公交线路较多
出行特性	岗位端出行为主	承接大铁客流+居住端出行	居住端/岗位端出行混合
轨道密度	高	较低	一般
接驳客流特性	短距离衔接需求	中短距离为主	短、中长距离衔接需求
服务对象	CBD工作人群	铁路换乘客流、附近居民	附近居住人群，东部外围区域乘坐小汽车、快速公交的人群
接驳重点	步行+自行车	步行为主，辅以自行车及公交	慢行+常规公交+BRT+K&R

第一类为东大桥–核心区站，此段位于商务中心区（CBD），该区域聚集了大量的就业岗位，主要用地性质为办公、商业、公寓、酒店、会展文化，岗位人口多、居住人口少的特点明显。其中，位于朝阳路上的东大桥站、京广桥站，站点周边公交线路发达，衔接客流以步行、公交等方式为主；位于针织路上的光华路站、核心区站，针织路东侧基本实现规划，为万达广场、和乔大厦、光华大厦等商业金融建筑，西侧为CBD核心区，以商业金融为主，目前正在建设中。

轨道车站的700m服务半径范围基本覆盖整个研究区域。衔接客流主要以短距离为主，主要考虑步行、自行车两种接驳方式。同时，由于近期共享单车的蓬勃发展，共享单车成为地铁衔接客流方式构成中的新角色。

第二类为北京东站交通枢纽。北京东站为北京中心城区域快线（市郊铁路）主要客站之一，是CBD辐射首都区域乃至京津冀区域的重要枢纽节点，该站除了是京唐城际铁路（以下简称"京唐城际"）及市郊列车的经停站，还将承担一定规模的市郊列车的始发终到功能。车站北侧为南磨房乡产业用地，岗位人口估计约5千人。北京东站货场大部分用地调整为二类住宅用地，用于建设职工保障房，可容纳居住人口8221人。

北京东站的衔接需求主要来自北京东站铁路客流，以步行方式为主；其次是附近居住用地的衔接需求，主要为步行、自行车、公交等衔接方式。

第三类为东四环居住组团。东四环居住组团以现状居住小区为主，包括西侧的后现代城、金港国际小区等高档住宅区和东侧的广渠路21号小区、百子湾西里等居住小区。现状居住用地约55公顷，总建筑面积127万㎡，容纳居住人口3.7万人。现状公共设施用地约30公顷，总建筑面积约60万㎡，岗位人口估计约1.5万人，存在一定的岗位平衡。

轨道站点覆盖率略低，并且属于线路的起终点站和临近站，服务范围适当扩大，除了需满足步行、自行车等短距离衔接需求外，还应兼顾K&R、BRT等长距离需求。地铁28号线途经各片区在用地构成、出行需求特征、交通设施供给条件等方面均有一定差异，建议结合区域特点进行差异化的衔接设施供给策略。

四、车站衔接定位分析及设施概况

（一）重要廊道分析

1.轨道

（1）6号线、规划北线、17号线的客流，可在东大桥站换乘28号线；

（2）10号线、规划北线的客流，可在京广桥站换乘28号线；

（3）R4号线客流，可在光华路换乘28号线；

（4）1号线、14号线、R1线的客流，可在大望路站换乘28号线；

（5）7号线客流，可在大郊亭站换乘28号线。

2.快速公交廊道

（1）BRT2（朝阳路）：与28号线的东大桥站、京广桥站可实现换乘，但由于BRT2线和28号线的线路关系，两者换乘需求不大；

（2）BRT5（广渠路）：与28号线的大郊亭站、广渠路站可实现换乘。

3.小汽车廊道

广渠快速路：吸引一部分K&R客流，在28号线广渠路站换乘地铁。

4.常规公交廊道

（1）建国路：郎家园站（燕郊、大厂、三河开的线）：815快、815、816、817、818、930路等，在28号线的核心区站实现换乘；

（2）朝阳北路：京广桥站规划1处公交场站，将有一部分客流乘坐公交，在此站进行换乘；

（3）广渠路站：广渠路站规划1处公交场站，将有一部分客流乘坐公交，在此站进行换乘；

（4）北京东站：北京东站规划1处公交场站，将有一部分客流乘坐公交，在此站进行换乘。

（二）各车站衔接定位分析

本线路的交通衔接重点如下：

（1）以直接吸引范围内的步行、自行车的慢行方式衔接为主；

（2）同时兼顾主要交通廊道的常规公交、BRT、K&R等方式的中、长距离衔接需求（表4-7）。

各站衔接定位情况　　　　　　　　　　　　　　　表4-7

序号	车站	重要廊道	衔接方式	客流来源	衔接重点
1	东大桥站	—	步行、自行车	直接吸引范围内的客流	应考虑自行车设施的配置，考虑步行系统的完善
		朝阳路	BRT2	沿朝阳路东部客流	应考虑BRT车站与地铁车站的衔接是否便捷
2	京广桥站	—	步行、自行车	直接吸引范围内的客流	应考虑自行车设施的配置，考虑步行系统的完善
		朝阳路	BRT2	沿朝阳路东部客流	应考虑BRT车站与地铁车站的衔接是否便捷
		—	常规公交	—	应考虑该站常规公交的衔接需求
3	光华路站	—	步行、自行车	直接吸引范围内的客流	应考虑自行车设施的配置，考虑步行系统的完善
		—	常规公交	车站东北象限内有一处现状公交场站	应考虑该站常规公交的衔接需求
4	核心区站	—	步行、自行车	直接吸引范围内的客流	应考虑自行车设施的配置，考虑步行系统的完善
		建国路	常规公交	郎家园站（燕郊、大厂、三河开的线）：815快、815、816、817、818、930路等，在此站实现换乘	—
5	大望路站	—	步行、自行车	直接吸引范围内的客流	应考虑自行车设施的配置，考虑步行系统的完善
		建国路	常规公交	八王坟西站：647、666、667、668、812路等，在此站实现换乘	—

续表

序号	车站	重要廊道	衔接方式	客流来源	衔接重点
6	北京东站	—	步行	对外枢纽与地铁之间的换乘	考虑与北京东站枢纽的一体化设计
		—	自行车	直接吸引范围内的客流	应考虑自行车设施的配置
7	大郊亭站	—	步行、自行车	直接吸引范围内的客流	应考虑自行车设施的配置，考虑步行系统的完善
		BRT5（广渠路）	BRT	沿广渠路东部客流	应考虑BRT车站与地铁车站的衔接是否便捷
8	广渠路	—	步行、自行车	直接吸引范围内的客流	应考虑自行车设施的配置，考虑步行系统的完善
		BRT5（广渠路）	BRT	沿广渠路东部客流	应考虑BRT车站与地铁车站的衔接是否便捷
		广渠路	K&R	吸引一部分K&R客流，在广渠路站换乘	考虑在该站设置临时停车位（K&R）
		—	常规公交	—	应考虑该站常规公交的衔接需求
9	广渠东路	—	步行、自行车	直接吸引范围内的客流	应考虑自行车设施的配置，考虑步行系统的完善
		—	常规公交	小海子（11、23、35、455路）	考虑优化公交车站与地铁换乘的便捷性

（三）28号线全线交通衔接设施概况

交通衔接主要考虑步行、公交、自行车、出租车和小汽车衔接，自行车和小汽车涉及停车场地，需要用地协调或控制。

1. 步行衔接

步行是所有车站优先考虑的衔接方式。根据衔接客流流线，结合道路实现和改造，通过集散广场、过街设施和步行道等提高连续、安全、舒适的步行系统，结合车站施工应同步修建过街设施，方便过街和打破阻隔，减少行人绕行。

对于交通枢纽的步行系统设计，应突出"以人为本"的规划理念。

2. 自行车衔接

在所有车站均考虑自行车停车场的设置，充分考虑共享单车的停车需求。外围车站吸引范围进一步增大，根据衔接客流需求，应提供充足的停车设施。

3. 公交衔接

全部车站考虑公交接驳：站台新增，距离优化，有条件设置公交港湾。

京广桥站东北侧规划公交场站BS222、北京东站规划公交场站、广渠路站东南侧规划公交场站的建议随规划逐步实现。

4. BRT衔接

在东大桥站、京广桥站考虑BRT2的衔接需求。在大郊亭站、广渠路站，考虑BRT5的衔接需求。

5. 小汽车衔接

考虑结合小汽车廊道广渠快速路，在广渠路站设置临时停车位（K&R）。

6. 出租车衔接

对于出租车衔接，各站视情况设置出租车停车位。

根据本线路车站在城市交通网络中的位置及其在轨道交通线网中的作用，将车站分为综合交通枢纽、换乘中心站、普通站三类。综合交通枢纽为各种交通接驳方式提供一定规模的停车换乘场地；换乘中心站为两条及两条以上轨道交通换乘车站或设置一定规模公交停车场的车站；普通站与地面公交接驳采用公交港湾或岛式形式。

各车站衔接设施配置情况见表4-8。

各车站衔接设施配置　　　　　　　　　　　　　　　　表4-8

编号	站名	车站分类	BRT	普通公交		自行车	出租车	K&R
				首末站	停靠站			
1	东大桥站	换乘中心站	★		★	★	★	
2	京广桥站	换乘中心站	★	★	★	★		
3	大望路站	换乘中心站			★	★		
4	北京东站	综合交通枢纽		★	★	★		
5	大郊亭站	换乘中心站	★		★	★		
6	广渠路站	一般站	★	★	★	★	★	★
7	广渠东路站	一般站		★	★	★	★	

五、典型站点案例分析

交通衔接设施方案结合本站周边用地性质和客流特性，本站主要考虑交通衔接应当达到各行其道、通行有序，优化人行过街系统，地面附属可采用下沉广场进行消隐，利用浅层地下空间解决人行过街，借力地铁建设实施，优化该区域人行过街环境。

（一）东大桥站

1.车站站位及周边环境

（1）站位

东大桥站位于朝阳门外大街与东大桥路、工人体育馆东路、关东店北街五岔路口处，车站主体位于东大桥路东侧，沿朝阳门外大街大致呈东西向设置。与既有6号线、在建17号线以及同期规划22号线（平谷线）形成四线换乘。

考虑该区域城市功能提升和环境改善需求明显，因此，以轨道交通建设为契机，为实现轨道交通换乘、改善城市道路交通条件、公交无缝接驳、构建地下空间网络、塑造城市形象的目标，本站进行站点一体化设计。

（2）用地情况

车站北侧为道路交叉口三角地，该用地内现有6号线项目部用房（临建）、既有6号线风亭、出入口、无障碍出入口、安全出口等既有线附属设施。站位北侧有春平广场，南侧为东大桥东里小区，西侧为蓝岛大厦，东侧为中石化加油站及国安宾馆。

（3）道路交通

东大桥站紧邻朝外大街、关东店北街、东大桥路、工体东路形成的五岔路口，路口交通量大，交通负荷度高，交通拥堵现象较严重，且过街客流量较大，人车混行现象较严重。现状道路交叉口西侧朝外大街为双向6车道2条非机动车道，交叉口东侧朝外大街为单向4车道1条非机动车道。车站周边规划道路尚未实现，应结合车站一体化设计进行合理规划，确定道路红线。

（4）既有线和在建线路概况

1）既有6号线东大桥站

既有6号线车站位于关东店北街道路下方，东西向布置，主体暗挖，主体标准段采用双层三联拱结构和单层三联拱结构，地下一层为站厅层，地下二层为站台层，站台宽度为13m，有效站台长度为158m，轨面埋深20.95m，总建筑面积16317m²，车站未预留换乘接口条件。车站现状共有4个出入口：1号出入口（西北口）位于工体东路东侧，2号出入口（东北口）位于朝阳北路北侧，3a号出入口位于道路交叉口中央三角地内，3b出入口位于朝外大街南侧绿地内。本站设两组风亭，均位于道路交叉口中央三角地内。

2）在建17号线东大桥站

17号线为本轮建设规划中线路，本站目前正在建设，车站位于工体东路下方，南北向跨路口设置，车站为地下二层暗挖站，受既有6号线区间控制，采用端厅形式，地下一层为站厅层，地下二层为站台层，站台宽度为15m，有效站台长度为186m，轨面埋深31.8m。车站规划设计4个出入口：其中A口西北口位于工体东路西侧，B口东北口位于工体东路东侧，C口东南口位于朝外大街南侧，D口西南口位于东大桥路西侧蓝岛大厦东侧，预留与蓝岛大厦地下室接口。

2.客流特性

本站位于城市中心区，且为换乘站，客流较大。车站客流的接驳方式以步行和公交为主，客流量见表4-9。

远期东大桥站早高峰小时预测客流表（单位：人次/h）　　表4-9

北向南			站名	南向北		
下车	断面流量	上车		上车	断面流量	下车
1024	6489	13686	东大桥站	892	5224	3012

3.交通衔接设施方案

考虑该区域城市功能提升和环境改善需求明显，因此，以轨道交通建设为契机，为实现轨道交通换乘、改善城市道路交通条件、实现公交无缝接驳、构建地下空间网络、塑造城市形象的目标，本站进行站点一体化设计，具体详见章节"站点一体化"。

本站的交通衔接设施以步行系统、公交停靠站、自行车停车场为主（图4-22）。

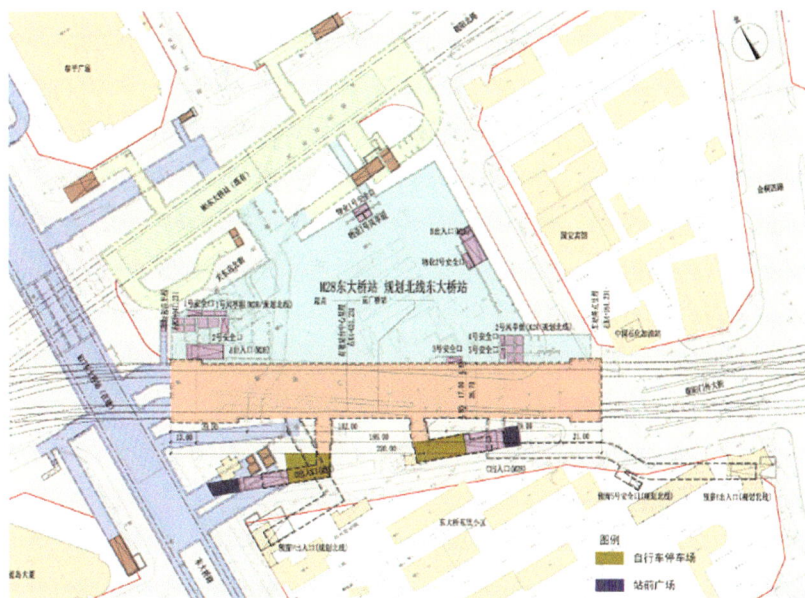

图4-22　东大桥站交通接驳平面布置图

6号线出入口已建自行车停车场等接驳设施，此处只考虑本线新增出入口的接驳，根据相关交通规范计算方法，得出如下设置数据：该站地面配套设施永久占地总面积约816m²，其中站前广场面积约175m²，自行车停车场面积约250m²。

（二）大郊亭站

1. 车站站位及周边环境

（1）站位

大郊亭站位于东四环中路与广渠路交叉口西南角地块内，呈东西向布置。

（2）用地情况

站位周边主要规划为居住用地、城市绿地及商住混合用地。路口西北象限为高层办公、住宅建筑，包括金茂府写字楼、广渠路23号院、公共绿地；东北象限为低层商业建筑与高层住宅建筑，包括金海国际社区等；西南象限为大郊亭村，有低层住宅、百盛购物中心；东南象限为低层商业、住宅建筑，包括高碑店东社区、商务酒店等。

（3）道路交通

东四环中路规划道路红线宽度为120m，道路已基本实现规划。广渠路规划道路宽度为60m，已基本实现规划。

2. 客流特性

本站位于城市中心区，车站主要服务周边地块的居住、办公和商业客流。车站客流的接驳方式以步行、自行车和公交为主，客流量见表4-10。

远期大郊亭站早高峰小时预测客流表（人次/h）　　　　　表4-10

北向南			站名	南向北		
下车	断面流量	上车		上车	断面流量	下车
2566	3134	223	大郊亭站	8237	3043	493

3. 交通衔接设施方案

结合本站周边用地性质和客流特性，本站主要考虑交通衔接应当达到各行其道、通行有序，优化人行过街系统，改善车站周边交通环境，借力地铁建设实施，优化该区域人行过街环境。

本站的交通衔接设施以步行系统、公交停靠站、自行车停车场为主（图4-23）。根据相关交通规范计算方法，得出如下设置数据：该站地面配套设施永久占地总面积约728m²，其中站前广场面积约238m²，自行车停车场面积约350m²。

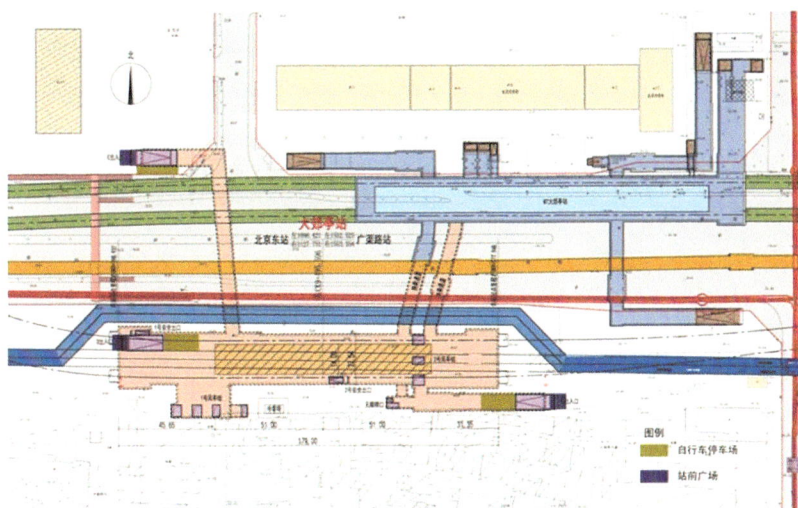

图4-23　大郊亭站交通接驳平面布置图

（三）广渠路站

1.车站站位及周边环境

（1）站位

北京轨道交通28号线广渠路站位于广渠路与化二路交叉口，车站沿广渠路敷设。路口西北象限为百子湾西里和中水电国际大厦，东北象限为百子湾东里；西南象限为世东国际高层建筑；东南象限为空地和广华新城居住区在建项目。

（2）用地情况

广渠路道路红线宽度为60m，已实现规划。广渠路南侧化二路道路红线宽45m，已实现规划。广渠路北侧路尚未实现规划。本站周边区域主要规划为住宅用地、商业用地。车站周围500m主要为广华新城居住区、百子湾东里居住区，金泰国际大厦、世东国际等综合楼商业建筑。

（3）道路交通

南北向：化二路道路红线宽度为45m，双向6车道，目前车流量不大。广渠路北侧尚未实现规划。

东西向：广渠路道路红线宽度为60m，桥上双向6车道，桥下双向8车道，目前车流量较大。

2.客流特性

本站位于城市中心区，车站主要服务周边地块的居住、办公和商业客流。车站客流的接驳方式以步行、自行车和公交为主，客流量见表4-11。

193

远期广渠路站早高峰小时预测客流表（人次/h）　　表4-11

北向南			站名	南向北		
下车	断面流量	上车		上车	断面流量	下车
631	791	184	广渠路站	1478	1645	80

3.交通衔接设施方案

结合本站周边用地性质和客流特性，本站主要考虑交通衔接应当达到各行其道、通行有序，优化人行过街系统，改善车站周边交通环境，借力地铁建设实施，优化该区域人行过街环境。

本站的交通衔接设施以步行系统、公交停靠站、自行车停车场为主（图4-24）。根据相关交通规范计算方法，得出如下设置数据：该站地面配套设施永久占地总面积约908m²，其中站前广场面积约434m²，自行车停车场面积约600m²。

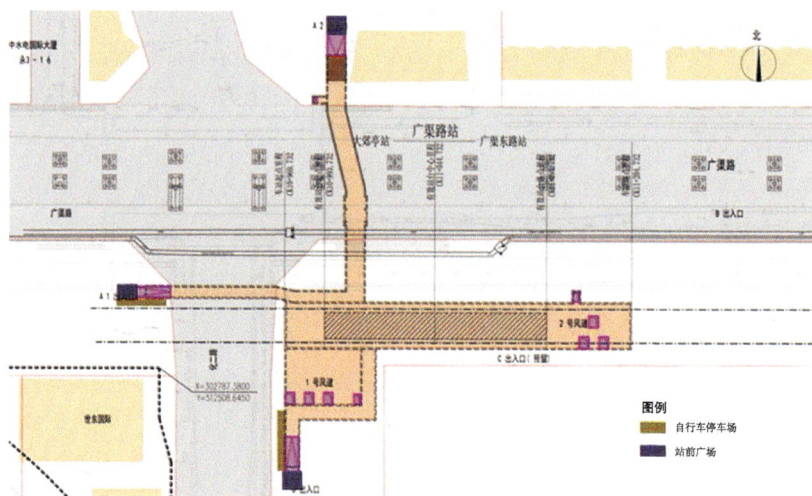

图4-24　广渠路站交通接驳平面布置图

第五章　　车站内公共艺术
概念设计

第一节 综 述

■ 一、设计内容

引习近平总书记的话："当前中国处于近代以来最好的发展时期,世界处于百年未有之大变局,两者同步交织、相互激荡。"站在世界的宏观背景之下来看,不管是国外发达国家还是国内新开通地铁的城市,如今全球每个城市都在把文化影响力作为城市建设的一个大的方向,即都在大力开展文化、历史、人文的建设,在这种背景之下,轨道交通空间已变成一个建设城市文化、传递城市精神的重要阵地,也成为每个城市建设自己文化影响力的表达载体。

从公共艺术设置、公共艺术设计和管理等方面提出明确的方向和原则,以文化为内容、艺术为表现,以地下轨道交通空间公共艺术为载体,将城市文化精髓视觉形象化,打造一条条流动的艺术长廊,讲述北京故事、传播北京文化、展现北京精神、彰显北京特色,在这座兼具历史厚重和时代活力的城市中,打造最天然、最平等、最高效的文化艺术传播渠道。

北京《2015—2021轨道交通全网公共艺术品概念规划设计》高屋建瓴,以前所未有的新思路、新方法构建最具蓬勃生命力的地下轨道交通公共空间文化生态系统,通过联系城市特征元素,促成城市多元素之间的相互影响和共同发展,实现文化艺术对于北京城市地下轨道交通事业的推动作用。

■ 二、设计原则

总体性原则:通过上下呼应、前后对比、左右比较、全网统筹的概念思路,深入贯彻轨道交通作为文化载体建设的实施方法。

总体设计导则:适用、经济、绿色、美观、安全。标准中有特色、特色中有规律、规律中有创新、创新中有传承。

设计通则：地铁车站空间设计应与北京市城市整体规划相符合，尊重城市文脉和城市发展，在满足地铁功能性的前提下，把握好"空间、公共艺术、导向系统、共性设施"四者之间的关系，空间设计提早与建筑专业相互配合。

简约原则：应提倡简约风格，注重经济性和造价控制，注重车站空间整体大气的概念，车站主题的特征表述应简约、精炼。

三、发展现状

国外城市的经济发展与地铁建设和公共艺术的发展密不可分，在城市化进程加快、人口增多的时期，地铁建设也加快了步伐，同步缓解城市所带来的地面交通压力，地铁站内公共艺术形式也更多元化；在人口增长、社会发展稳定的情况下，地铁建设也随之稳定发展，以少量增补的形式继续完善路网（图5-1）。

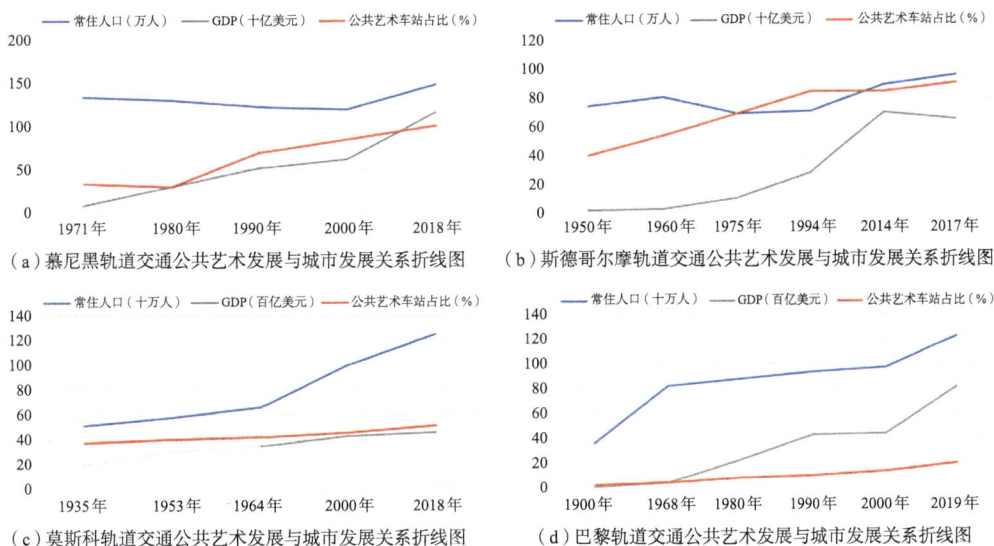

（a）慕尼黑轨道交通公共艺术发展与城市发展关系折线图　　（b）斯德哥尔摩轨道交通公共艺术发展与城市发展关系折线图

（c）莫斯科轨道交通公共艺术发展与城市发展关系折线图　　（d）巴黎轨道交通公共艺术发展与城市发展关系折线图

图5-1　国外轨道交通公共艺术发展与城市发展关系折线图

国内城市的政策影响、城市经济发展、人口数目与地铁的发展以及公共艺术的发展密不可分，经济的发展带动了轨道交通的建设，进而影响了轨道交通公共艺术的发展。总体来说是相辅相成的，每个城市都呈现出正比关系，公共艺术车站数目都呈现上升的发展趋势（图5-2）。

在外国众多国家中，绝大多数经济较发达的地区都对公共艺术的建设十分关注，都对地域文化特色进行充分的挖掘，展现城市文化。国外地铁公共艺术的设计形式从传统的二维空间壁画墙等方式逐渐向三维雕塑、空间、站内设施艺术化的方向发

（a）上海轨道交通公共艺术发展与城市发展关系折线图

（b）深圳轨道交通公共艺术发展与城市发展关系折线图

（c）长春轨道交通公共艺术发展与城市发展关系折线图

（d）西安轨道交通公共艺术发展与城市发展关系折线图

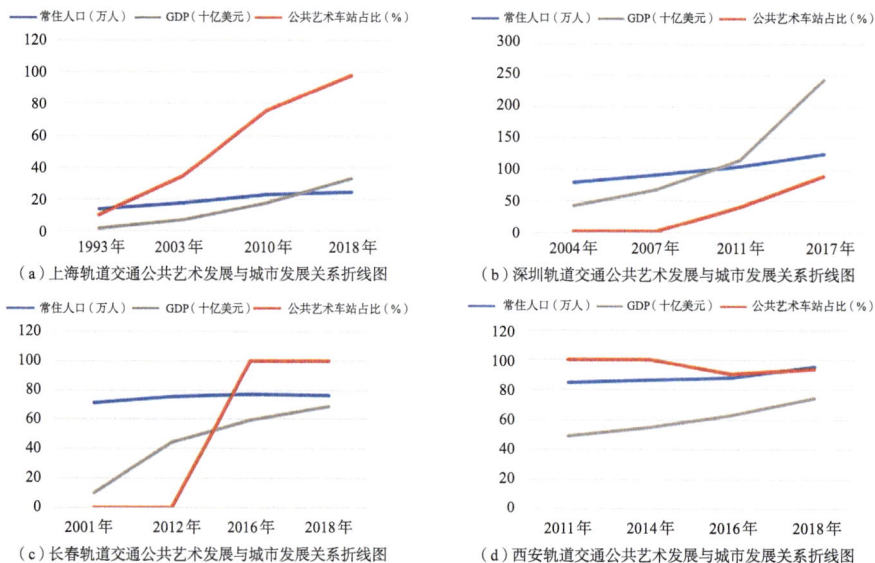

图5-2　国内轨道交通公共艺术发展与城市发展关系折线图

展，除固定的公共艺术作品之外，还有一些非永久性设置的艺术作品出现（图5-3）。

从国内城市轨道交通站内空间调研看，很多城市已经认知到轨道交通作为文化载体的重要性，通过公共艺术的手法打造车站，浮雕墙、插画、文化站墙、艺术灯箱、一体化设计空间等二维、三维艺术形式多样，通过多元化艺术手法体现城市形象。但是有些城市并没有提前做好城市文化规划、城市文化主题载体的前期导读和分析，从而导致公共艺术站点呈井喷式发展趋势，以非常饱满的形式出现在公众面前，其效果也是良莠不一。

年代 \ 艺术形式	平面类	空间类	装置类
1971—1979			
1980—1989			
1990—1999			
2000至今			

（a）慕尼黑轨道交通艺术作品

图5-3　国外轨道交通艺术作品示意图

年代 ＼ 艺术形式	平面类	空间类	装置类
1863—1927			
1928—1938			
1939—1945			
1946—1970			
1971—2000			
2000至今			

（b）伦敦轨道交通艺术作品

年代 ＼ 艺术形式	平面类	空间类	装置类
1950—1959		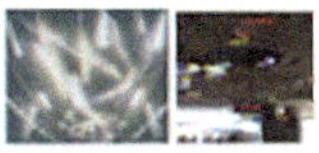	
1960—1974			
1975			
1976—2013			

（c）斯德哥尔摩轨道交通艺术作品

年代 ＼ 艺术形式	平面类	空间类	装置类
1935—1953			
1954—1964			
1965—1982			
1983—1991			
1992至今			

（d）莫斯科轨道交通艺术作品

图5-3　国外轨道交通艺术作品示意图（续）

199

第二节 艺术题材构思

■ 一、概念构思

（一）依据

1.空间结构规划

一核：首都功能核心区。一主：中心城区。一副：北京城市副中心（原通州新城规划建设区）。两轴：中轴线及其延长线为传统中轴线及其南北向延伸，传统中轴线南起永定门北至钟鼓楼，向北延伸至燕山山脉，向南延伸至北京新机场、永定河水系；长安街及其延长线为以天安门广场为中心东西向延伸，向西延伸至首钢地区、永定河水系、西山山脉，向东延伸至北京城市副中心和北运河、潮白河水系（图5-4）。

2.老城传统空间格局保护

传统中轴线：结合申遗工作，加强钟鼓楼、玉河、景山、天桥等重点地区综合整治，保护中轴线传统风貌特色。明清北京城"凸"字形城廓：优化完善城墙旧址沿线绿地系统；凸显宫城、皇城、内城、外城四重城廓构成的独特格局；采取遗址保护、标识或意象性展示等多种方式，保护和展现重要历史文化节点；依托德胜门箭楼、古观象台、内城东南角楼、外城东南角楼、明城墙遗址等若干重要节点。

北京皇城保护规划：以故宫为核心，以皇家宫殿、衙署、坛庙建筑群、皇家园林为主体，以四合院为衬托的历史风貌、规划布局、建筑风格。

恢复历史河湖水系：保护和恢复重要历史水系，形成"六海映日月、八水绕京华"的宜人景观，为市民提供有历史感和文化魅力的滨水开敞空间（图5-5）。

3.核心区空间结构规划

优化空间布局，推进功能重组。突出两轴政治、文化功能，加强老城整体保护，重塑首都独有的壮美空间秩序，再现世界古都城市规划建设的无比杰作。继承发展传统城市中轴线和长安街形成的两轴格局，展现大国首都形象和中华文化魅力。推动老城整体保护与复兴，建设承载中华优秀传统文化的代表地区。以各类重点文物、文化设施、重要历史场所为带动点，以街道、水系、绿地和文化探访路为纽带，以历史文化街区等成片资源为依托，打造文化景观网络系统。使老城成为保

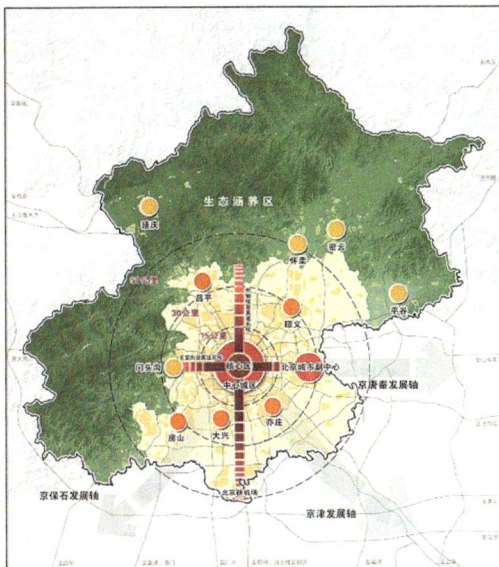

图5-4 市域空间结构规划图

图5-5 老城传统空间格局保护图

有古都风貌、弘扬传统文化、具有一流文明风尚的世界级文化典范地区。依托德胜门箭楼、古观象台、内城东南角楼、外城东南角楼、明城墙遗址等若干重要节点，完善绿地体系，建设城墙遗址公园环，形成展示历史人文遗迹和现代化首都风貌的文化景观环线（图5-6）。

4.文化中心空间布局

古今同辉的人文城市：深入挖掘、保护与传承以大运河为重点的历史文化资源，对路县故城（西汉）、通州古城（北齐）、张家湾古镇（明嘉靖）进行整体保护和利用，改造恢复玉带河约7.5km古河道及古码头等历史遗迹。三条文化带：大运河文化带以元明清时期京杭大运河为保护重点，以元代白浮泉引水沿线、通惠河、坝河和白河（今北运河）为保护主线；长城文化带展现长城作为拱卫都城重要军事防御系统的历史文化；西山永定河文化带依托三山五园地区、八大处地区、永定河沿岸、大房山地区等历史文化资源密集地区，加强琉璃河等大遗址保护，修复永定河生态功能，恢复重要文化景观，整理商道、香道、铁路等历史古道，形成文化线路（图5-7）。

5.历史文化名城保护结构

完善历史文化名城保护体系，以更开阔的视角不断挖掘历史文化内涵，扩大保护对象，构建历史文化名城保护体系。四个空间层次：加强老城、中心城区、市域和京津冀四个空间层次的历史文化名城保护。两大重点区域：加强老城和三山

图5-6 核心区空间格局规划图

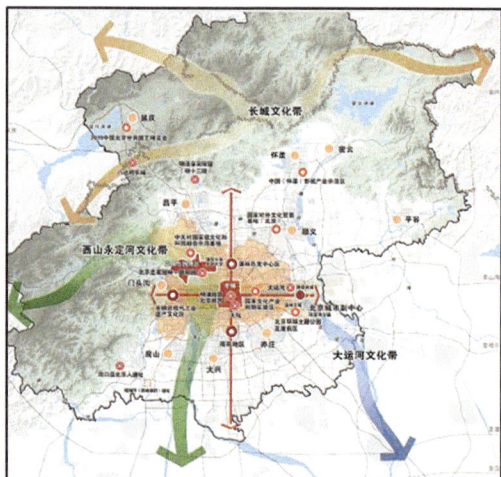

图5-7 文化中心空间布局保障示意图

五园地区两大重点区域的整体保护。三条文化带：推进大运河文化带、长城文化带、西山永定河文化带的保护利用。加强世界遗产和文物、历史建筑和工业遗产、历史文化街区和特色地区、名镇名村和传统村落、风景名胜区、历史河湖水系和水文化遗产、山水格局和城址遗存、古树名木、非物质文化遗产九个方面的文化遗产保护传承（图5-8）。

6.特色风貌分区

进行特色风貌分区：中心城区形成古都风貌区、风貌控制区、风貌引导区三类风貌区。古都风貌区：二环路以内，实行最为严格的建筑风貌管控，严格控制区域内建筑高度、体量、色彩与第五立面等各项要素，逐步拆除或改造与古都风貌不协调的建筑，实现对老城风貌格局的整体保护。风貌控制区：二环路与三环路之间，按照与古都风貌协调呼应的要求，细化区域内对建筑高度、体量、立面的管控要求，加强对传统建筑文化内涵的现代表达。风貌引导区：三环路以外，处理好继承和发展的关系，充分吸收传统建筑元素，鼓励采用现代建筑设计手法与材料，展现具有创新精神的时代特征和首都特色（图5-9）。

7.科技创新中心空间布局

三城一区：优化科技创新布局，重点发展节能环保、集成电路、新能源等高精尖产业，打造以亦庄、顺义为重点的首都创新驱动发展前沿阵地。

8.中心城区功能分区

北部：继续完善以奥林匹克中心区为重点的国家体育、文化功能。东部：以北京城市副中心为载体传承大运河文化，建设服务全市人民的文化设施集群。西

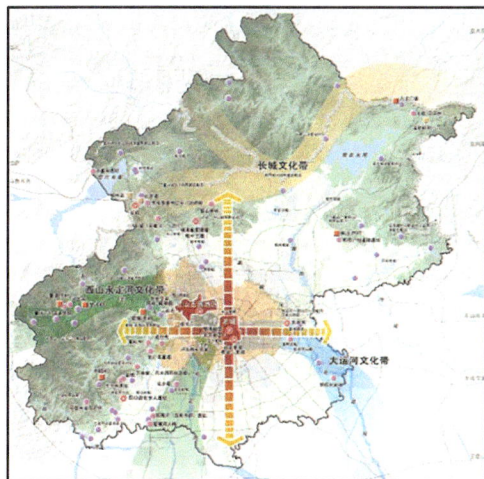

图5-8 市域历史文化名城保护结构规划图

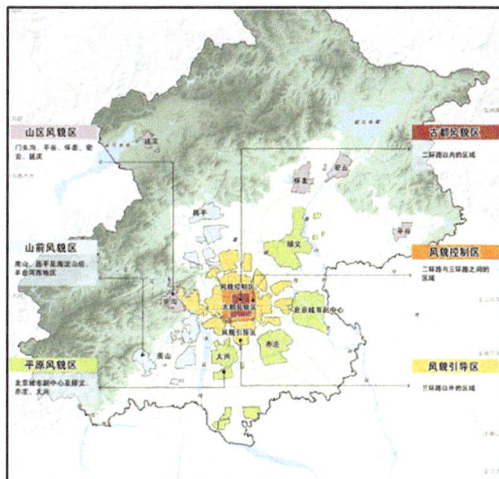

图5-9 市域风貌分区示意图

部：重点建设首钢近现代工业遗产文化区。南部：通过南苑地区改造预留发展用地，未来塑造首都文化新地标（图5-10）。

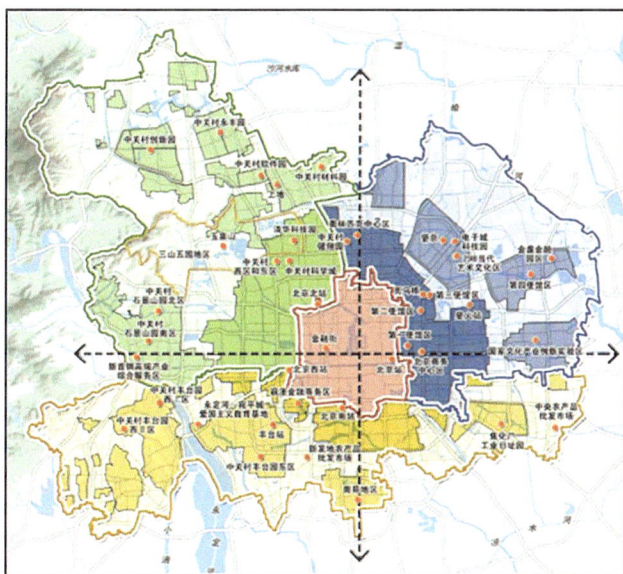

图5-10 中心城区功能分区示意图

9.城市空间布局

北京商务中心区是国际金融功能和现代服务业集聚地，是首都现代化和国际化大都市风貌的集中展现区域。应构建产业协同发展体系，加强信息化基础设施建设，提供国际水准的公共服务。

金融街集中了国家金融政策、货币政策的管理部门和监管机构，集聚了大量金融机构总部，是国家金融管理中心。应促进金融街发展与历史文化名城保护、城市功能提升的有机结合，完善商务、生活、文化等配套服务设施，增强区域高端金融要素资源承载力。加强对金融街周边疏解腾退空间资源的有效配置，进一步优化聚集金融功能。

中关村西区和东区：中关村西区是科技金融、智能硬件、知识产权服务业等高精尖产业重要集聚区，应建设成为科技金融机构集聚中心，形成科技金融创新体系；中关村东区应统筹利用中国科学院空间和创新资源，建成高端创新要素集聚区和知识创新引领区。

奥林匹克中心区是集体育、文化、会议会展、旅游、科技、商务于一体的现代体育文化中心区。应突出国际交往、体育休闲、文化交流等功能，提高国家会议中心服务接待能力，提升中国（北京）国际服务贸易交易会等品牌活动的影响力，促进多元业态融合发展。

10.文化遗产类

保护和恢复老字号等文化资源，积极发掘、整理、恢复和保护各类非物质文化遗产，保护和传承传统：地名、戏曲、音乐、书画、服饰、技艺、医药、饮食、庙会等，加强老字号原址、原貌保护。开展口述史、民俗、文化典籍的整理、出版、阐释工作，讲好文化遗产背后的故事，活化文化遗产。保护1000余条现存胡同及胡同名称，实施胡同微空间改善计划，提供更多可休憩、可交往、有文化内涵的公共空间，恢复具有老北京味的街巷胡同，发展街巷文化。保护北京特有的胡同—四合院传统建筑形态。加强宫廷音乐、古镇文化民俗文化的保护。保护老城原有棋盘式道路网骨架和街巷胡同格局，保护传统地名。将13片具有突出历史和文化价值的重点地段作为文化精华区，强化文化展示与传承。进一步挖掘有文化底蕴、有活力的历史场所，重新唤起对老北京的文化记忆，保持历史文化街区的生活延续性。

11.13片文化精华区

什刹海—南锣鼓巷文化精华区、雍和宫—国子监文化精华区、张自忠路北—新太仓文化精华区、张自忠路南—东四三至八条文化精华区、东四南文化精华区、白塔寺—西四文化精华区、皇城文化精华区、天安门广场文化精华区、东交民巷文化精华区、南闹市口文化精华区、琉璃厂—大栅栏—前门东文化精华区、宣西—法源寺文化精华区、天坛—先农坛文化精华区（表5-1）。

北京新总规题材梳理一览 表5-1

历史资源 文化类	城墙旧址	德胜门箭楼、古观象台、内城东南角楼、外城东南角楼、明城墙遗址等		
	皇城保护规划	故宫、皇家宫殿、坛庙建筑群、皇家园林、四合院		
	大运河历史文化资源	玉带河约7.5km古河道及古码头等历史遗迹		
	文化带	大运河文化带、长城文化带、西山永定河文化带		
	三山五园	香山、玉泉山、万寿山/静宜园、静明园、颐和园、圆明园、畅春园		
	历史古道	商道、香道、铁路等/京西古道		
	世界遗产（7处）	长城、北京故宫、周口店北京人遗址、颐和园、天坛、明十三陵、大运河		
	九坛	社稷坛、祈谷坛、圜丘坛、方泽坛、朝日坛、夕月坛、先农神坛、太岁坛、先蚕坛		
	八庙	太庙、奉先殿、传心殿、寿皇殿、雍和宫、堂子、历代帝王庙、孔庙		
	13片文化精华区	什刹海—南锣鼓巷文化精华区、雍和宫—国子监文化精华区、张自忠路北—新太仓文化精华区、张自忠路南—东四三至八条文化精华区、东四南文化精华区、白塔寺—西四文化精华区、皇城文化精华区、天安门广场文化精华区、东交民巷文化精华区、南闹市口文化精华区、琉璃厂—大栅栏—前门东文化精华区、宣西—法源寺文化精华区、天坛—先农坛文化精华区		
地理 资源类	重要历史河湖水系 （六海八水）	北海、中海、南海、西海、后海、什刹海/通惠河（含玉河）、北护城河、南护城河、筒子河、金水河、前三门护城河、长河、莲花河/雁栖湖		
	公园	奥林匹克森林公园/北部森林公园/南海子公园，团河行宫/房山世界地质公园		
	山	古北口—雾灵山/西山山脉/房山/景山/香山/玉泉山/万寿山		
	旅游度假资源	古都文化游/长城体验游/皇家宫苑游/卢沟桥—宛平城抗战文化游/现代文化游		
	市域绿色空间体系 （三环）	一道绿隔城市公园环、二道绿隔郊野公园环、三环首都森林湿地公园环		
	五河	永定河、潮白河、北运河、拒马河、沟河为主构成的河湖水系		
	古树名木	—		
民俗 文化类	宫廷音乐	科技创新类		中关村科学城
	书画			怀柔科学城
	街巷文化			未来科学城
	服装			—
	技艺			—
	医药			—

续表

民俗文化类	饮食	科技创新类	—
	庙会		—
	老字号文化资源整理		—
	口述史，民俗		—
	文化典籍		—
	现存胡同及胡同名称		—
创意文化类	国家文化产业创新实验区	商务金融类	丽泽金融商务区
	国家对外文化贸易基地（北京）		金融街
	中国（怀柔）影视产业示范区		北京中心商务区
	2019中国北京世界园艺博览会		机场临空经济区
	北京环球主题公园及度假区		首都国际机场临空经济区
	高教园区		—
	首钢工业园区		—
	后工业文化体育创意基地		—

（二）优化

经过对上述设计依据文件的梳理，同时结合调研形成《北京轨道交通文化地图》，依附于北京新总规和北京未来的发展趋势，具有明显的特征性与排他性，形成只为北京轨道交通线网公共艺术概念服务的工作基础（图5-11）。

（三）叠加

将新的北京城市总体规划与线网面域叠加，根据文化空间布局以及城市结构布局，从城市规划层面优化、整合总网文化面域。经优化整合，新的总网面域由23个特征区构成（图5-12）。

根据面域的特征确定站内装修及公共艺术主题，并对该线站点公共艺术总体风格提出建议。新建线：根据面域特征重新定义概念；延长线：尊重已有线路概念，根据面域特征优化。

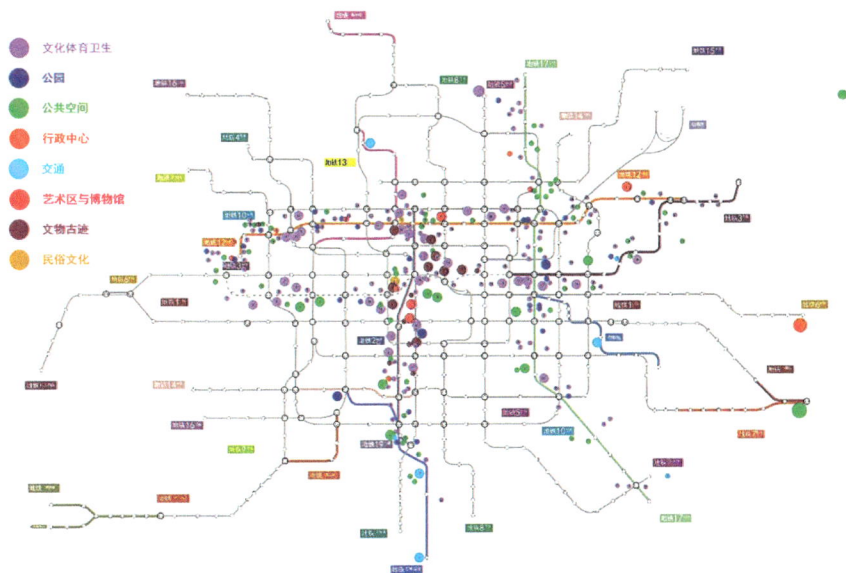

图5-11 北京轨道交通文化地图

1、长安街国家文化发展轴
2、北京传统中轴（整）
3、古城墙城门带
4、北京传统文化区（整）
5、古城商业文化区（整）
6、城南传统文化区（整）
7、北京城市副中心（新）
8、环球主题公园及度假区（新）
9、新机场—雄安融合区（新）
10、国家对外文化贸易基地（新）
11、海淀文教区（整）
12、三山五园片区（整）
13、国家级文化科技融合区（新）
14、未来科学城（新）
15、望京商住区
16、国际交往区
17、国际艺术综合区（新）
18、北京商务中心区
19、国家文化产业创新实验区（新）
20、丽泽商务区
21、大运河文化带（新）
22、西山永定河文化带（新）
23、北京经济技术开发区（新）

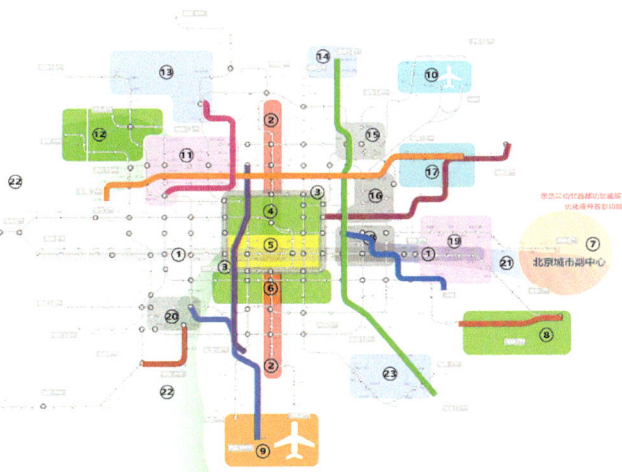

图5-12 北京轨道交通文化面域分布图

二、题材制定

（一）空间结构规划原则

各线路应根据各自的功能、地理位置特点，以及在全网中的定位保持差异性和可识别性，并通过城市轨道交通站点的公共艺术题材反映所处区域的历史、文化、经济、自然环境等特点，实现"一线一主题"。

一核：首都功能核心区以历史文化、老城整体保护复兴、两轴政治、文化功能、绿色景观为主，展示一流文化风尚的世界级文化典范、中华优秀传统文化发展，再现世界古都城市规划建设的魅力。

一主：中心城区以与古都风貌协调呼应的要求，以传统文化保护与现代文化结合处理为主，展现传统文化内涵的现代表达。

一副：北京城市副中心（原通州新城规划建设区），北京城市副中心运河商务区和文化旅游区、新首钢高端产业综合服务区、丽泽金融商务区、南苑—大红门地区等有发展潜力的功能区节点，公共艺术创作题材应重点着眼于未来发展，展现现代服务业发展的新形象。

两轴：长安街及其延长线以国家行政、军事管理、文化、国际交往功能为主，体现庄严、沉稳、厚重、大气的形象气质。中轴线及其延长线以传统文化、绿色自然、科技文化为主，体现稳健、活力、现代的发展方向。

（二）分级处理原则

标准站（为线路服务）：此类站点是全网结构体系中的基础，数量最多。它的公共艺术题材创作应符合所在线路的总体风格，并突出经济性。

重点站：分为线文化重点站和全网文化重点站。

线文化重点站（为该站点服务）：可以被认为是标准站的升级版，公共艺术题材创作应根据此站的区域发展特征作重点提取，适当增加题材的艺术性等。

全网文化重点站（为区域服务）：公共艺术题材创作应该根据车站所在城市区域内的具体环境因素而提取。文化性、艺术性、历史性和社会性是此类站点公共艺术题材的提取点，应做到地上城市节点与地下车站空间公共艺术主题的彼此呼应。

（三）叠加原则

应该根据站点的分级，提取与城市轨道交通站点环境发展特征，如文化性特征、经济性特征、地理性特征等，并在基本空间结构规划原则的基础上形成不同的搭配和叠加组合，完成站点从简单到复杂、从一致到特殊的题材制定原则。主要适用于各线的文化重点站；在一定条件下也适用于重点站和标准站之间的过渡站点。

对于特征区中的各条线路的重点站，站内公共艺术题材不能只关注本站点周边环境的元素提取，而更应该从整个区域的范围着眼，提取反映区域整体性格和属性的题材点。公共艺术是体现重点站及其周边城市文化的重要手段，特别是位于北京市重要艺术区、文物古迹和博物馆的站点应优先考虑利用艺术珍品反映区域文化的手法。例如：

古都风貌区＋金融街：二环内的古都风貌区叠加北京西城金融街的空间节点区域，集聚了大量金融机构总部，是国家金融管理中心。该区域城市轨道交通公共艺术题材选区应围绕着金融街发展与历史文化名城保护、城市功能的有机结合为主题，展现区域金融资源与传统文化承载力的空间特殊性。

风貌控制区＋商务中心区：二环路与三环路之间的风貌控制区叠加北京商务中心区，这里作为国际金融功能和现代服务业集聚地，公共艺术题材创作应以传统文化为前提，着重展现首都国际交往态度、现代化和国际化大都市风貌。

首钢工业文化＋冬奥体育文化区：首钢传统工业绿色转型升级为新首钢高端产业综合服务区，是后工业文化体育创意基地。该区域城市轨道交通公共艺术主题以老工业遗存保护利用、国家体育产业文化为主，展现首钢工业文化发展以及冬奥体育文化特色。

风貌引导区＋中关村西区和东区：三环外传统风貌引导区内的中关村西区是科技金融、智能硬件、知识产权服务业等高精尖产业重要集聚区；中关村东区为高端创新要素集聚区和知识创新引领区。该区域城市轨道交通站内公共艺术创作应充分吸收传统元素，结合现代艺术手法，展现科技金融创新的时代特征和首都特色。

风貌控制区＋丽泽金融商务区：丽泽金融商务区处于二环与三环之间古都风貌控制区，是新兴金融产业集聚区、首都金融改革试验区。重点发展互联网金融、数字金融、金融信息、金融中介、金融文化等新兴业态。该区域城市轨道交通公共艺术题材制定应采取叠加原则，以传统文化与金融科技商务元素相结合，展现智慧型时代特征。

大运河文化带＋北京城市副中心商务区和文化旅游区：北京大运河文化带内的商务区是承载中心城区商务功能疏解的重要载体，建成以金融创新、互联网产业为重点的综合功能片区，集中承载服务京津冀协同发展的金融功能；文化旅游区以北京环球主题公园及度假区为主，重点发展文化创意、旅游服务等产业，因此该站域公共艺术题材选取可叠加运河和区域发展特征为主要题材，侧重展现该地区的创新科技、休闲娱乐文化、大运河文化的首都风貌。

（四）协调处理原则

1.多线路通过站点题材制定协调原则

本原则主要是针对特征区内站点的题材制定。在这些区域内有多条线路通过，它们虽然分属不同的线路，但都受到此区的城市经济、历史、文化、社会等因素的影响。所以，对于特征区内的站点应该打破不同线路的屏蔽，把位于同一区内的不同线路站点归纳为一个"群"。必须集中考虑，彼此协调，求同存异，在多样性的表达形式和手法的前提下，形成一个能反映所在区域特色的整体设计风格。对于多线换乘的站点，所属线路的站点公共艺术题材选取所表现的文化属性应趋向于该线路整体文化属性。

2.线路内多站点题材制定协调原则

（1）站点文化属性明确

文化重点站在公共艺术题材选取时，应在尊重整条线路大主题的前提下，充分提取该站点周边文化元素作为公共艺术品创作主题，在实现线路各站点文化共性与该站点文化个性的基础上进行艺术创作。

（2）站点文化属性不明确

在站点周边文化元素匮乏、文化属性不明显时，应在遵循整条线路文化大主题的前提下，选取以中国优秀传统文化精髓相关内容作为艺术品创作题材，如四大名著、四大发明、优秀文化典籍、神话传说、非物质文化遗产等。

例如17号线北神树站，北神树站虽作为17号线文化特色站，但周边并无突出文化元素提取，因此该站公共艺术品题材选择可在17号线"科创未来"大主题下，结合周边生物科技制药环境，选取《本草纲目》中的元素为题材进行公共艺术品创作。

第三节　空间设计

■ 一、设计原则

（一）总体性原则

1.简约原则

应提倡简约风格，注重经济性和造价控制，注重车站空间整体大气的概念，车站主题的特征表述应简约、精炼。

2.整体性原则

要注重车站的整体空间效果，要充分利用材料、色彩、照明等因素的运用来实现车站室内空间的最终效果；空间设计、公共艺术品、视觉导向、共性设施一体化。

3.人性化原则

要突出车站的功能性、安全性、人性化的设计特点，注重建筑和装修构建尺度的把握，满足新城市轨道交通车站空间大人流的使用特点。

4.低碳原则

应尽可能使用低能耗、低排放的材料和工程做法，要利用有效的技术和控制手段，在满足使用需求的前提下，避免城市轨道交通空间的能源浪费。

（二）空间设计导则

具体指导原则包括5项内容，分别对应不同的线路和站点空间设计：

1.分类处理原则

各线路应根据各自的功能、地理位置特点，以及在全网中的定位保持差异性和可识别性，并通过城市轨道交通站点的室内风格反映所处区域的历史、文化、经济、自然环境等特点，实现"一线一品"。

（1）主城区骨干线：此类车站多为地下站，应通过站点色彩、材料、导示系统等元素加强线路的可识别性，特别是在换乘车站更加重要。设计风格应该反映线路所处区域的历史、文化、环境特点。

（2）新城联络线：此类线路站点多为地面站，室内空间设计应和车站的建筑总体设计相结合；在材料、色彩运用上应注重于城市景观和自然环境元素的互动，注重表现区域特征；此外，经济性和功能性是车站室内设计中的重要参考因素。

（3）郊区混合放射线：此类线路在城市轨道交通全网中比较特殊，它的站点既有地面站也有地下站，站点周边多为大型住宅区，人流量大，在室内空间设计中应强调疏导人流和车站的交通性功能。在材料和色彩等元素的运用上应以简洁为主。

2.基本模式原则

每条线路应根据线路自身特点，形成一个基本模式，实现"一线一品"的基本特征。基本模式应通过材料、色彩的运用与设计，以及材料和加工的标准化、预制化、模数化，强调城市轨道交通的高效性、功能性和经济性。适用于各线的标准站设计。对于分期建设的城市轨道交通线路应在"一线一品"的基础上考虑新建站点与已建站点的连续性，应在风格、材料等方面采取相应的呼应手段。

3.叠加原则

应该根据站点的分级，提取与城市轨道交通站点室内空间和视觉形象系统有关的元素，如文化性元素、艺术性元素、商业性元素等，并在基本模式的基础上形成不同的搭配和叠加组合，完成站点从简单到复杂、从一致到特殊的设计方法。主要适用于各线的重点站；在一定条件下也适用于重点站和标准站之间的过渡站点。对于特征区中的各条线路的重点站，不能只关注本站点周边环境的元素提取，而更应该从整个区域的范围着眼，提取反映区域整体性格和属性的元素。公共艺术是体现重点站及其周边城市文化的重要手段，特别是位于北京市重要艺术区、文物古迹和博物馆的站点应优先考虑利用艺术珍品反映区域文化的手法。在公共艺术的组织方面，要注意和车站功能相结合，要注意与站点室内装饰的关系，彼此协调，在室内装饰设计中要预留出放置艺术珍品的位置，在装修风格和色彩等方面要为艺术品的创作创造条件。

4.分级处理原则

（1）标准站：此类站点是全网结构体系中的基础，数量最多。它的设计应着重遵循基本模式原则和分类处理原则，即符合所在线路的总体风格，并突出经济性、功能性和效率性。

（2）重点站：分为全网文化重点站和线路文化重点站。

（3）线路文化重点站：可以被认为是普通站的升级版，设计风格和手法应着重遵循分类处理原则、基本模式原则、叠加原则，同时应该根据此站的位置和功能特点作重点处理，如采用特殊的材料，适当增加艺术性、文化性装饰等。

（4）全网文化重点站：具体设计风格、手法的确定应该根据车站所在城市区域内的具体环境因素而定。其视觉形象和室内设计风格可以跳出所在线路的总体风格。文化性、艺术性、历史性和社会性是指导此类站点室内设计的重要依据，艺术珍品的运用是此类站点室内设计的重要组成部分和手法。设计风格和手法应着重遵循分类处理原则、基本模式原则、叠加原则，应做到地上城市节点与地下车站空间的彼此呼应。

二、细部设计

（一）天花

1.设计要点

（1）站厅顶面

天花采用分区处理，整合设备终端，形成相应模数。付费区采用白色铝板，灯带与设备整合灯带布置连贯且间距适当；非付费区采用裸露桁架，间距2m（图5-13、图5-14）。

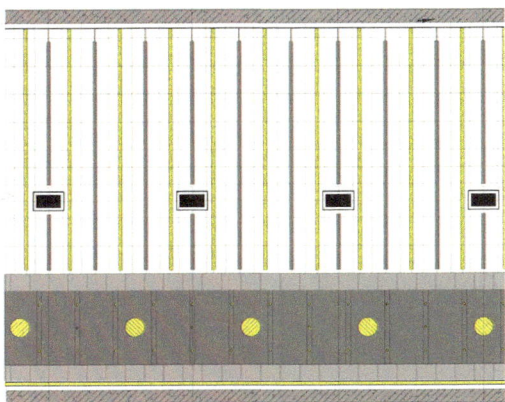

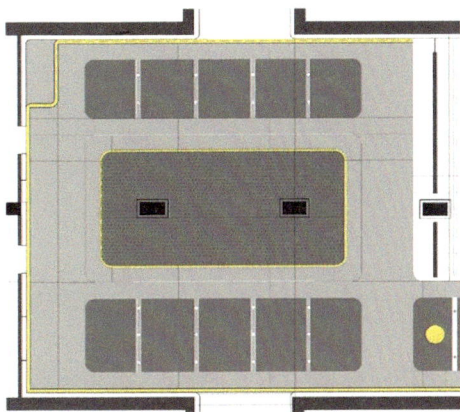

图5-13　站厅顶面示意图（标准段）　　　　图5-14　站厅顶面示意图（端头）

（2）站台天花

天花采用分区处理。中跨采用白色铝板；候车区采用裸露桁架（图5-15、图5-16）。

（3）通道天花

整合设备管线，裸露原结构，还原土建空间（图5-17、图5-18）。

2.标准站

标准站在空间设计中应注重线路的统一性，空间中的通用材料、色彩及材料的加工方式应做到标准化、预制化、模数化，强调地铁空间的功能性及经济性，设计语言应根据线路概念确定，注重共性区域和个性区域的分布关系（图5-19～图5-22）。

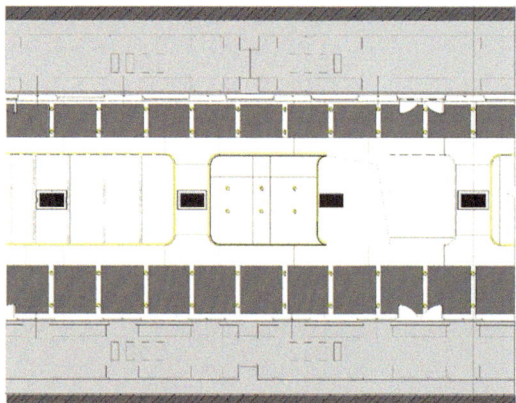

图5-15　站台天花示意图一

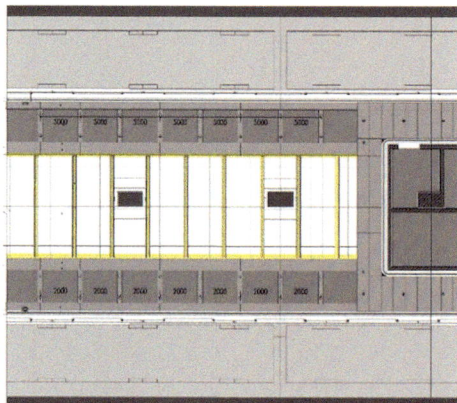

图5-16　站台天花示意图二

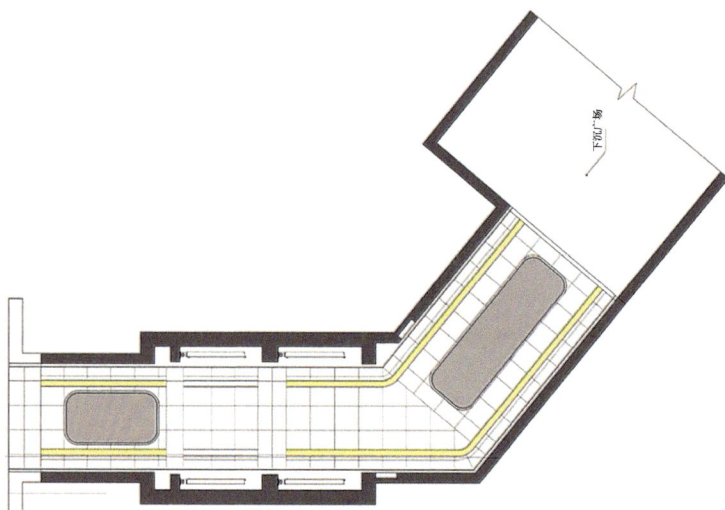

图5-17　通道天花示意图一

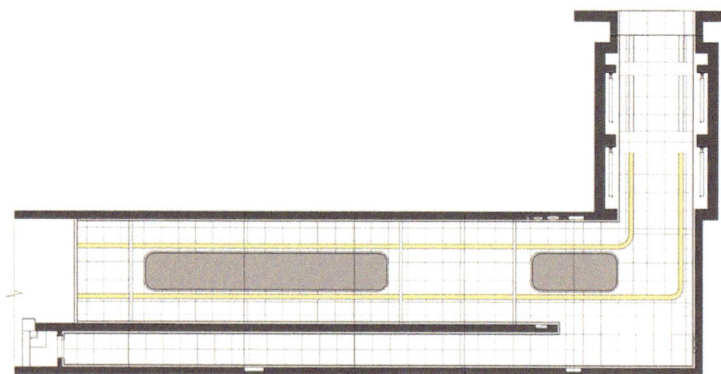

图5-18　通道天花示意图二

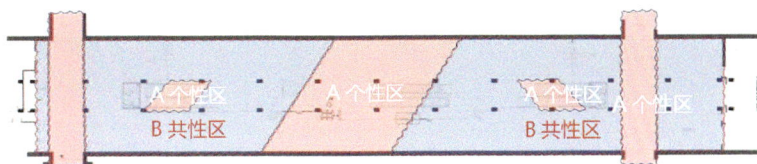

根据功能散点式布局，活跃空间气氛

图5-19　标准站空间布局示意图一

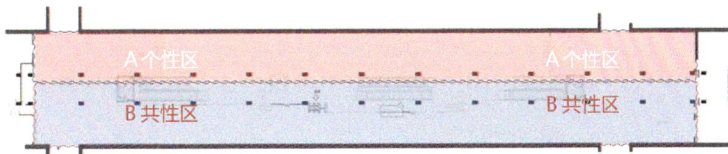

A+B非对称布局，侧重表现区域

图5-20　标准站空间布局示意图二

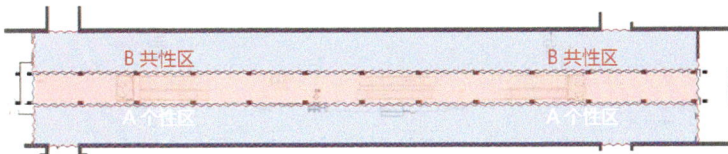

B+A+B对称布局，通过利用中央挑高区空间表达线路特征

图5-21　标准站空间布局示意图三

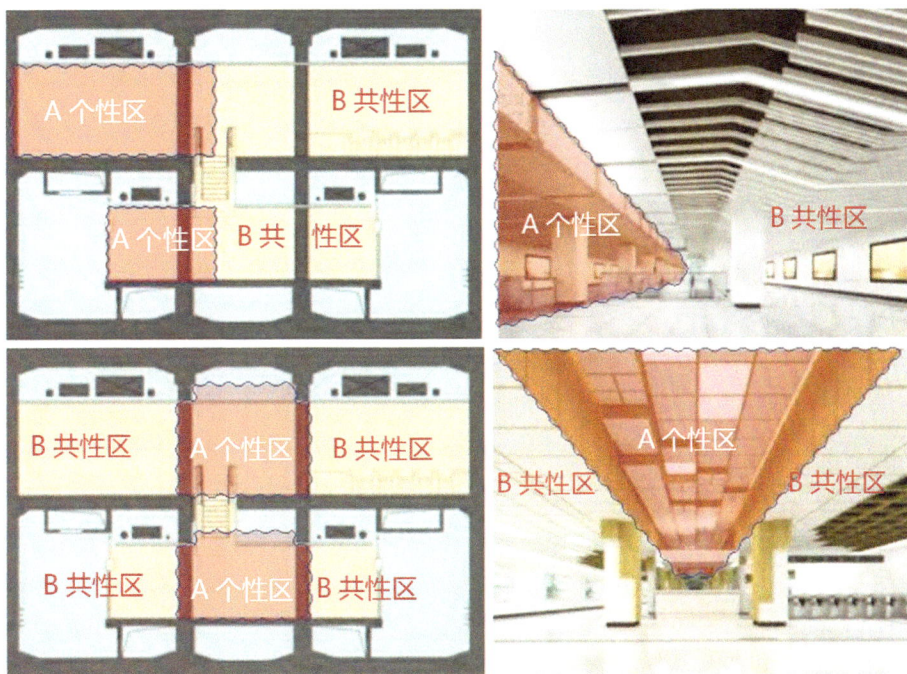

图5-22　标准站空间布局示意图四

3.重点站

重点站天花形式应根据站点概念，与相邻或相近设计界面整合，整体表达一体化设计理念（图5-23～图5-25）。

图5-23　天花与公共艺术、视觉导向一体化设计

图5-24　天花设计语言及材料形成空间一体化　图5-25　天花与设备、公共艺术一体化设计

（二）地面

1.设计要点

（1）车站材料规格一览图

站厅与站台地面材料规格如图5-26、图5-27所示。

（2）站厅铺装原则：不同的功能分区采用不同颜色石材

车站站厅采用600mm×900mm的花岗岩石材。非付费区为深色，付费区为浅色。付费区与非付费区深浅分界线与伸缩缝结合处理，侧向进站位置分界线原则以图5-28所示柱子完成面下线为基准线，两端头分界线以票亭后挡灰台位置为基准线。其余铺装原则，按照标准柱跨模数原则排布。

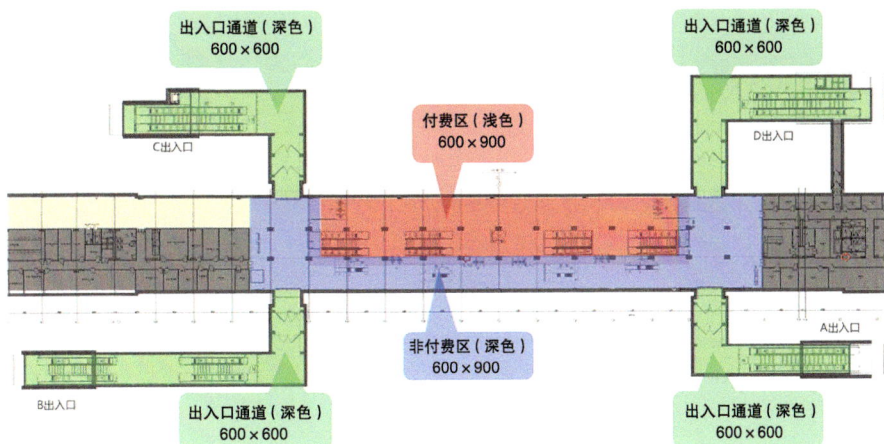

图 5-26　站厅地面规格图

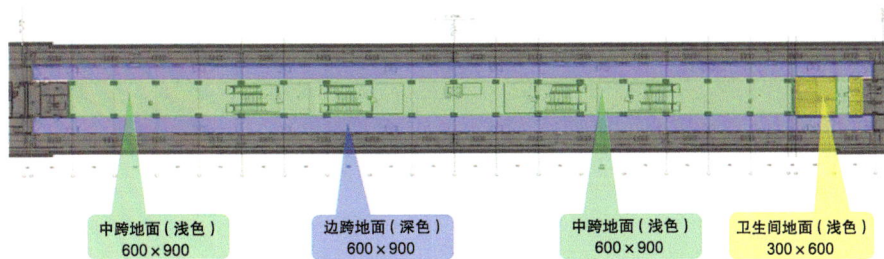

图 5-27　站台地面规格图

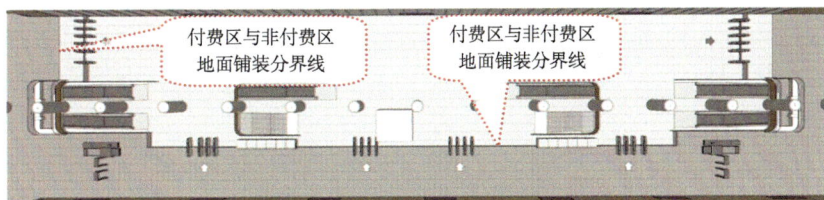

图 5-28　站厅地面铺装平面示意图

（3）站台铺装原则：等候区与通行区采用不同颜色

站台地面，中跨通行区为600mm×900mm白色规格，两侧乘车等候区为600mm×900mm深色规格，分界线以三角房和柱子外侧完成面为基准线，其余铺装原则，按照标准柱跨模数原则排布。车站两边跨地面对缝原则：以屏蔽门为基准点排布尺寸，盲道砖与屏蔽门处对缝处理（图5-29）。

（4）通道铺装原则：出入口通道地面为深色石材，换乘通道地面以浅色为主

出入口通道铺装采用600mm×600mm深色规格，盲道铺装原则是进站方向右侧铺装原则。

217

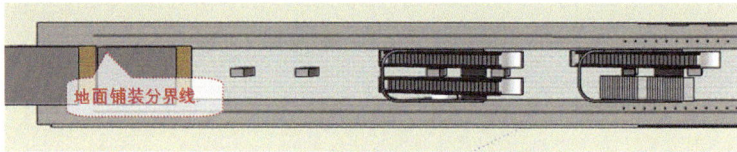

图5-29　站台地面铺装平面示意图

（5）换乘通道铺装原则：换乘通道地面以浅色石材为主

换乘通道铺装采用600mm×900mm浅色规格，换乘通道单向通道不分色处理，双向通道采用两侧分色处理，颜色、材料与墙顶方案结合（图5-30～图5-32）。

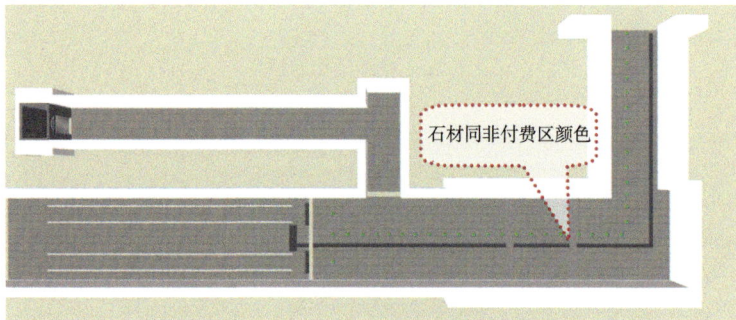

图5-30　出入口通道地面铺装三维示意图

图5-31　单向换乘通道地面铺装三维示意图

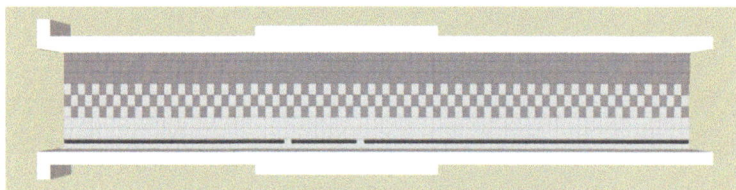

图5-32　双向换乘通道地面铺装三维示意图

（6）普通车站地面侧向分界及统计表

单柱车站地面侧向分界尺寸相同，车站分界尺寸参考表5-2。双柱车站地面侧向分界，方柱靠付费区柱子一侧，圆柱以柱子中心为分界点。

（7）多柱多跨车站

朝阳港车站分界以靠近付费区一侧方柱完成面为分界线，天通苑东站以圆柱中心为分界线（表5-2）。

各站分界线汇总 表5-2

序号	类型	站名	端头分界	侧向分界（mm）	出入口通道宽度（mm）（完成面150mm）	备注（单位：mm）
1	单柱	次渠北站	票亭后	9200+4500+5500	5000	左右两组闸机下移500
2		十八里店站	票亭后	9200+4500+5500	5000	侧向四组闸机下移400
3		北神树站	票亭后	9200+4500+5500	5000	侧向四组闸机下移400
4		清河营站	票亭后	9250+4500+5450	6200	端墙左边分界距离墙面比较小，侧向四组闸机下移200
5		勇士营站	票亭后	9200+4500+5500	5000	—
6		香河园站	票亭后	9600+4500+5100	5000	端墙左边分界距离墙面比较小，侧向四组闸机下移100
7	双柱	太阳宫站	票亭后	8500+6450+9050	6200/6300	端墙左边分界距离墙面比较小，票亭后距离还是比较小
8		西坝河站	票亭后	7600+6500+8100	6000/4200	—
9		亦庄站前区南站	票亭后	7150+6450+7600	5700	—
10		广渠门外站	票亭后	8000+7200+8000	6300	端墙左边分界距离墙面比较小，侧向四组闸机上移1000
11	四柱五跨、五柱六跨	朝阳港站	票亭后	7700+19000+7700	5000	—
12		天通苑东站	票亭后	7200+29000+7200	5000/6500	—

2.铺装形式

（1）站内统一铺装，在靠墙位置做局部变化（图5-33）。

（2）中跨对应部分变化，突出中跨文化属性（图5-34）。

（3）在主要交通节点渐变分布，增强区域性（图5-35）。

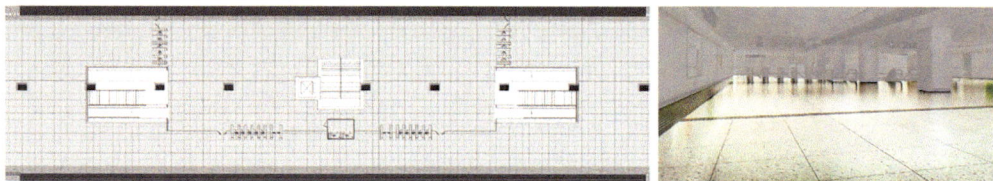

图 5-33　铺装示意图一

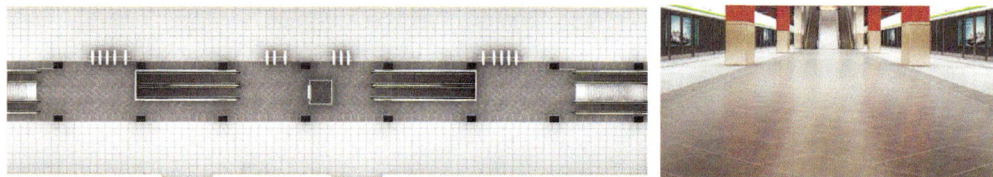

图 5-34　铺装示意图二

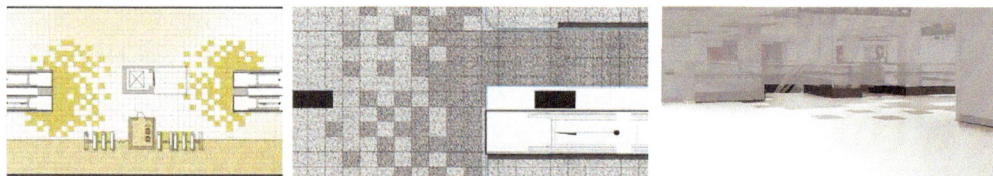

图5-35　铺装示意图三

（三）色彩

1.标准站

线路色与空间装修色彩应拉开纯度等级，线路色一般为纯度较高的颜色，空间装修颜色应降低纯度，以灰色系为主。线路站点空间色彩脱离线路色，相邻站点色彩不重复（图5-36）。

2.重点站

重点站在空间设计中的色彩可以特殊定义，根据空间站点周边文化元素属性定义空间色彩，可通过色彩营造空间气氛（图5-37）。

（四）材料

1.材料运用原则

地铁作为交通工程，车站装修特点为强调功能、风格简约、用材统一。模数化、标准化原则的运用更好地实现了全线功能、风格及材料的统一，且保证质量、工期和避免不同施工单位造成的不必要的误差。

（1）模数化：材料的分格方式及比例、构件的尺寸、规格，不同材料间的比例

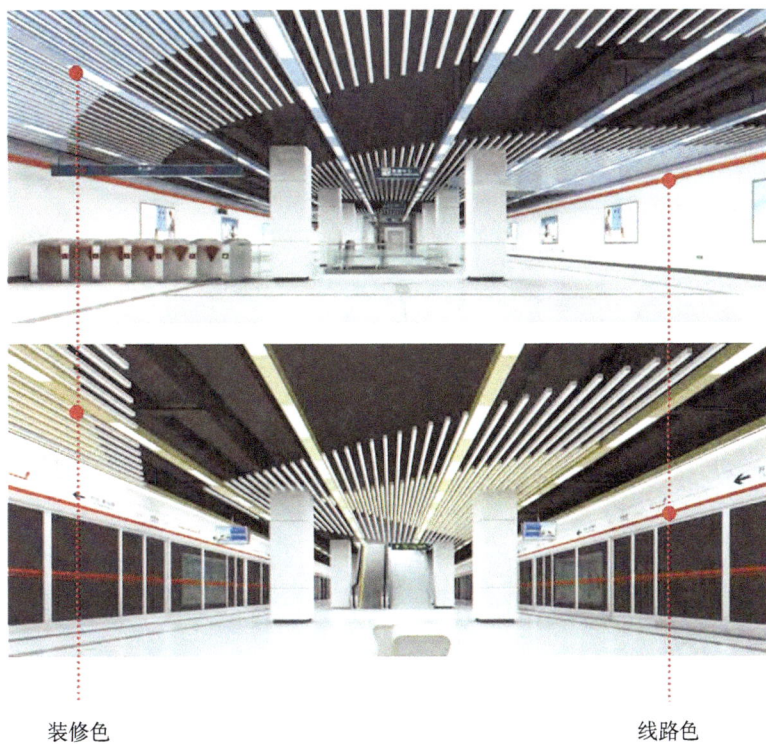

装修色 线路色

图5-36 标准站装修色彩示意图

图5-37 重点站装修色彩示意图

关系、装饰细部形式采用以基本模数递增的方式。

（2）标准化：在模数化的前提下，以标准化的构件（模块）、工厂化的生产来订制装饰构件或重复单元。

（3）重点车站可根据概念定制特殊材料。

（4）地铁车站材料选择的基本要求：

1）材料的特点：安全、耐用、造价适中；

2）消防要求为A级不燃材料；

3）较高的强度硬度，抗冲击耐刮擦；

4）防腐防潮，易于清洁、保养、更换；

5）北京地区综合防滑性能。

2.材料分析

（1）天花

1）铝合金金属吊顶：站厅和站台的吊顶采用的装饰材料为格栅、U形挂片和铝板。

U形挂片、格栅：在装饰效果上可以起到调节弱化视觉高度、提升车站空间高度的效果，也利于后期各专业设备终端的安装。既便于后期的运营、维护，也易于施工单位的吊顶安装。

铝板：是用铝材或铝合金材料制成的板型材料。

2）方/圆通类：耐用、防火、耐腐蚀、抗拉强度和抗疲劳强度高、弹力指数好，规格齐全、材质多样、尺寸精度高、表面质量优良、光亮度好、造型整齐、装饰效果好，结构简单、安装方便快捷（图5-38）。

（2）墙面、柱体

1）搪瓷钢板：搪瓷钢板色彩丰富、表面光洁、可烧制字画，表现力强，大批量、工业化生产，可做到无色差。可根据设计要求调配适宜的色彩效果。由于搪瓷钢板表面为珐琅釉经过高温烧成，表面形成玻璃晶体状，结构非常稳定，有足够的强度和刚度。珐琅釉粉是矿物粉，经过高温产生丰富的色泽，因此，搪瓷钢板具有丰富的颜色选择、多彩的表现形式。

2）烤瓷铝板：烤瓷铝板色彩丰富、表面光洁、可烧制字画，表现力强，大批量、工业化生产，可做到无色差。可根据设计要求调配适宜的色彩效果。

3）清水混凝土：清水混凝土模板需根据建筑进行设计定做，应具有足够的刚度，表面平整、颜色均匀一致，接缝要求接缝严密，拆模方便（图5-39）。

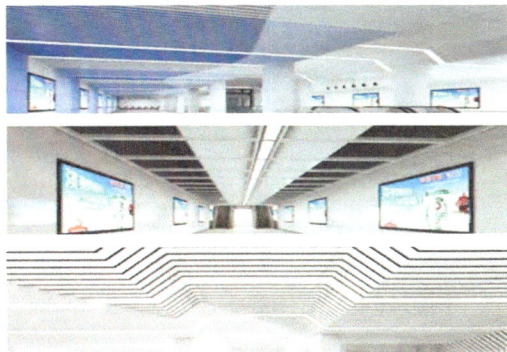

图5-38　天花材料示意图

图5-39　柱体材料示意图

（3）地面

1）花岗岩（地面材料）：结构密实、较为坚硬、耐酸、耐磨、吸水性小，抗压强度良好，耐冻性强（可经受100～200次以上的冻融循环），耐久性好（一般的耐用年限为75～200年）。

2）盲道砖（地面材料）：选用模数为：300mm×300mm×10mm；性能特点：结构密实、较为坚硬、耐酸、耐磨、吸水性小，抗压强度良好，耐冻性较好，耐久性好。

3.特殊材料分析

（1）GRG——玻璃纤维强化石膏板

GRG材料作为一种新型的更新换代建筑装饰材料，具有许多优点特征：不变形、强度高；质量轻、会呼吸；A级防火；环保；声学效果好；可塑性强、加工周期短；表面光洁、易清理；艺术感、科技感强（图5-40）。

图5-40　GRG——玻璃纤维强化石膏板示意图

（2）新型水磨石

新型水磨石是在传统水磨石的基础上加入"水晶渗硅"的技术，新型水磨石可与建筑同寿命。无缝拼接水磨石，避免了藏污纳垢。采用的AJS结晶或硬化，操作简便，费用低，效果好。新型水磨石不开裂、不怕重车碾轧、不怕重物拖拉、不收缩变形；不起尘、洁净度高；洁净度满足制药、芯片制造等高洁净环境的要求；无机水磨石不燃、不发火、耐老化、耐污损、耐腐蚀、无异味、无任何污染（图5-41）。

图 5-41　新型水磨石示意图

（3）模压装饰混凝土

随着社会的进步和发展，人们对生活和工作环境的要求越来越高。混凝土是一种耐久性较好的人造建筑材料，具有无毒、无味、高强、耐火、耐水、可塑等特点，除传统的结构工程外，还大量用于装饰、环境工程和艺术创作领域（图5-42）。

图5-42　模压装饰混凝土示意图

（4）陶板

陶板是以天然陶土为主要原料，添加少量石英、浮石、长石及色料等其他成分，经过高压挤出成型、低温干燥及1200℃的高温烧制而成，具有绿色环保、无辐射、色泽温和、防火、节能、防潮、隔声、透气、持久如新、应用范围广等优点，采用干挂安装，方便更换，给设计运用提供了更灵活的立面设计解决方案（图5-43）。

图 5-43 陶板示意图

4.北京地铁阶段性成效

北京地铁的发展现状总体上呈现百花齐放的效果，从建设时间上大致经过了四个时期：第一时期以1、2号线为代表，建设时间较早，以满足功能为主，同时考虑战备需求，建筑受苏联建筑的影响，空间体量尺度大，装饰朴素，具有时代特征；第二时期以5号线为代表，开始注重标准化建设，整体的设计开始追求造型文化等方面，给当时的北京市民以眼前一亮的感官，原来地铁也可以装饰得这么漂亮；第三时期以冬奥支线及4、6、8、10号线为代表，开始注重城市文化的表达，出现百花齐放的发展格局，奥支线设计大胆，个性特色鲜明，融入了中国元素，展现了首都形象；第四时期以北京7号线为代表，强调文化与空间结合、秩序感的空间、全线的整体控制性。

经过上一轮的研究与实践，北京地铁站内装修在方案设计上已经实现一体化，总体设计思维开阔，表现手法多样，对城市文化及特点有所表达。在材料的使用上逐渐向全网概念靠拢，技术标准日趋系统化和标准化，现有材料的安装、运用、实施趋于成熟和规范化，材料的应用种类也趋于稳定、统一。系统性、标准化体系已形成，对城市文化的表达也逐渐凸显（图5-44）。

5.现阶段存在的问题

国内地铁存在着建设规模大、周期短、投资困难的特点，基本以建设者的需求出发，注重基础功能的满足。从设计角度出发，站内整体装修基本呈现以下几个特点：

（1）以节约投资为原则，空间比较低矮，具有标准化的特点，重点站则突出表达地域文化。

（2）设计分阶段完成，总控性不强，系统美感不强。

（3）追求个性，但个性的出发点不同，存在城市文化理解和造型水平的差距。

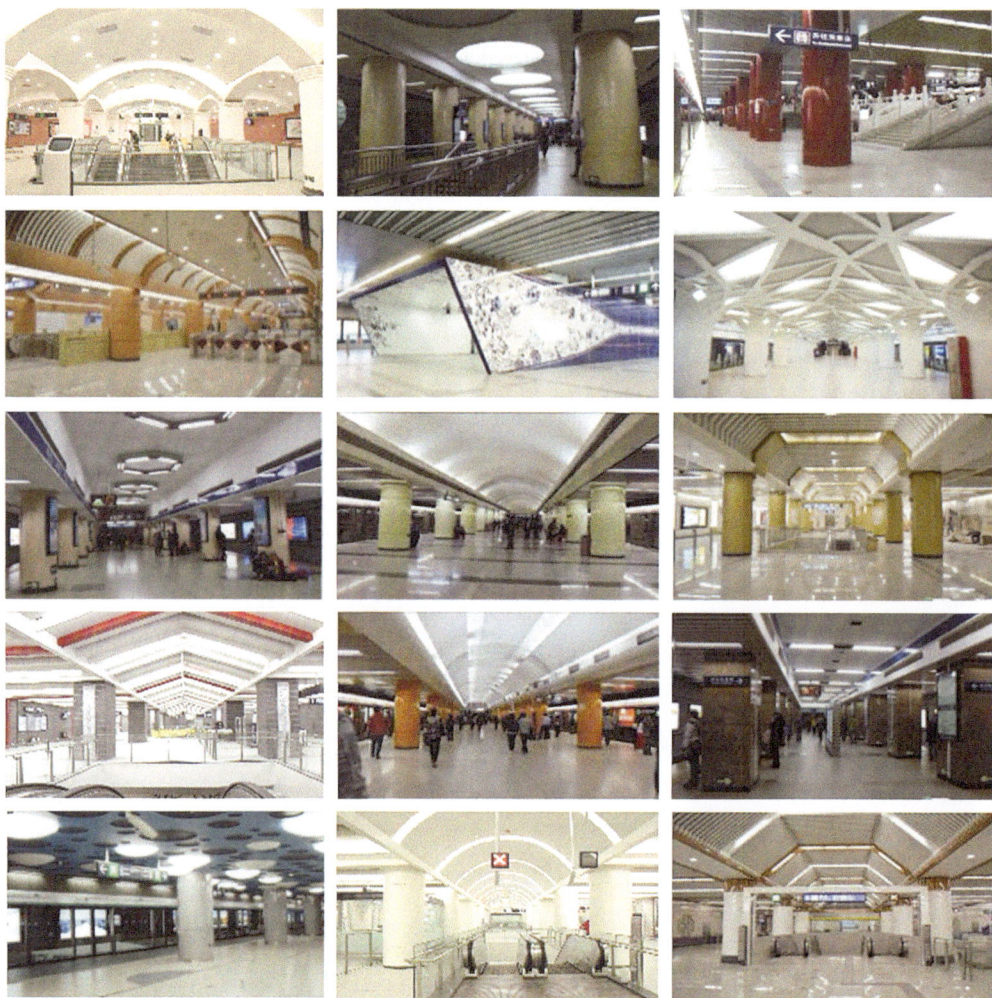

图 5-44　北京地铁站内装修效果示意图

（4）从材料本身出发，呈现以下几个特点：

1）使用材料种类单一

材料种类单一，缺少亮点和突破，在文化特色表达能力上逐渐显现出乏力。市面上装修材料种类繁多，但适用于地铁站内装修的非常有限。根据国家标准及地铁行业装修规范，考虑到运营需求和实际使用情况，站内装修材料需要满足以下几点要求：①防火、②防潮、③防腐蚀、④耐久、⑤环保、⑥易于清洁、⑦便于施工及维修、⑧成本可控、⑨加工周期短。

2）标准站材料不统一

标准站相较于重点站来说空间体量小、文化表达比重轻，站内装修更强调功能性和标准化，对成本控制要求较高，装修规模小于重点站，艺术化装饰少于重点站。目前，北京标准站的材料手法过于多样化，整体控制性不强，不同线路的装修风格及材料种类、规格缺乏统一标准（图5-45）。

图5-45 北京标准站材料示意图

3）重点站材料单一

重点站的建筑体量和文化比重都要高于标准站，着重强调文化表达。成本、装修规模和艺术审美要求相应的要高于标准站，装修风格和对材料的应用也要比标准站更丰富，对创新的需求较高。目前，北京重点站的材料限制条件多，可选择性小，欠缺表现能力，变化少，缺乏创新及文化个性，难以达到方案设计的视觉效果（图5-46）。

图5-46 北京重点站材料示意图

4）后期维护困难

材料不能历久弥新，增加运营方后期维护的工作量，使用几年后视觉效果大打折扣。

（五）照明

1.功能性照明

根据国家及北京市的相关规范，车站内部照明环境应满足功能需求（图5-47）。

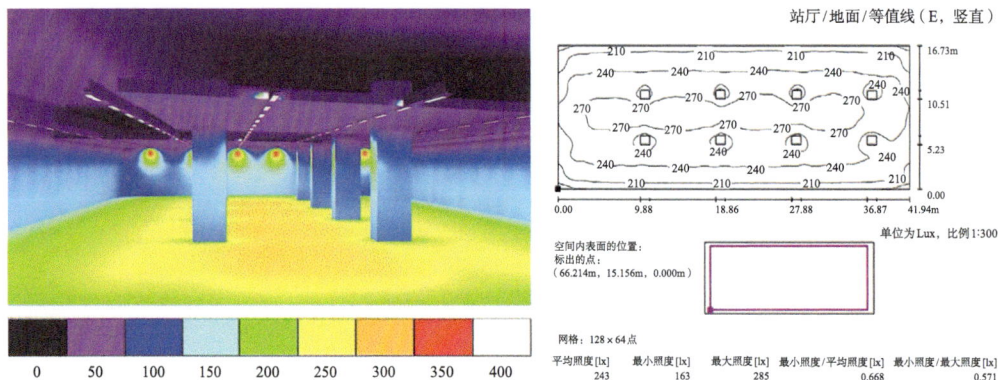

站厅/地面/等值线（E，竖直）

空间内表面的位置：
标出的点：
（66.214m，15.156m，0.000m）

网格：128×64点

平均照度[lx]	最小照度[lx]	最大照度[lx]	最小照度/平均照度[lx]	最小照度/最大照度[lx]
243	163	285	0.668	0.571

单位为Lux，比例1:300

图5-47 功能性照明示意图

2.艺术化照明

空间中除基础照明外，应适当增加氛围光源、艺术品专项照明，增加空间艺术气氛，强化空间体验（图5-48）。主要通过以下手段来塑造车站内部的艺术空间效果：

（1）空间气氛营造；

（2）公共艺术品专业照明；

（3）照明艺术化（对媒体照明融入）；

（4）整体艺术化照明，通过对灯光及灯具的设计把控，利用照明手段完成空间整体设计；

（5）强调光在地铁站内空间中的作用。

图 5-48 艺术化照明示意图

第四节 广告设计

一、北京地铁广告的现状及问题

（一）现状

1.广告技术日趋系统化和科技化。投影广告通过与装修和屏蔽门系统的结合，越来越多形式的投影广告开始出现在车站里面（图5-49）。

（a）投影广告　　　　　　　　（b）屏蔽门投影广告

图5-49　地铁广告示意图一

2.现有广告的安装、运用、维修趋于成熟和规范化（图5-50）。

（a）大型投影广告　　　　　　　　（b）屏蔽门投影广告

（c）大型LED广告　　　　　　　　（d）大型拉布灯箱广告

图5-50　地铁广告示意图二

3.北京地铁广告设置情况调研。从图5-51可知，北京地铁广告设置形式较丰富，主要以12封灯箱为主，在重点站会增加形式更加富有科技化的投影广告、屏蔽门广告。

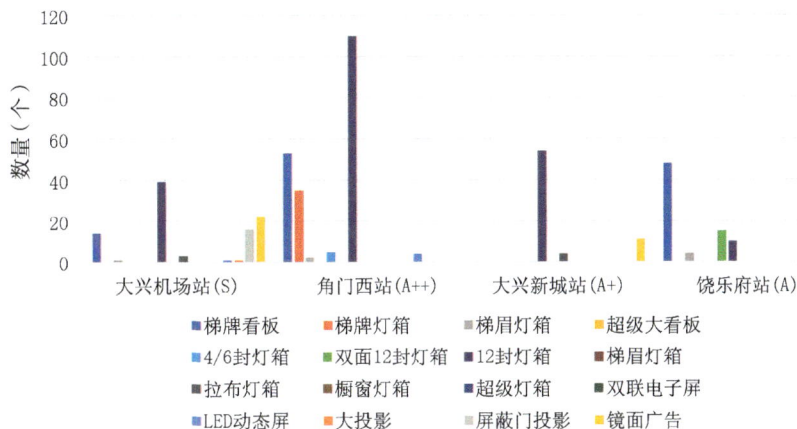

图 5-51 北京地铁广告设置

（二）问题

根据调研情况可知，轨道交通广告在实施、使用中存在诸多问题需要解决。以下对这些问题进行了分类列举：①地铁空间有限，不同线路广告设置不规范，导致整个线网广告设置不协调、不美观；②不同区域广告规划设计不到位，导致后期现场实施预留条件不够影响空间整体效果；③同类广告，规格不一，导致后期上刊难、维护难，如何科学规划以满足广告主需求；④创新型广告预留条件不够，导致现场管线外露情况严重，影响空间整体效果；⑤地铁广告目前的规范体系不完善。

1.设置不规范

地铁广告牌体形式繁多，轨道交通广告按载体形式分，主要包括平面广告、视讯广告和其他广告等多种广告形式（图 5-52）。

地铁空间有限，不同线路广告设置不规范，导致整个线网广告设置不协调、不美观。

地铁空间中广告繁多杂乱，设置不规范，设置形式不统一，容易影响乘客出行以及空间美观（图 5-53）。

2.规划设计不到位

不同区域的广告规划设计不到位，广告点位在前期设计规划时定位不明确导致后期现场实施预留条件不够，影响整体空间效果（图 5-54）。

3.规格不一

广告点位在前期设计规划中会由于结构形式、建筑空间、设备设施、装修造型、艺术品预留及相关规范标准等的制约，影响广告牌体大小。例如，同样是在

（a）单边站台屏蔽门贴

（b）4/6封灯箱/海报

（c）豪华灯箱

（d）电子媒体

（e）品牌通道

（f）包柱

图5-52　地铁广告牌体形式示意图

（a）1号线换乘通道

（b）1号线天安门西站

（c）5号线惠新西街南口站

图5-53　北京各站广告问题示意图一

图5-54 北京各站广告问题示意图二

通道内，图5-55中的第一张和第三张的广告牌体都为灯箱广告，但是广告大小却不相同。

图5-55 北京各站广告问题示意图三

4.预留条件不充分

以北京地铁1号线西单站为例，该站换乘通道、站台、站台端墙及轨行区后期因增加广告导致现场管线外露情况严重，影响空间整体效果（图5-56）。

5.规范体系不完善

目前，国家没有专门针对地铁广告的规范标准，现在地铁广告的设计规范只是从其他相关标准引用和凭借经验所做。

图 5-56 西单站广告问题示意图

二、地铁广告的未来发展趋势

（一）广告形式的创新性、多元化

广告形式的创新性、多元化是指在原有传统广告形式，即 4/6 封灯箱、12 封灯箱等形式上，增加新型广告形式，让地铁内广告的形式更加丰富、多样。如今新型广告形式各式各样，但运用在地铁空间的形式依旧局限在仅有的几种形式上，因此增加更多新型的广告形式不仅可以让车站空间更加丰富，同时可最大化提升广告媒体带来的经济价值（图 5-57）。

（二）广告设置的多样性、投放精准性

广告设置的多样性、投放精确性是指广告设置点位的多样性、投放位置受众

（a）广告机　　　　　　　　　　　（b）情景互动广告

（c）投影画廊　　　　　　　　　　（d）屏蔽门广告

图5-57　广告形式示意图

目标群体的精准性。除去传统轨行区、站厅侧墙、出入口楼扶梯侧墙位置外，在其他客流必经区域开发和设置广告，将多种广告形式在一个区域结合、展现出来，不仅可以增强广告的宣传效果，还可以加强车站区域的识别性、提升装修效果（图5-58）。

（a）炫动空间　　　　　　　　　　（b）炫动长廊

图5-58　广告设置示意图

（三）广告与装修的一体化趋势

广告与装修的一体化即指将广告与装修进行一体化设计，将原有广告的固定形式优化升级，做出与装修融合的广告媒体新形式，削弱了广告因单独存在而造成的影响。形成一种广告既是装修，装修也包含广告的融合感。既保证了整体车站的装修效果，同时也完成了广告的功能使用（图5-59）。

图5-59　广告与装修的一体化示意图

▍三、地铁广告设计及优化

（一）设计理念

在地铁站台中除了设计装饰和独具风格的站内设计之外，地铁空间内最常见的一定是广告。这也充分说明了地铁空间也具有一定的商业价值——商业广告的设计和展示。如许多公共空间一样，地铁站台也充分利用空间在其中展示多样的广告。地铁广告虽然被定义为室外广告的一种，但实际上它与室外广告有着非常巨大的差异。地铁广告作为在地铁站台中不可或缺的一部分，有着以下几个特点（图5-60）：

1.地铁广告环境相对封闭

一旦人们进入到地铁站内，环境将受到视线阻挡变得比较单调，人们的目光将会主要停留在彩色的或流动的装饰物上。因此，在地铁站内，广告和公共标识等标志物将会比屋外的同类标志物更加引人注目。

2.地铁广告的受众比较明确

根据IAI国际广告研究所的调查显示，在中国乘坐地铁的乘客主要集中在18～40岁人群，学历在大学以上，多为公司职员和大学生，他们的收入也是相对较

图 5-60 地铁广告设计理念示意图

高的中高层收入人群。因此对于这些乘客来说，广告的内容也是易接受和理解的。

3.地铁广告的形式十分多样

地铁广告形式远比我们注意到的种类更多。根据东京市营地下铁每年的地铁广告数据统计，仅仅在东京市营地下铁站内所能够发布的广告形式高达13种。人们充分利用地铁空间，来向乘客展示地铁广告的魅力。我国的地铁广告种类在近年的发展过程中，样式也逐渐增多，种类已达到了10多种，包括月台与通道的灯箱广告以及大型墙贴等。

4.乘客与地铁广告的接触时间长

在中国的一线城市中，许多人上班或出行都会选择乘坐地铁，地铁是人们外出最重要的交通方式。在地铁站停留的时间长，也就意味着乘客可以与广告长时间接触，广告效果也会有所提升。

(二)设计导则

1.标准化设计原则

采用防火、防潮、防腐的环保材料，便于施工与维护。广告所选用的材料应便于清洁，广告的工艺方式要便于维修、便于画面及灯具的更换，通过广告内部的革新及新型材料的运用，达到环保节能的效果。同时在回路设计上，给广告单独的回路，以起到节能的目的。

2.标准站广告设计导则

由于整体空间较为简单统一，故对广告设计约束较少。建议以标准化、模数化设计为主，有效控制成本；建议根据站点商业等级及空间人流特点，充分利用空间进行广告设计，充分挖掘其商业价值。

3.重点站广告设计导则

由于原空间设计特色明显，文化氛围浓厚，广告的设计应注重尺度，尽量避免打破站点整体氛围。建议重点站广告设计要从广告形式到广告内容都尽量与整体空间保持一致性；建议推行无形的高科技广告，通过现代科技，挖掘商业价值，同时保证空间设计的完整性、整体性。

4.一体化广告设计导则

介于北京地铁空间界面，增加大型广告屏幕，减少普通广告比例，降低能耗，节省资源，增强广告的商业性及利用率；在空间设计中，通过装修手段整合视觉性广告界面，形成一体化设计概念。通过一体化的设计手法，扩大广告的视觉冲击力，增强广告商业价值。

（三）优化方法

1.地铁广告接口优化建议

为更好地配合北京轨道交通地铁的发展建设和运营需求，完善北京地铁车站中广告设施的规划与设置，提出以下对广告接口的规划和建议：

广告箱体应以嵌入式、与装修饰面齐平安装；条件不满足时，则采用半嵌入式安装。形式应经装修专业封样沟通，确认样式、颜色和安装工艺等，保证广告设施对装修界面的影响最小。数量与点位应在遵循其他设备规范要求下进行设置，保证车站功能设备的实施。

广告箱体与装饰面预留缝隙应在10mm以内，距地面高度应保持该车站（或该条线路）统一，且横向、纵向应与装饰材料分缝对齐。如部分区域空间高度受限，则该区域广告箱体距地面高度应做相应调整。例如，通道高度无法与站厅、站台高度一致，则广告设置高度需相应调整降低。

通道高度在2400～2600mm，应保证广告箱体顶边距离天花大于100mm。通道高度在2600mm以上，应保证广告箱体顶边距离天花不小于200mm。

针对非常规广告箱体，如超级灯箱、梯眉灯箱、超级拉布灯箱等，采用嵌入式安装时，装饰材料分缝应保证最小尺寸不得小于1/2墙面标准板，同时采用不得大于墙面标准版尺寸的分缝原则进行排版。

重点站和特殊车站的广告设置要求除应遵循以上原则外，还应根据整个地铁线网文化定位、特色线路及一体化设计等因素综合考虑广告形式和点位设置。将车站装修风格和文化定位融入广告形式及内容的设定中去。

2.广告设置优化

（1）根据车站规模设置

图5-61为标准站站型剖面图，以人流动线为依据，以符合视觉停留点为设置原则。

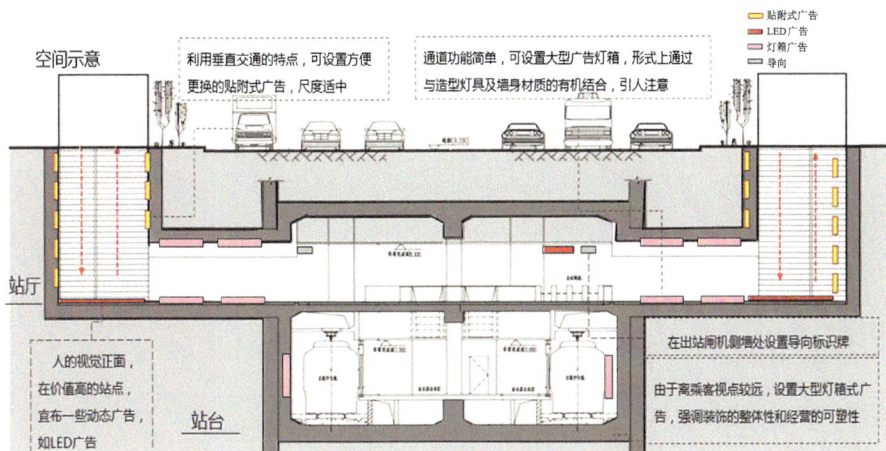

图5-61 站型剖面图

（2）根据车站乘客通行时间设置

根据乘客在地铁车站的停留时间长短进行设置不同等级的地铁广告。如车厢内乘客停留时间较长，广告效果最佳；站台停留时间较短暂，广告效果较佳；而走廊和站厅大部分区域，属于人流密集区域，需要保证人流能够快速通过，因此广告效果一般（图5-62）。

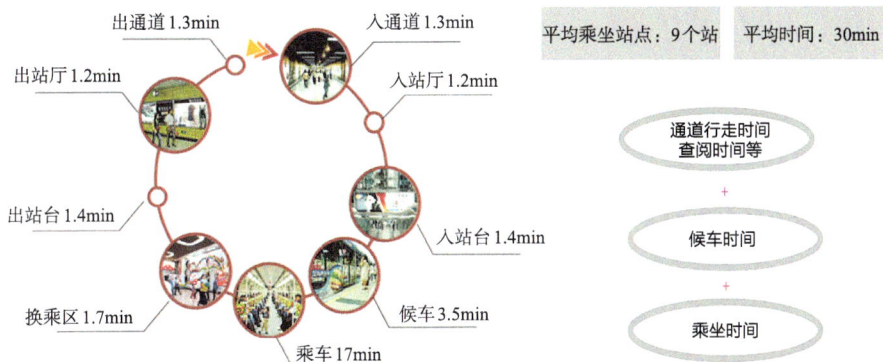

图5-62 乘客通行时间示意图

根据车站乘客通行在各个空间的时间进行计算，站台通行时间为6.3min，站厅通行时间为4.1min（含换乘时间），通道通行时间为2.6min，由此可知广告在站点内的设置要求：站台＞站厅＞通道＞站点出入口。

站内广告价值等级对比情况如图5-63所示。

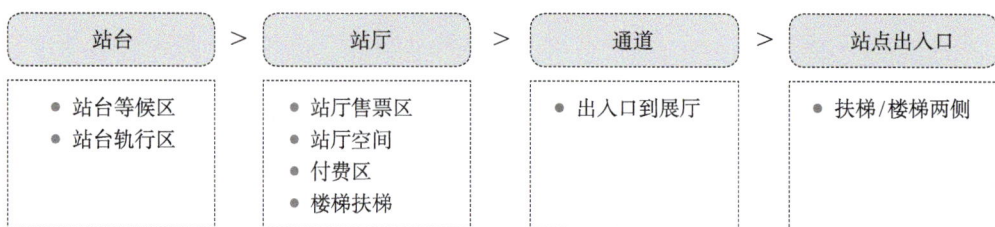

站台	>	站厅	>	通道	>	站点出入口
● 站台等候区 ● 站台轨行区		● 站厅售票区 ● 站厅空间 ● 付费区 ● 楼梯扶梯		● 出入口到展厅		● 扶梯/楼梯两侧

图5-63　广告价值等级对比示意图

地铁广告位的价值判断标准主要有三个方面：

1）人流量——基础指标，人流量越大的区域，广告位价值越高；

2）人流停留时间——人流停留时间越长的区域，广告位价值越高；

3）人流消费水平——人流消费水平越高，广告位价值越高（判断不同站点广告价值标准）。

3.标准站广告设置建议

（1）充分考虑车站客流特点，分区域设置，以多样式、高收益换取规模化设置，总量控制；

（2）设置种类应根据行业发展与时俱进，采用多种形式，多样化，并应具备节能环保要求；

（3）广告的设置形式宜根据空间规划合理设置，满足空间建设的文化需求；

（4）常规车站的设置规格宜标准化、统一化，便于后期实施的接口预留及维护。

4.重点站广告设置建议

（1）重点站广告设置应区别于标准站的设置，在设置位置、形式、数量应该遵从车站文化需要，合理设置；当车站广告价值需求与车站文化需求一致时，宜采用改变形式等手段，配合文化需求，同时保证价值实现。

（2）重点车站广告设置数量并不能作为经济测算的硬性指标，但应保证广告商业价值的最大化实现。

（3）重点站广告建设应该注重于空间的一体化建设需要，满足地铁车站文化提升的需求。

<h1 style="text-align:center">第五节　典型案例分析</h1>

■ 一、北京地铁17号线

（一）线路简介

北京地铁17号线位于北京市东部地区，是一条贯穿中心城南北方向的轨道交通干线，其定位为大运量等级快线。线路南起通州区环渤海总部基地南部，经过光机电总部基地、规划朝阳港后沿大羊坊路向西北方向敷设进入十里河地区，之后线路沿左安路、潘家园东路进入潘家园、广和里地区，继续向北下穿通惠河，经永安里后进入东大桥路、新东路敷设，下穿首都机场高架桥后线路转向西，在东直门北转向西北，沿西坝河南路、太阳宫中路向北进入太阳宫，之后线路下穿太阳宫体育休闲公园后转入京承高速东侧辅路，下穿五环路后转向西进入北苑东路，沿北苑东路向北至天通苑地区，此后继续向东北沿现状九厂路经燕丹镇后进入昌平区未来科技城地区。

线路串联了通州、东城、朝阳、昌平四个行政区，支持和带动了亦庄新城站前区、堡头工业区、朝阳港、CBD及未来科技城的发展，同时服务于潘家园、太阳宫、望京西、天通苑等城市重点居住区，为城市东部居民出行带来便利，实现了客流的快速引导和疏散。线路总长49.97km，全部为地下线。全线设车站20座，其中换乘站10座，平均站间距2.57km。新建歇甲村车辆段及次渠南停车场各一座，车辆段位于昌平区天通苑东侧的歇甲村地区，停车场位于通州区南部的台湖地区。全线20座车站中，换乘站有10座，与14条线路换乘。17号线工程预计于2021年12月底通车运营，施工总工期共4年。

（二）主题制定依据

《北京城市总体规划（2016年—2035年）》对"四个中心"中的科技创新中心进行了明确规定：科技创新中心建设要充分发挥丰富的科技资源优势，不断提高自主创新能力，在基础研究和战略高技术领域抢占全球科技制高点，加快建设具有全球影响力的全国科技创新中心，努力打造世界高端企业总部聚集之都、世界高端人才聚集之都。规划建设好中关村科学城、怀柔科学城、未来科学城、创新型产业集群和"中国制造2025"创新引领示范区，形成以三城一区为重点，辐射带动多园优化发展的科技创新中心空间格局，构筑北京发展新高地。

（三）线路属性

17号线线路概念：科创未来（以未来科技为主题表现创新空间）。

北京地铁17号线是一条展现新城魅力的线路，科技的进步提升城市发展及经济腾飞，因此该线路的公共艺术应体现科技现代、都市前沿的风格。17号线沿线各站公共艺术，应一路逐步展现科技从医药、文化创新、生活居住、商业发展，到产业创新等不同创新领域，展现智能科技如何创造更加美好的城市未来。

（四）标准站

标准站设计原则：从材料、施工、运营维护等角度，在尽量标准化、模数化的基础上找到无法标准化处理的节点位置做个性化表现，如楼梯口、卫生间、柱子、端墙等。

1.香河园站

以居住区、公园、学校为主。

站厅：结构板底8.6m、结构梁底5.7m、装修付费区最高点7.1m、非付费区车站净高7.1m；

站台：结构板底4.85m、结构梁底4.35m、装修最高点4.15m、边跨3.4m（图5-64～图5-66）。

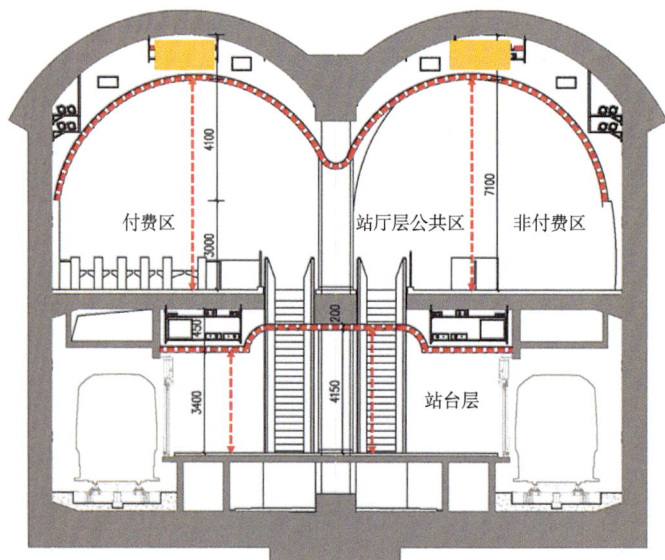

图5-64　香河园站剖面图

图5-65 中段香河园站站厅方案图（暗挖单柱）　图5-66 中段香河园站站台方案图（暗挖单柱）

2. 太阳宫站

以居住区、公园为主。

站厅：结构板底4.9m、结构梁底3.7m、装修付费区最高点3.6m、非付费区车站净高3.4m。

站台：结构板底4.7m、结构梁底4.1m、装修最高点4.4m、边跨3.2m（图5-67～图5-69）。

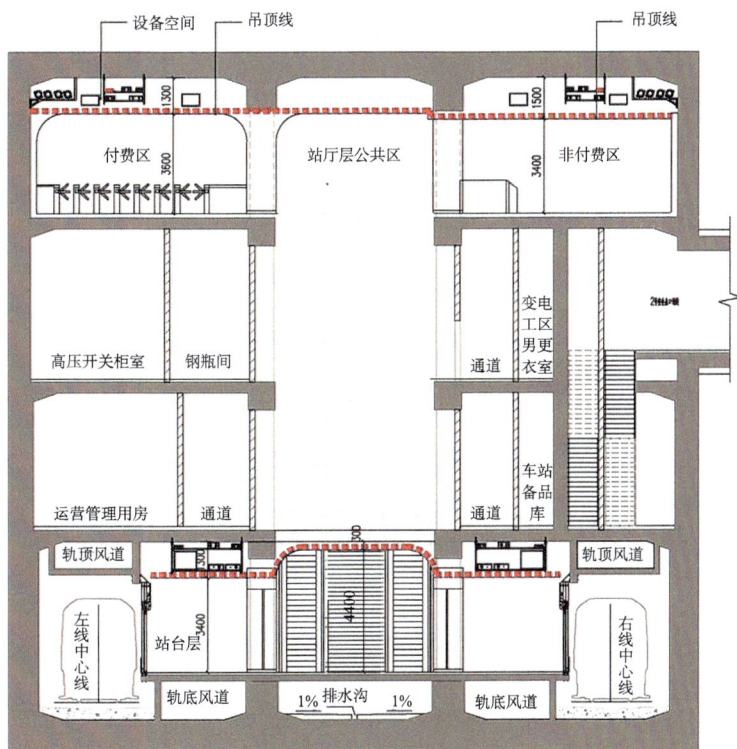

图5-67 太阳宫站剖面图

图5-68　中段太阳宫站站厅方案图

图5-69　中段太阳宫站站台方案图

（五）重点站

北神树站——创灵之源。

北神树站毗邻北京亦庄生物医药园，依托《"十三五"国家战略性新兴产业发展规划》、生物医药产业聚集与政策优势，创新产业服务体系，抢占生物医药前沿，打造国际智慧医药产业生态平台，为国家生物医药领域创新企业和领军人才提供全周期发展服务。因北神树站位于北京经济技术开发区，根据北京新总规规定，应以该重点功能区建设为依托，带动优质要素在南部地区集聚。因此，该站公共艺术品以生物医药科技为表现点，展现现代智慧医疗技术蓬勃发展的大趋势（图5-70）。

图5-70　北神树站周边环境图

二、新机场线

（一）线路简介

北京新机场线，又称北京第二机场线，全长41.36km，共四站。线路于2016年底开工建设，2019年9月15日与北京大兴国际机场同步投入使用。目前，新机场线已与北京大兴国际机场同步开通运营。线路途经丰台区、大兴区，以地下敷设的方式南起北京新机场北航站楼，向北下穿天堂河后转为高架敷设，沿东大路向北下穿京沪高速铁路、上跨京山铁路后与新机场高速公路分开，线路继续高架向北至北京六环路转入地下，沿广平大街、京开高速东侧敷设，至草桥站。

（二）主题制定依据

《北京城市总体规划（2016年—2035年）》第40条"在市域范围内实现主副结合发展、内外联动发展、南北均衡发展、山区和平原地区互补发展"中写明：着力改善南北发展不均衡的局面，以北京新机场建设为契机，改善南部地区交通市政基础设施条件。以永定河、凉水河为重点加强河道治理，改善南部地区生态环境。加强公共服务设施建设，缩小教育、医疗服务水平差距。以北京经济技术开发区、北京新机场临空经济区、丽泽金融商务区、南苑—大红门地区、北京中关村南部（房山）科技创新城、中关村朝阳园（垡头地区）等重点功能区建设为依托，带动优质要素在南部地区集聚。

（三）线路属性

新机场线线路概念：丝路云图（对位文化中心、国际交往中心，展示中国新文化的重要窗口）。

（四）大兴机场站——翔舞长空

北京大兴国际机场，又称北京第二国际机场，是建设在北京市大兴区礼贤镇、榆垡镇与河北廊坊市广阳区的超大型国际航空综合交通枢纽。北京新机场的建设意义在于破解北京地区航空硬件能力饱和，推进京津冀一体化发展，引领中国经济新常态，是打造中国经济升级版的重要基础设施支持。北航站楼因其特殊的交通功能节点地位，将以"翔舞长空"为公共艺术主题，用行云流水的飘带形式向不同方向发散引导客流，营造与北京大兴国际机场换乘厅统一的空间效果，架起新时代的

"空中丝路"（图5-71）。

图5-71　大兴机场效果图

（左图来源：看点快报）

第六章　车站内人性化
设施设置

地铁作为城市交通的重要组成部分，在承担了城市大部分交通职能的同时，也可以在短时间内汇聚大量客流。地铁作为服务城市的公益性质事业，具有投资巨大、回报缓慢的特点。单纯依靠政府补助进行的地铁建设是不可持续的行为。

地铁建设进入高速发展阶段，地铁的大规模投入使用将带来乘客出行方式的转变。面对日后巨大的客流量，如何在满足乘客的人性化基本需求之上，将客流转变为商业价值，实现地铁自身资金运营平衡，将十分重要。

目前，地铁内人性化设施除北京外，全国大部分地铁城市都普遍存在，如上海、广州、南京等城市，经营业态包括便利店、自助机械、小型售卖单元等。虽然设施面积受制于地铁本身，但较小的面积往往带来较大收益，所占比重逐年上升。以广州为例，地铁车站人性化设施已经成为不可忽视的资金回报，为建设、运营做出了巨大贡献（表6-1）。

2011年广州地铁人性化设施详细信息表 表6-1

物业类型	数量	经营面积（m²）	出租率（%）	年收入（万元）	年平均月租金（元/m²）
自助机械	1024台	—	100	682	555
站厅商业	706间	9144	98	5603	512
车站商业街	5个	18212	100	1329	61

随着人性化设施相关属性的挖掘，必定会促进其大规模规划建设，进而促进地铁功能精细化、商业化发展，形成地上地下有序发展的整体。一方面，在土地资源日益缺乏的情况下，合理利用好每一寸土地，使每一寸土地都尽量发挥出应有的价值；另一方面，充分发掘乘客客流的人性化需求，在解决交通需求的同时，探索附加产值，完善地铁人性化职能，进一步提升地铁服务质量。

我国国情不同于其他欧美国家，有自身的独特性，需要按照自己的发展水平进行建设。本章通过对人性化设施设置标准化的探究，提出针对中国尤其是北京的设计与开发方式，探索适合我国的优化模式，促进相关资源的整合与发展，同时还可以为我国现有项目的改造与拟建项目的设计起到开拓视野的目的。

第一节　需求特征

一、地铁站点类型

地铁站内集成式商业空间根据地铁站点类型的不同，其空间的类型、大小、形态等也各不相同。地铁站点类型极其复杂，根据不同的划分标准可以得到不同的分类结果，所以很难从单一划分方式将其概括全面。本章分别从功能主导、站台形式与开发强度三个方面对其进行分析研究。

（一）按照功能主导划分

根据主导客流对车站基本功能使用要求的差异性，同时参照北京市《城市轨道交通工程设计规范》DB 11/995—2013中对于车站的分类标准，我们可以将车站划分为：A类旅行站点、B类休闲集会站点和C类通勤站点。

1.类型

A类旅行站点指的是主导客流以旅行为主，包括各级城际交通枢纽，通常车站面积较大。

B类休闲集会站点主要客流以休闲集会为主，休闲包含大型商业区、旅游景点、游乐场所等，集会包含体育场馆、会展中心以及其他大型社会活动中心等短时间会产生突发性客流的场所。

C类通勤站点指的是以上下班、上下学、日常商务客流为主的地铁站点。

2.特征

A类旅行站点的客流多为转乘城际交通客流，车站通常是地铁与铁路、地铁与客运站、地铁与机场等的结合转换部分，客流转换复杂、流动性较强。

B类休闲集会站点需要应对旅游观光及商业购物等瞬时大规模突发客流，客流瞬时性较强，交通空间与商业空间布置都应考虑到客流突然增加所带来的安全隐患，可考虑弹性设计解决此矛盾。

C类通勤站点客流较为固定，多处在市级办公中心、区级行政中心、市内公交枢纽、居住区，各个功能空间较为固定，可通过对客流特征的分析进行集成式商业空间的布置。

（二）按照站台形式划分

通过对国内外文献的阅读与实例的分析，以及参照他人对地铁站点的分类，地铁站点可以按照站台形式分为：岛式站台车站，侧式站台车站，岛、侧混合式站台车站（图6-1）。

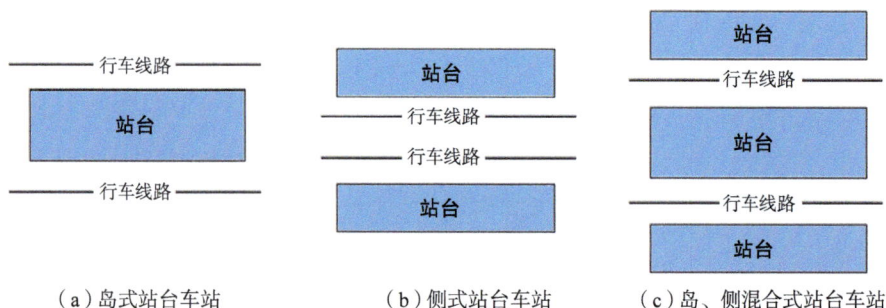

行车线路	站台	站台
站台	行车线路	行车线路
行车线路	站台	站台

（a）岛式站台车站　　　　（b）侧式站台车站　　　　（c）岛、侧混合式站台车站

图6-1　地铁站台类型示意图

1.类型

岛式站台车站：指的是站台位于上、下行行车线路之间的车站。

侧式站台车站：指的是站台位于上、下行行车线路两侧的车站。

岛、侧混合式站台车站：指的是将岛式站台、侧式站台同时设在一个车站内。

2.特征

岛式站台车站具有站台面积利用率高、能灵活调剂客流、乘客使用方便等优点，故常用在客流量较大的车站。

侧式站台车站站台利用率、调剂客流、站台之间联系等方面不及岛式站台车站，但方便后期改造站台的长度等，故侧式站台车站常用在客流量不大的车站及高架车站。

岛、侧混合式站台车站则吸取了前面两种站台的优点，形势较为复杂，多用在建筑规模较大的或交通枢纽车站。

（三）按照车站周边开发强度划分

车站本身与周边用地开发存在紧密联系，站点周边用地性质可以归纳为：中心居住型、商业中心型、商务办公型、交通枢纽型、新建城区型五种。将用地性质与周边用地开发强度进行结合，可将车站分为四类。

1.类型

Ⅰ类：一般情况下，主要指的是周边用地为商业办公性质等的四线、三线、二线的换乘车站。

Ⅱ类：一般情况下，主要指的是周边用地性质是商业中心、大型公共建筑、交通枢纽等的四线、三线、二线的换乘车站及非换乘车站。

Ⅲ类：一般情况下，主要指的是周边用地性质为居住性质等商业需求较小的非换乘站的地铁车站。

Ⅳ类：一般情况下，主要指的是地铁周边用地无开发情况下的地铁车站。

2.特征

Ⅰ类：周边用地开发强度最高，车站空间与布局最为复杂，乘客数量与商业需求最高，需最为重视。

Ⅱ类：周边用地开发强度较高，车站空间与布局较为复杂，乘客数量与商业需求较高，需重点关注。

Ⅲ类：周边用地开发强度较弱，车站空间与布局较为简单，乘客数量与商业需求较低，需适当关注。

Ⅳ类：不属于前面Ⅰ、Ⅱ、Ⅲ类用地情况，周边用地基本无开发，车站空间与布局最为简单，商业需求最少，可不考虑商业的布置，减少地下开发资源的浪费。

二、需求类型

乘客更偏向于自助类人性化商业设施（自助饮料机、自助售货机、便民缴费机等），此种设施人机交互相对简单，便于操作与处理。

饮料店、快餐店等与饮食相关的人性化商业设施也比较受欢迎。这类设施更接近乘客日常需求，简单快捷地满足出行需要。

其他种类的人性化商业设施需求比较均衡，乘客的意见也是多多益善。在条件允许的情况下，结合站点尽可能多地进行设置。

三、人性化设施特征

（一）四大类

地铁人性化设施分为四大类：第一是自助设施类，例如：ATM机，饮料机等；第二类是便利店类，多以连锁经营方式出现；第三类是售卖单元类，多以迎合地铁快速消费需求为主的快速加工单元为主；第四类是便民广告类，将服务乘客的便民信息通过动态、静态等多种方式以广告的形式呈现出来。

（二）三个层次

地铁人性化设施可分为三个层次：地铁站台由于吐纳乘客的功能性要求和限制，基本上不设置商业。第一层次是站厅内零星商业网点，面积小，以经营即时性消费商品为主；第二层次是面积较大的站厅内商场，经营范围以便利性商品和服务与流行性商品为主；第三层次为地下商场或商业街。总体上看，商业经营种类与经营规模密切相关，规模小就以经营第一、二类商品为主，规模大则主要经营第三、四类商品。

（三）连锁经营

地铁站内商铺基本上都采用连锁经营形式。连锁经营迎合了消费者习惯消费和品牌依赖的消费心理，最大限度方便了消费者。只有流行类商品中的服装饰物与精品等不采用连锁经营，而是视不同站点的客流而定。

（四）地面、地下互补

地面商业发展状况对地下商业设置具有很大影响，地面、地下互补关系明显。通常地面属于商业中心，地下商业也会比较兴旺，但地下商业一般是作为地面的补充。地面属于办公区或住宅区，地下商业一般可以发挥中低价位的社区商业中心的作用或者发展成为特色商场。

第二节　设施类型

人性化设施经营效果的好坏在很大程度上取决于设施业态的选择，合理的设施业态布局是轨道交通人性化设施成功运营的必要因素。基于此，本部分根据地上地下设施互补、与站点类型结合、与站内流线结合、合理的业态组合、保障安全运营、遵循法规条例等设计方法，根据北京市特有的城市形态，对北京市轨道交通站点进行分类，对不同类型的站点进行不同的人性化设施业态布置，按不同设施业态研究经营模式。

适合于轨道交通地下空间人性化设施的业态主要包括自助服务类、便利店类、售卖单元类、广告信息类等，这些设施业态具有较强的便利性、快捷性、省时性等特点，符合轨道交通乘客快节奏的乘车习惯。具体如下：

一、自助服务类

（一）业态

自助服务类指的是通过自助机械完成相关商业服务的形式，主要包括：自助取款机ATM、自助售卖机、自助证件摄影机、自助售药机、雨伞租赁机等。自助机械相对人工服务，具有许多优点：节省商业空间及人力成本，可提供24小时服务，服务水平专业且高效等。目前，在国内其他地铁城市应用较为普遍，且设施种类多种多样。自助服务类商业的诸多优点导致其基本上代替了站内人工服务的形式（图6-2）。

图6-2 种类繁多的自助机械

（二）尺寸与位置

1.尺寸

自助机械种类多种多样，其尺寸也大相径庭。作者通过现场调研与资料收集，整理得出满足大多数自助机械的尺寸要求。每台自助机械预留位置，长不小于1200mm，宽不小于1000mm；两台设备并列放置时，其间距应不小于150mm。

根据地铁现场调研分析可知，自助机械多为方便乘客快速购买为主，很少看到乘客排队购买商品，乘客不具有明确的消费目的，故自助机械预留一位乘客操作机器的空间即可满足需求。同时结合人体工程学相关研究，本节提出适合自助服务类商业操作空间的预留尺寸不得小于910mm（图6-3）。

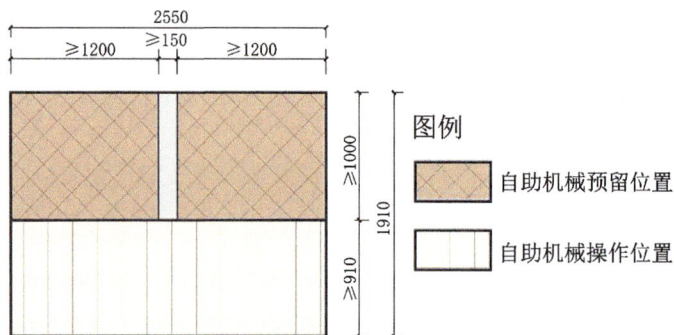

图6-3　自助机械尺寸要求

对于边角空间等不利于预留足够尺寸的空间，预留位置可根据实际情况，选择适宜尺寸的自助机械进行设置，充分利用消极空间创造商业价值。

2.位置

自助机械必须设置在车站内不影响乘客通行、疏散的位置。结合自助机械的自身特点，得出适宜布置自助机械的主要位置有站厅层、站台层。通道空间与轨道交通功能以外的剩余空间（以下简称剩余空间）商业面积较为宽裕，设置自助服务类商业在占地面积相同的情况下，产生的商业利润最低，降低了空间的利用率，故通道空间与剩余空间不宜设置自助服务类商业。

（三）基本形式

自助服务类商业按照其基本形式可以归纳为点式商业。点式商业占地面积小，经营位置灵活，充分利用站内空间，在提高空间使用效率的同时也方便了乘客的商业需求。自助服务类商业的存在很好地弥补了站内商业类型的不足，提供了一些基本的且必要的商业服务。

自助服务类商业与周边交通空间没有明显的分隔处理，商业辐射范围较为模糊，保证了站内空间的完整性。不过需注意的是，自助服务类商业应通过界面限定等处理手法，营造商业的操作"灰空间"，使乘客心理上明确商业的使用范围，确保商业的正常运行，为地铁带来更多利润。

二、便利店类

便利店主要以大众食品为主，同时提供一系列人们日常生活所需的消费服务项目。便利店的经营特色是家庭使用率高、获取便利性强，主要强调距离的便利性、时间的便利性、购物的便利性和服务的便利性。便利店主要包括两种类型,便利商品店和便利服务店。便利商品店经营主要以食品类为主,如点心饮品、西饼等,还有报刊杂志类、杂货类、便利性商品等。便利性服务是为满足消费者日常生活需要、提供方便而开发的商品和服务,如打印店、洗衣店、手机业务营业厅、银行分理处、旅行社分理处等。

通过调查发现,在轨道交通地下空间人性化设施经营中,便利店由于其"积极"迎合了消费者需求和极大地为乘客提供便利的特点,特别适合轨道交通地下空间设施的布置。在国外的轨道交通地下空间设施中,便利店的经营已经成熟,成为地下空间商业必不可少的业态。便利店的出现不仅完善了轨道交通的功能,而且方便了人们的出行,为人们的生活带来极大的方便。

(一)业态

集成式商业空间中的便利店不同于地面常见便利店,受限于商业规模,便利店营业面积更加"袖珍",商品结构也有所不同,一家普通的便利店包括日用百货、化妆品、文化用品、食品等两三千个品种,但地铁便利店以预包装、易携带的食品、饮料为主,搭配其他种类商品,以满足地铁乘客便利性需求为第一要旨。

经过调研发现,国外及国内其他地铁城市的便利店已经发展较为成熟,便利店多引进连锁经营的模式。地铁站内便利店极大地方便了乘客的需求,完善了地铁商业的相关属性,迎合了地铁发展的特点,成为集成式商业中不可或缺的重要业态形式。

(二)尺寸与位置

1.尺寸

便利店类商业根据其面积大小,可分为20～100m²(小型)、100～500m²(中型)以及500m²以上(大型)三种类型。面积选择根据车站规模及可利用空间进行确定,多数情况下为50m²以下的小面积店铺,便于分散经营与控制安全隐患。

根据成熟经验分析,便利店的开间、面宽、进深及高度都有参考值。便利店尽量符合2开间标准,这样有利于店铺的使用;为保证过道和货架之间的合理布置,店面的开间尽量在6m以上,进深不能太大;高度往往受限于车站高度,不宜低于3.2m。并且考虑到乘客靠右行走的习惯,便利店出入口一般设计在门面左侧,这样既保证了行人进出便利店不会堵塞,又保证了乘客视线不受干扰,可看到店内经营内容,进一步提升商业价值。

以北京市某些地铁站点设计方案为例，站内考虑到后期集成式商业的发展可能性，预留了一定面积的地铁便民用房。便民用房可通过改造设计，基本满足便利店类商业的使用需求，并通过单独的防火卷帘隔离，保证了站内防火疏散等基本条件。本节针对某站点设计方案，结合便利店类商业使用特征，对便民用房提出改造设计方案，对今后便民用房的使用提供一些参考（图6-4）。

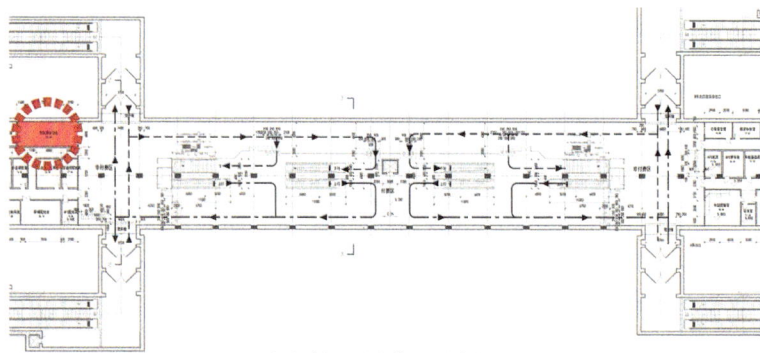

（a）便民用房位置示意图

（b）改造设计平面图

图6-4 便民用房改造

2.位置

根据便利店类商业占地面积较小的自身特点及地铁限制，适宜设置便利店的位置有站厅层、站台层。结合地铁便民用房，大型便利店可在地铁车站内单独一层或者出入口处集中设置，中小型便利店只可在地铁车站站厅层公共区和出入口处以及站台层分散设置。

（三）基本形式

便利店类商业按照其基本形式可以归纳为点式商业。商业以点状形式存在于车站站厅、站台层等位置，其经营的主要商品是快速消费品，不过与自助服务类商业不同的是，便利店类商业采用人工服务的形式，故商业空间内部需留出服务人员的使用空间。

便利店类商业虽然与自助服务类商业都属于点式商业，但是便利店类商业具有明显的空间分隔，是作为一个单独的整体存在。单独整体的存在具有两方面的作用：首先，便于防火分区设计，通过防火卷帘、防火门等的分割，控制火灾隐患；其次，独立存在的商业便于运营管理，并实现营业时间的灵活掌握。

三、售卖单元类

售卖单元是指为了满足现代人快节奏的生活，从国外引进的一种耗时少、便捷、卫生的店铺类型。售卖单元以耗时少为其主要特点，消费者对时间要求比较高，一般都是上班族，工作比较繁忙，想尽量减少时间。这类消费者对生活品质有一定的追求，对于品牌化的售卖连锁店比较青睐。同时，售卖单元一般都是批量化、标准化生产，大都采用连锁经营的方式，店铺所占面积相对较小，所经营的商品品种全、具特色。

售卖单元特别适合轨道交通地下空间人性化设施的布置，尤其在交通枢纽站与核心商务站，售卖单元更能发挥其省时、便利性的特点，完全迎合了轨道交通人群的需求特点。在轨道交通站点设置售卖单元，不仅能够为轨道公司创造巨大的商业价值，而且能够使车站功能更加完善。

（一）业态

售卖单元相比于便利店，通常指的是占地面积更小、营业种类更为单一的店铺。其形式类似于沿街店铺，且多并排布置。例如打印店、洗衣店、饮品店、西饼店、小型银行、老人用品店等。需特别注意的是，售卖单元不仅仅提供实体商品，也可以提供网络化、信息化的虚拟服务。售卖单元获取率高，使用方便，丰富了集成式商业的业态构成，为人们的生活带来极大的便利。

对比国内外现状可知，日本是目前售卖单元经营较为成熟的国家之一，其经营业态多种多样，主要包括化妆品、服饰店、药店、杂货店、咖啡店等。经营方式较为成熟，吸引了大量国内外乘客前来购物、娱乐，甚至已经成为不可或缺的旅游景点。

（二）尺寸与位置

1.尺寸

根据实际经营经验可知，售卖单元尺寸有一个临界峰值，当达到此数值时，产生的商业价值最大。店铺尺寸过小，不利于工作人员操作及顾客使用；店铺尺度过大，反而会降低空间利用率，降低了商业价值。同时通过实地调研与文献整理发现，经营业态对于店铺的面宽与进深有着不同的要求，不能简单地一概而论。一般商家都喜欢大面宽、小进深、具有充足展示面的商铺，但是考虑到整体布局的影响和沿街面租金的问题，必须有一个合理的比例。

表6-2中列出了广州北京路沿街店铺的面宽与进深关系，表中的店铺尺寸基本保证了商业空间的正常使用，满足了不同业态对空间尺寸的需求。结合地铁站内集成式商业自身特征进行分析，站内集成式商业位于站内空间，空间尺度应根据站内实际情况进行分析，但也应满足商业所需基本尺寸，避免造成商业空间难以使用的情况发生。

广州北京路沿街店铺面宽与进深关系　　　　　　　　表6-2

业态	面宽（m）	进深（m）	面宽/进深	包含功能
服装、鞋包	4～5	10～30	0.1～0.5	展示、储存商品，后台服务
小吃	4～5	4～5	1.0	食品加工、展示、售卖
珠宝、眼镜	4～5	10～20	0.2～0.5	展示、储存商品，后台服务

面宽与进深的比值，影响到整个商业空间的使用，从店铺经营者的角度考虑，商铺的面宽越大越好，便于面宽方向上商品的展示；从顾客角度考虑，则希望一定长度的街道上包含更多的商铺与商品，这样就会提高商业活动的效率。

2.位置

售卖单元类商业属于集中排布，占地面积较大，其适合设置的位置有通道空间与剩余空间。站厅层与站台层商业面积较小，设置售卖单元类商业不仅造成交通空间的极大浪费，同时降低了商业的利用率。售卖单元类商业结合乘客流线进行布置，提高通行效率的同时，提升了商业利用价值。

（三）基本形式

售卖单元类商业按照其基本形式可以归纳为线式商业。线式商业指的是通过街道形式连接在一起的若干家商业店铺。线式商业的存在将对站内商业类型进行补充，提供一些快速消费品，这类商业与地铁的关系十分紧密，商业主要目标人群是出入地铁的乘客。

售卖单元类商业街道可以分为直线型、折线型、曲线型三种形态，店铺根据街道的形式布置在街道两侧或一侧。不同街道形式决定了商业空间的基本形式，并带给顾客不同的购物体验：直线型街道给人一种平稳性，折线型街道给人一种方向性，而曲线型街道给人一种导向性，商业空间需结合所需求的不同体验进行设计（图6-5）。

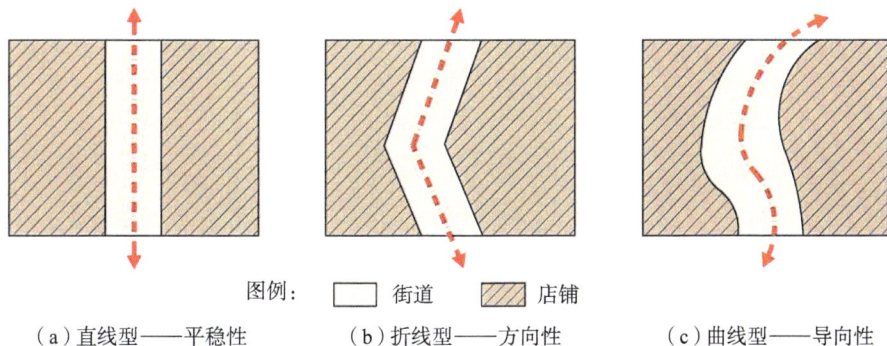

图例： ☐ 街道 ▨ 店铺

（a）直线型——平稳性　　（b）折线型——方向性　　（c）曲线型——导向性

图6-5　不同街道形态给人的感觉

四、广告信息类

便民广告是轨道交通地下空间人性化设施资源的重要组成部分，常见的轨道交通地下空间便民广告有灯箱、视频（PIS）、橱窗及普通梯牌等形式。轨道交通地下空间便民广告是轨道交通公司与企业界广大客户和每日乘坐地铁的乘客最直接的沟通方式之一，对企业及乘客能够产生较大的影响。在轨道交通地下空间设施经营中，广告资源能够美化轨道交通地下空间的环境，为地铁乘客带来便民的信息，为商家及轨道公司带来巨大的商业利益，实现轨道交通地下空间人性化设施价值的最大化。

轨道交通地下空间便民广告主要包括车身广告、车票广告、车内招贴广告、视频广告、灯箱广告、墙面广告、梯牌广告等。

（一）业态

商业广告是站内集成式商业的重要构成部分。随着社会经济的发展，广告成为商业中不可忽视的盈利手段，为商家及地铁带来巨大利润。广告在人们的日常生活中影响越来越大，传播与引导着乘客的消费理念，是商家与乘客最为直接有效的沟通方式（图6-6）。

图6-6　商业广告

商业广告不仅可以为商家与地铁带来商业利益，更能通过设计考究、制作精良的广告为乘客带来视觉的享受，提高商业的精神文化内涵，实现集成式商业环境品质的提升。

（二）尺寸与位置

1.尺寸

商业广告类型多种多样，包括看板、灯箱、电子媒体设施等，其尺寸不能一概而论，并且需要结合车站实际情况进行制作。商业广告尺寸应与预留位置尺寸相统一，并采用特定模数尺寸。广告尺寸的选择还应考虑对车站交通引导标识的影响，其尺寸应避免对引导标识产生干扰，保证车站的正常运行。

下面具体列举几个常见的商业广告设施，根据广告设施的规格进行广告空间的设计，希望对今后商业广告的设置提供一定的借鉴参考（图6-7）。

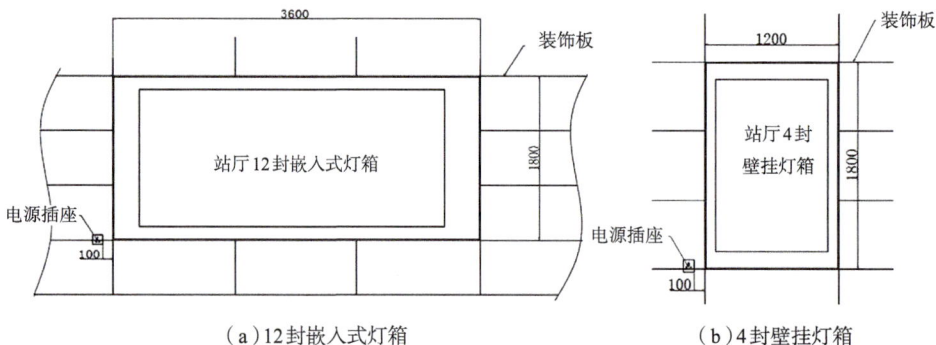

（a）12封嵌入式灯箱　　　　（b）4封壁挂灯箱

图6-7　灯箱预留示意图（单位：mm）

2.位置

商业广告的设置位置可选择站厅层、通道空间、剩余空间。站台层作为乘客换乘、上下车行为最为密集的空间，商业广告的设置会对乘客产生较大的干扰，造成车站运行困难，故站台层不考虑商业广告。其他位置商业广告的设置同样以不影响乘客通行、疏散为首要前提，并结合车站实际情况，创造最大商业利润。

（三）基本形式

广告信息类商业按照其基本形式可以归纳为面式商业。面式商业主要指的是几乎不占用平面空间，存在于立面上的特殊商业空间。广告信息类空间提供非传统性商业，对商业信息进行传播，从而产生商业价值。

第三节　设计原则

一、安全性

（一）意义

地铁车站作为首都人流最为密集的公共场所，其公共交通职能正日益得到大幅提升，所承载的客流量成为地铁车站安全运行的关键。作为人性化设施设计的重中之重，安全性更是第一大原则，是从根本上判断决定该设施是否可以存在的前提条件，也是其他设计原则应遵循的基础。因此，地铁作为现代都市公共交通移动工具，人性化设施设计的安全性是地铁车站建设安全性的细化和延伸，也是构筑良好的地铁运营环境不可欠缺的一部分。

地铁车站内人性化设施设计的安全性是一个全过程概念，从设施自身的安全，到设施移动安装的安全，乃至维修更换的安全，都要贯彻到每一个环节。

（二）内容

1.总体布局安全

人性化设施设置的位置是安全保证的关键。由于在地铁服务范围内设置的位置、规模等不同，会给移动、疏散带来很大的安全隐患，必须布局合理，控制规模。不同的人性化设施有着不同的使用模式和人群容量，并且可以大致推断出对此处过往交通的影响状况，需要通过大量的试验模拟和矫正，找出此类人性化设施设置的最佳位置（图6-8）。

（a）站台层沿墙设置的自助贩卖机　　　　　　　（b）站台层设置中央座椅

图6-8　设施总体布置的安全性

（1）不影响人流通行

地铁车站的主要功能是供旅客上下地铁，人性化设施的设置应以不妨碍人流行进为基本原则，保证在出入口-站厅-站台之间的人行动线畅通。由于地铁站内人流具有时段性和方向性，在设置人性化设施时，应充分考虑到高峰时间段的客流量和单一方向，避免阻塞交通，引起不必要的客流滞留。应尽可能将人性化设施设置在站厅层的休息区、等候区等开阔区域，并留出充足的排队空间、等候空间以及行进空间。

（2）影响应急疏散

针对地铁车站内部结构复杂、安全出口较少且疏散线路过长等特点，人性化设施的设置不应阻碍疏散通道，并且不能遮挡应急疏散指示标识，如人性化设施应离设置有应急疏散指示标识的侧墙、立柱等有一定的距离，使通过的人很容易识别出标识，明确逃生方向。

（3）便于监控管理

为了保证安全，地铁车站内都设置有一套安全监控系统，一般监控摄像镜头会设置在距离地面2.5m以上的墙上或天棚上，随时记录地铁车站内的实时状况。人性化设施应避免设置在摄像镜头附近，特别是其本身的高度和宽度不要遮挡摄像镜头与要监控管理的区域之间的视角，造成监控盲区，同时在人视角度也要避免视线死角的存在（图6-9）。

（4）与站内环境一体化

充分考虑到空间景观、功能布局、人流动线等要素，从地铁综合环境打造角度

（a）不影响监控的广告信息牌　　　　　　（b）充分利用角落空间的人性化座椅

图6-9　便于监控、与环境一体化的人性化设施布置

出发，全方位评价人性化设施的设计安全性。需要协调与人性化设施相关的其他地铁建设因素，既能保证人性化设施的安全性，也能避免给交通安全或消防安全带来隐患。

2.设施自身安全

这一部分主要是针对设施本身在使用中的安全保障。由于设施的种类、使用人群、管理模式等多方面存在着很大的差异性，具体的设施设计在自助服务、便利店、售卖单元、广告信息四大类人性化设施中也有所不同，但仍存在着共同点。

（1）防盗安全

人性化设施主要包括有人服务和无人服务两大类。有人服务类，如便利店类和售卖单元类，除了要加强店铺内或售卖窗口无视线死角的可视性外，还应设计防盗门或其他防盗装置，以便在关闭时也能保证防盗安全。无人服务类，如自助类设施、广告信息类设施，应设置在开放、易监控的区域，增强安全感，特别是针对ATM机类的金融自助服务类设施，还应设置紧急报警装置。

（2）使用安全

设施设计、使用方式应避免或最大限度减少对使用者的身心刺激与损伤。如自助证件摄影亭，要避免闪光灯的强度对用户眼睛造成伤害；广告信息类设施要合理选择光源，减少光污染，并避免噪声干扰。同时应注重使用过程中的安全保障，如餐饮类设施应具备基本饮食卫生条件，电器维修类设施应注意用电安全等。针对如自动售卖机等设施使用过程中出现吞币、不出货、出错货等故障，其设计应方便使用者向工作人员进行咨询求助（图6-10）。

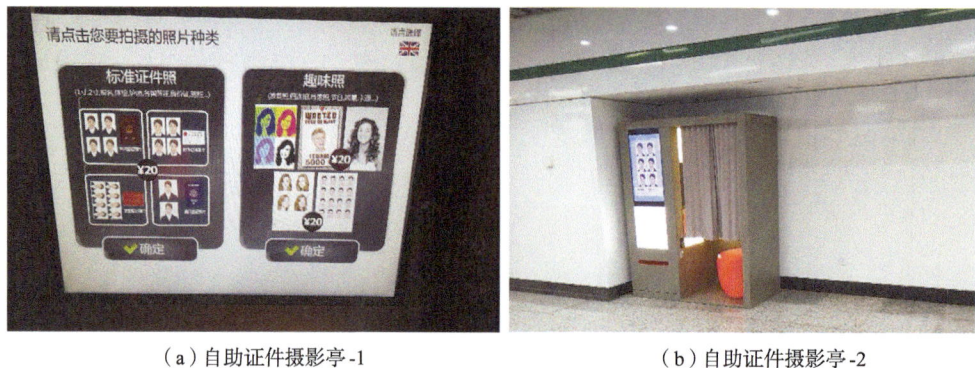

（a）自助证件摄影亭-1　　　　　　　　　　　（b）自助证件摄影亭-2

图6-10　自助摄影亭

（3）建筑安全

主要包括建筑结构、设备、空间等方面的安全。便利店类设施应保证结构设计合理，能承载相应店铺的荷重要求；电气、暖通、燃气及上下水设备符合国家的安全要求，保证室内空间的安全物理环境；各类设施的设计都应该符合国家规范标准的防火疏散要求以及照明要求，保证防火安全和疏散安全。

（4）信息传递安全

地铁车站内应优先考虑交通信息的传递，相比之下，广告类信息居次要地位，其发布方式应以不影响地铁交通信息传递为首要原则，避免使乘客对地铁车次、路线、到达时间等信息的接受出现滞后或障碍，耽搁出行。

3.安装维护安全

（1）移动安装安全

由于各类设施的使用地点和使用方式不同，其安装和移动的模式也存在很大的差异。如自助服务类设施相对比较固定，一旦安装，相对使用周期较长。并且，这类设施的移动和安装可以在地铁运营时间段外或者相对客流稀少时进行，对地铁运营和客户群影响较小，关注的重点在于实际进行移动和安装的工作人员以及物理空间的安全性。而相对来说，售卖单元类设施移动频繁，与运营时间段重合，移动和安装对周边影响较大，需要预先设计移动和安装模式，确保安全性。

（2）维修保养安全

维修往往是突发事件，经常需要及时到现场进行解决，尤其是地铁客流量大的时间段，要充分考虑到维修的操作空间和模式，与地铁运营安保部门相互合作，提前做好保护和防范措施。人性化设施的设计应具有一定的独立性，在保养时可以根据不同设施的具体状况，调整工作时间，相对自由地进行，从而不影响其他设施的正常使用。

（三）措施

1. 自助服务类设施

（1）位置

自助服务类设施相对体量较小、重量较轻，容易被忽视，因此要选择在视线通透、空间开敞、容易识别的地方。如将自助ATM机、自助售卖机等设置在站厅层的通道两侧，或者站台层的两端等。而且要有合适的固定位置，如靠墙设置，或者紧靠栏杆设置等，避免设置在前后左右都没有依靠的孤立位置（图6-11）。

（a）自助售卖机　　　　　　　　　　（b）自助ATM机

图6-11　自助服务类设施

（2）使用

自助类设施是乘客自行使用的设施，因此使用说明要通俗易懂，简单明确，并且便于操作。在使用上要符合人体工学，尤其要考虑到不同使用人群，如老年人、孩子、残疾人等，如自助售卖机，尽可能设置不同高度的操作按钮和投币口等，便于人们选择适合自己使用的操作界面，避免受伤。另外，在智能控制上要注意用电安全，并提供在出现故障或事故时咨询、求助的紧急联系电话等。

（3）规模控制

此类人性化设施普及性强，几乎可以在地铁内的各个层面布置，但过于简单地重复设置，会造成规模叠加，形成局部节点拥堵或失控，需要对自助类人性化设施进行严格的规模控制。一般同类型的自助设施宜3～4台一起布置，既不显得过于庞大，又比较醒目；不同类型的设施需根据使用频度的不同，决定布置规模的大小，如自助ATM机一般每个站点1～2套即可，而自助售卖机可能需要在不同的地方布置多套。对于少量单独设置的自助类设施，要设置醒目的标志和稳固的安装方式。

2.便利店类设施

（1）位置

便利店类设施虽然也属于点式商业，但所占空间相对自助设施类要大，而且较为独立、完整，多数情况下宜布置在较大的站台层。便利店以方便、快捷为特点，主要服务于乘坐地铁通勤的客群，应结合现行北京地铁站对便民店的设置要求，在入口附近、通往站台必经处的节点空间等多处设置，扩大服务范围，让更多的乘客可以方便地利用。

（2）建筑

一方面要确保结构、水暖电设备等方面的安全，如带有厨房的便利店一定要有良好的通风换气系统，为人们提供一个安全的建筑环境；另一方面要符合防灾疏散要求，具有防火、隔离设施设备，如灭火器、卷帘门等，以及醒目的疏散标识（图6-12）。

（a）站厅的交通安全　　　　　　　　　　（b）东京车站地下商业街

图6-12　交通安全性

（3）内装

宜采用耐火不燃、低碳环保的内装材料，减少发生火灾的危险因素以及甲醛等有害物质的产生。此外，还要注意大型固定家具的稳定性，如大型壁柜要采用安全可靠的连接方式，固定于墙面、天棚或地板上，防止倾倒。对于小型、活动家具，也要有固定措施，在选定摆放地后，可以固定下来，如在带有滑轮的货柜轮子上要设置固定装置等。地面宜采用防滑材料，在雨雪天气要铺上地毯等，以免客人跌倒。

3.售卖单元类设施

（1）位置

售卖单元类设施规模较小，经营种类单一，多采用单个布置，宜选择布置在展厅层及站台层的开放空间，且可根据站内人流量的变化进行移动，保证通行安全。

可以充分利用地下空间，形成线性排列，为过往的乘客提供多方面的服务，既能保证人流行进安全，又可满足乘客的多样性需求。

（2）空间尺寸

设施整体的空间尺寸要控制在一定的规模中，不宜过大，妨碍移动。同时，要合理分配服务空间和仓储空间，并要留出充足的供客人排队、驻留的空间，保证车站内交通空间通畅，不影响乘客的来往。站台层的售卖单元应以最小的规模设置，以免发生拥堵，造成安全隐患。

（3）交通

在人流动线上要设计合理，保证快捷、畅通、便利。在站厅层，应布置在通道两侧凹进的部分，保证在直线型人行动线上通行的乘客不受影响，沿途有需求的乘客也可以随时利用。在空间较为宽阔的区域，宜采用距离最短的动线，避免不必要的迂回，造成车站内的拥堵。

4.广告信息类设施

（1）位置

广告信息类设施的布置位置包括地面、墙面、柱面、天棚等。壁画类广告常常布置在大面积连续的墙面上，这时要注意不要将其与地铁内的标识系统混为一体，以免误导乘客或者遗漏有用信息。地面上的广告信息要避免布置在有高差的地方，如楼梯、台阶处，以免旅客跌倒。视频类设施不宜突出墙面布置，如悬挂于天棚，也要达到一定的高度，不至于碰到人。灯箱类广告不宜选择在客流量大的地方，容易造成混乱效果（图6-13）。

（a）广告牌　　　　　　　　　　　（b）通道内的广告墙

图6-13　广告信息的选址安全

（2）规模控制

对于各类广告信息设施，要从车站的空间、利用效率、服务对象等多方面综合考虑需要的规模。地铁车站毕竟是公共交通机构，广告类设施不宜过多，特别要避免大面积连续的商业广告，造成不必要的杂乱。广告类与交通信息类设施宜分开设置，避免混淆；种类不宜过于繁多，形成视觉疲劳。

（3）大屏幕的特殊处理

在设置视频类广告时，要谨慎使用特大屏幕，避免巨大的画面给人造成压迫感。在有必要使用时，一方面要选择适当的亮度，既不刺眼，也不过于暗淡，与正常的照明不产生矛盾；另一方面，要注意画面的变化不宜太缭乱，使人们产生不适感。同时，大屏幕尽可能布置在非交通功能区，如进入车站的大厅、展厅内的休息空间等。

二、便捷性

（一）意义

地铁属于城市快速公共交通，其主要功能为解决城市内的人员运输，人性化设施的存在目的是为了满足以乘客为主的各类人群的利用需求。与一般布置在城市其他空间的商业服务设施不同，地铁车站内的人性化设施要求使用便利、快捷，是在交通功能之外的附加功能，因此其便捷性也体现在高度的功能复合方面。北京市的地铁使用人数巨大，服务人群复杂，对地铁运营范围内的各类设施，包括人性化设施的便捷性有更高的要求，也是体现城市整体便捷性的一个重要窗口。

（二）内容

地铁车站内人性化设施的便捷性主要是指使用上的便捷性。具体内容包括：交通的便捷、需求的便捷、操作的便捷三个大方面。

1.交通的便捷

地铁车站里的人性化设施的优势之一，首先体现在设施的位置选择上。人性化设施应设置在人流动线的沿途，使利用的人不必绕行即可到达，为乘客节省宝贵的时间。人性化设施的空间布局以及排列等要合理，符合人们的利用频度以及利用次序等，能够实现简便、顺畅的交通。同时，人性化设施的设置要注重与入口、通道、电梯、楼梯、扶梯的关系，不能影响正常的交通功能以及疏散功能（图6-14）。

图6-14　布置于站台一角的自助设施

2.需求的便捷

鉴于地铁车站的交通特性，其人性化设施主要面向经常利用地铁出行的人群，在功能方面应涵盖日常生活的方方面面，如金融、电信、饮食、购物、休闲、娱乐等，为乘客提供便捷的功能选择。除了高度复合性以外，人性化设施还要兼顾人们的共同需求和特殊需求，从不同侧面为各类人群服务。如对广大的上班族来说，能在上班的途中解决早餐、看报、取款等事项，能节省不少时间和路途。而对于接送孩子的家长而言，顺便办理邮递、购物，或陪孩子游乐，一举多得。

3.操作的便捷

不同的人性化设施，对操作便捷性的体现各不相同。应根据所提供的服务以及服务的人群，精心设计操作平台或操作系统。对于自助服务，更注重操作的自主性和容易性，应设计得简单易懂，使利用的人能够便利地独立操作，并能保持必需的隐私性。而有人服务的便利店及售卖单元，则偏重于流程的简洁，使利用的人快速容易地获得自己需要的服务或商品，不必经过繁琐的程序，也不需要过长的等待时间。不同的人群，对操作便捷性的需求也有很大的差异，要根据各类人群的需求特点提供相应的操作方法或普适方法。尤其要照顾到特殊人群的需求，如针对盲人的盲文操作系统，体现人文关怀。

（三）措施

1.自助服务类设施

（1）布局

应根据站点的功能类型和空间形式，以及饱和状态时的交通疏散宽度，规划出各类自助服务设施相应的布置区域。同时，结合周边商业服务设施的分布状况，确定本站点的自助服务类设施的设置位置和数量。自助服务类人性化设施本身所在空间并不大，需要注意的是若干自助设施所产生的叠加效果和有人气的设施类型所带来的交通拥堵，尽可能满足便捷地利用。同时，要充分考虑自助类设施的操作和服务方向，避免因使用模式带来的交通不便。

（2）需求

各类乘客群的差异决定了对自助服务类设施的需求各不相同，应明确对各种类型的人性化设施的需求规模、种类和相对规模。尤其应充分重视绝大多数乘客的共同需求，保证布置所需设施的数量。同时，要注意结合各个站点自身的地理位置和作为地铁站点的功能形式，适当调整自助类设施的服务规模和比例，做到具体站点具体分析。如国贸站点，由于来往的乘客大部分都与金融业有或多或少的关系，应当适当增加金融服务类设施的比例（图6-15）。此外，还需要对特殊人群加以分析，如妇女、儿童、孕妇、老人、残障人士等，应当按照这些特殊需求的功能类型加以分类，结合地铁内的人性化设施建设，尽可能满足特殊需求。如自动照相机，除了正常的文字说明外，加以声音说明配置，让视力弱的人也可以正常使用。

（3）操作

自助类设施在设计上应当充分考虑操作的便捷性。首先，需要通过精心的设计，尽可能达到自动化处理，简化操作步骤。其次，设置电子显示屏，对操作或等待标明所需的时间，可以采用倒计时的方式，方便大家了解利用时间的变化。尤其是对于一些需要防烫、防洒、避光等特殊类型的设施，需要标示警示说明，同时设备需设计自防处理功能（图6-16）。

此外，需要对自助类服务设施的硬件设计进行充分的考虑，包括操作键、把手、取出口等各种细部的设计，要从人们使用的便捷性出发，打造适宜的设施操作细部。

图6-15 相对较大的站需要增加ATM机的比例

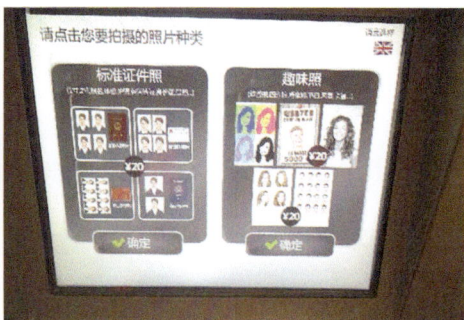

图6-16 简单易懂的操作说明

2.便利店类设施

（1）规模

按照现行的北京地铁规范要求，站点内较大规模的便民服务用房宜控制在100m²左右，中等规模的店铺30～50m²较为合适，还可以在多处设置一些10m²左右的小型便利店。可以根据车站类型、规模和客流量，设置不同规模的店铺，实现互补，满足各类功能需求的同时，不影响正常的交通功能（图6-17）。

（a）地铁车站内的中型规模便利店　　　　（b）地铁车站内的小型规模便利店

图6-17　便利店的交通梳理

（2）位置

便利店类设施可以结合地铁线路方向，设置在车站两端，并且要结合地铁出入口进行位置调整，保证主要人流方向可以便利地利用。此类设施属于地铁站内较大型的固定服务设施，其位置是设计的关键所在。同时，由于便利店类设施使用的人流量大，销售的物品较多，在内部的空间布置上也要充分考虑到交通的便捷。

（3）需求

便利店类设施是对地铁广大乘客共同需求的集中供给设施，所提供的服务内容是综合性的、多功能的，包含了日常生活的方方面面。在销售物品的内容上应有所侧重，如生活急需的物品——急救物品、快餐、日常生活用品、旅行用品、办公用品等。此外，还应考虑相当一部分特殊人群的特殊需求，如提供老花镜、拐杖、尿不湿等商品。

同时，在便利店类设施的范围和空间比较大时，也可以考虑与其他人性化设施的混搭。如自助服务类设施的介入，尤其是金融ATM机的设置，可以为乘客提供购物的便利；也可设置2m²左右的简易就餐场所，满足大家快餐或快饮的短暂停留需求。

（4）利用

便利店类设施主要考虑利用时的独立性和方便程度。例如，设施内的货架或货柜的尺度，要充分考虑到人们进行选择的视线、距离，以及选择后拿取所需要的操作空间的长、宽、高尺寸，保证人体工学的正确应用。便利店类设施由于物品多，可选择性强，人们的逗留时间相对较长，可以考虑设置2～4个供餐饮的场所。

同时，由于便利店类设施内的物品种类繁多，需要考虑人流的交通便捷，宜合理分区布置。此外，在设施外围的界面设计上，要强化空间上的通透性，一般建议采用大面积的玻璃外立面，方便外面的人们了解内部人流状况和售货内容（图6-18）。

（a）便利店的通透性　　　　　　　　（b）便利店里商品丰富

图6-18　便利店的交通梳理

3.售卖单元类设施

（1）布局

结合各类人群的具体需求和利用模式，对售卖单元的种类、数量、规模需求等进行定位和确定，并结合地铁出入口的位置和人流的主要构成比例，明确在不影响疏散交通的前提下，各个单元设施所需要的最佳位置和数量。

对于人群需求较大的售卖单元类设施，要结合实际的空间尺寸和位置关系，尽可能争取采用分散式布局模式，避免同种设施过于集中在一处，造成交通拥堵问题。

（2）功能

售卖单元类设施功能相对单一，使用的人群也相对比较固定，需要结合地上商业和本站点的自身特点，对于不同的使用人群进行功能需求的梳理和挑选，并明确这种需求的种类和规模，从而进行有针对性的功能选择。

售卖单元类设施的优势在于其可移动性，可以根据人们的需求状况和车站客流的调整，变换不同功能设施的布置，满足不同人群的功能需求。同时，需要考虑附属售卖单元类设施的叠加效益，在确保交通便捷的同时，适度调整服务模式，使经济效益最大化。

（3）利用

售卖单元类设施要计算售卖单个物品所需要的时间，充分考虑到购买有人气的物品时的等待时间，尽量避免形成排队、拥堵的现象，杜绝妨碍交通的可能。

在具体细节的考虑上，要重视关于售卖单元类设施工作人员操作空间的预留，提高工作人员操作的便利性。对于部分售卖单元类设施，如餐饮摊位，由于使用电气或热加工设备，要考虑到使用这些设备的便利性。

此外，要考虑到售卖单元类设施的移动问题，包括定期移动、快速移动、危机移动等多种状况，提前做好设施移动操作的通道规划，提高效率。

4.广告信息类设施

（1）交通

广告信息类设施要注意由于人们观看或听读各种广告和信息时所产生的交通问题。如在人流较多的地方，通常会设置大型广告板，必须考虑观看人群的数量、停留时间的长短以及空间的大小，进行综合分析设计，防止产生交通的不便。

同时，要顺应车站内人流动线设置广告信息类设施，尽量使人们在行进的过程中可以顺便看到这些设施，不必绕行。在扶梯上下的位置处要适当地减少广告信息类设施的设置，避免摔倒或撞伤而造成不必要的交通阻碍。在广告信息类设施的设置上，要尽量利用墙面或柱面，综合提高设施的空间利用率，尽量避免单独设置本类设施。

（2）需求

各类广告或信息板的设置，要符合人们的实际需求，并尽可能地与周边环境相融合。如在高校相对集中的区域，尽可能多地布置与教育、学习相关的广告信息设施，如文具、图书、打印等内容。综合考虑到广告的叠加效应，可以相对集中地布置广告，如沿着轴线或者在某一个区域设置同一类广告等（图6-19）。

（a）大型壁画公益广告信息 （b）特殊性广告类设施

图6-19　广告信息类的需求梳理

信息与纯广告类不同，需要集中表达或传递绝大多数人群都需要的信息，并明确地铁相关信息传递的位置和空间（假定这里的信息与地铁本身的信息板是分别设置的）。

（3）操作

广告信息类设施的操作便捷主要体现在设施本身的安装、移动、维修等工作上，操作的主体主要是专业维护团队人员。如在安装时，工作时间要选择在地铁停运时间段或者避开主要的上下班高峰时间，要事先做好安装工作方案，确定所需要的辅助设备、工作人员、操作空间的大小、围护方式及设置等。同时，要明确安装流程的每一个环节，尤其是安全操作环境的构筑上所必需的照明、防落等物理设备条件，并与地铁运营管理公司，尤其是相对应的人性化设施运营部门进行良好的对接。

三、舒适性

（一）意义

地铁的主要功能是交通运输，人性化设施的设置是在满足基本需求的基础上，对地铁车站舒适度的提升。北京是首都城市，人性化设施不仅服务北京市民，还面向广大的国内外客人，是一个国际窗口。是否可以舒适地使用公共设施，是衡量一个城市是否真正成熟的标志之一，北京地铁的人性化设施更应体现中国的高水准，具有引领和指导作用。

人性化设施的舒适性包含的内容很多，诸如个人隐私的考虑、环境氛围的打造、舒适的服务、交通的通达、弱势群体的关照等，总体来说是在基本服务功能已经满足之后的提升，是更高层次的人文关怀的体现。

（二）内容

在这里，关于地铁车站内人性化设施的舒适性，我们重点关注以下几个内容，具体包括四个方面：使用舒适、卫生舒适、动线舒适、信息舒适四大类。

1.使用舒适

强调使用功能的合理性。自助服务类和广告信息类设施，使用舒适主要是由工业产品设计来实现，而便利店类和贩卖单元式设施，与使用空间的大小以及工作人员的服务等内容相关，需要更多的细部设计和梳理。

2.卫生舒适

卫生舒适是所有设施整体上需要保证的内容，即在视线、空间处理、材料选择等方面要满足物理卫生，同时达到精神愉悦。尤其对于饮食类设施，在保证食品安全的基础上，还要从色、香、味等方面给利用人群带来舒适感。此类设施的设置还要考虑地铁车站内卫生间的位置，兼顾利用的便利和卫生。

3.动线舒适

通往设施本身的交通动线要尽量做到简洁便利、通达性好。需要仔细分析从地上的地铁出入口到乘坐地铁的站台整个流程的变化，针对不同的设施、路径和通过的距离的不同，合理设置人性化设施的位置，既做到不妨碍疏散、尽量减少路径交叉，又要满足商业服务设施的盈利需求。关于部分设施，如便利店类设施，还要在设施内部形成良好的交通组织设计，打造舒适的交通环境。

4.信息舒适

信息舒适是指信息本身很周详、即时，作为供人们了解的具体通知和背景等内容，在表达上宜简单明了，让观看或听读的人群可以快速地把握信息，方便下一步的移动或空间上的理解。

（三）措施

1.自助服务类设施

自助服务类设施的舒适性主要体现在工业设计上。具体到细部，首先是简化流程，让使用流程简单合理，尽最大可能减少操作的步骤，充分发挥自动化处理功能。其次，将设施的按键或者操作的把手进行人性化处理，让人们可以接触的界面大小、形式，符合亚洲人手的人体工学特征，并对相关界面的边缘进行曲线化设计，同时让使用材料的色彩与周边形成明显的差异，便于大家的空间认知和操作。

设施本身除一般的文字说明外，还应设置音频或视频简介或说明，方便听力障碍或弱视的人利用。并且，要重视使用者的隐私保护，包括适度的视线遮挡、声音防漏等。

在发生不会操作或其他问题时，要预先设计好解决对策或方案。可以采用直接与监控中心进行对接，允许监控中心的远程操作来解决问题，也可以通过对讲或其他方式，让地铁站点内的专业对接人员迅速到位。

2.便利店类设施

便利店的舒适首先体现在设施的位置，让来到本站点的人易于发现和利用。地铁内的动线整理需要综合考虑，尤其是便利店已经固定设置的情况下，需要结合相关的人流需求，调整店内的服务内容和功能配置。

便利店内的各种物品要做到分区明确、方便认知，让利用的乘客可以第一时间找到自己所需物品的摆放区域。同时，便利店内的动线也要考虑到人们的舒适使用，合理布局，尽量减少不同分区的动线相互交叉。

便利店类设施在功能上要多样化，满足不同乘客人群的不同需求，尤其是在小物品方面，要充实、完善。并且，要完善在外出后因气候差、时间紧等原因急需的用品，如雨伞、创可贴、牙具等。

在便利店的卫生方面，要做到整洁无尘，构筑从整体上可以感受到便捷、清爽的空间氛围。

3.售卖单元类设施

售卖单元类设施在使用上，要做到购买者和售卖者两者都舒适，具体细部在于空间大小合宜，方便操作和短暂逗留。

卫生上的舒适是所有设施都需要重视和保持的，尤其是食品方面的观感和体验，直接影响到人性化服务的水平和成效。售卖单元类设施的位置很重要，一般都设置在进出地铁口的路径上，不必绕道就能到达。另外，在保证交通疏散宽度的同时，也要仔细确定具体的设置位置，不致影响他人的通行。

4.广告信息类设施

广告信息类设施对于流动乘客来说最为关注。新到一个陌生的环境或者在已知的环境内寻找新的信息，需要广告信息类设施对所关心的信息进行即时提供，具体可以包括周边设施和地上设施等的位置、规模、出入口，或者相关演出活动的导游示意等。

信息类设施设置的位置应该在地铁出入口和检票口附近，或者有与周边设施相连的岔道口，方便大家读取相关的情报内容。地铁站点内，可以进行无线网络WIFI的免费提供，提高站点内的利用舒适度。如果可能，还可以将地铁信息与手机进行直接传递，让大家第一时间知道地铁运行的即时信息。

四、个性化

（一）意义

地铁车站属于公共交通机构，每天有大量的人流汇聚、移动。在满足交通功能的同时，构筑有归属感的空间环境，打造不同地铁车站的个性化特征，可以为地铁车站赋予认知、驻留、交流等附加意义，能够更好地方便旅客使用。地铁设施最终会走向综合体之路，由单一的交通运输功能转向开放的综合利用的公共设施。

要使每个车站体现出不同的特点，需要打造有个性的场所空间，人性化设施是其中的重要因素，在优先保证交通主体功能的同时，为来往的旅客提供高品质的公共设施。需要从整体环境入手，通过和谐统一的处理，从地面、柱子、天棚的设计，到装饰、符号、造型，再到工业制品的考虑等，对人性化设施进行特色处理。要服从整体环境的大构思，在造型、符号、文字类型、使用方式等多个方面，精细设计每一个环节，形成自己独特的风格，方便大家对同类人性化设施的信息捕捉和理解。同时，要注重文化气息的传递，提升整个地铁服务环境的水平和品质。还要注重原创性的思考和构思，使其符合本区域、本站点的定位和文化传承。

（二）内容

地铁车站内人性化设施的个性化主要包括：车站本身个性化、与周边结合个性化、利用人群个性化三大类。

1.车站本身个性化

每个车站都是一个独特的标志性符号，在人性化设施的设计上可以结合该车站的类型、所处区位以及周边环境，凸显其与众不同的特点。在具体的个性化体现手法上，可以从设施的造型、材料、色彩、工业设计、标识等方面出发，找出能体现该车站特点的要素，从而进行精心处理，使其与地铁的空间环境相融合，共同构筑清晰个性的地铁车站场所空间。

2.与周边结合个性化

不同线路的地铁，其开发主体或运营单位、经过的区域以及连接的站点等均有很大的不同，具有明显的地域特征。在人性化设施上也应注重这些地域特征，体现出该地区的传统、历史、文化以及自然景观等特点，使其体现与周边环境相符的地域烙印，提高辨识性和认同感。

3.利用人群个性化

由于各个车站所处的城市位置不同，所在功能区不同，其面对的服务对象群体也有显著差别。这就决定了站内人性化设施类型具有倾向性，或者需要大量设置年轻人喜爱的娱乐场所，或者需要布置一些方便上班族通勤利用的便利设施，或者需要添加面向老年人、儿童的特殊需求设施等。此外，打造充实的交流空间，作为人们约谈、聚会的集合地，也是体现人性化设施个性化的重要环节。

（三）措施

1.自助服务类设施

（1）标志性

自助服务类设施外观精致，在工业造型设计上，要与车站本身的整体构思相协调，没有违和感，如卡通造型的地铁车站，自助类设施不妨也设计得颇具童话意境，一眼就可以看出该车站的特征。同时，要考虑到该地区的历史文脉，如在设施上添加体现地域性的LOGO或标志性造型等，形成特色鲜明的亮点。

（2）连续性

这类设施属于点式设施，往往间隔一定距离后重复出现，在布置上可以作为人们行走通过时的节点景观来构思，也可作为不同功能空间的过渡，如在闸机口附近、不同线路的楼梯口附近、通道与站台之间等处设置数量不一的自助类设施，既可方便乘客利用，又可作为转换空间的标志。自助类设施往往有着一定的数量，需要考虑点与点之间的连续性，既包括功能上的连续，也包括景观上的连续，使其有序地在不同的功能空间、不同的空间景观之间共存或穿插。

（3）可辨识性

自助类设施往往小巧玲珑，在外观、色彩和材料的运用上，宜与周边形成较大的差异，增强可辨识性。如设置在暖色调墙面附近的设施宜采用相对较冷的颜色，在自助售票机附近的自助设施除了要相距一定的距离外，在外观、颜色上要有较强的对比性，方便大家认知和识别。

2.便利店类设施

（1）场所性强

便利店类设施一般地点固定，有一定的规模，利用频率较高。因此要选择合理的位置，常常布置在出入口附近、通道的两侧等，具有一定的场所存在感。在空间形态上可以充分展开个性化设计，打造具备车站特点或地域特性的标识场所环境，如充分利用现有的空间形态，店铺形态不仅仅限于规整的方形，三角形、圆形等其他特殊形状均可，重点是使其容易被认知，并具有引导性和聚众性。

（2）内装简洁

在四类设施中，便利店类设施最讲究快捷、便利，因此宜采用风格简洁、色彩清新的内装，如墙面只需简单涂装，内部如有柱子存在，应尽量弱化，或者与墙体一体设计，形成储藏空间。在满足基本功能的基础上，也要与周边空间相协调，特别是橱柜的色彩、材质要与所销售的商品相符合，尽量避免过于花哨的装饰。可以通过不同的典型色或LOGO来突出不同连锁店的特征。

（3）空间通透

由于多数位于地下，空间的通透性显得尤为重要。要打破地下空间相对封闭的感觉，尽量通过大面积透明玻璃、宽敞的入口、明亮的照明等手法的运用，使内部空间显得开敞、宽阔，特别是在入口处留出充分的空间，尽量不要让货柜遮挡住人的视线，易于吸引人进入（图6-20）。

（a）明亮的照明　　　　　　　　　　（b）宽敞的入口

图6-20　空间通透

3.售卖单元类设施

（1）功能性

售卖单元类设施一般为点式存在，功能较为单一，因此应结合地铁车站特点，有选择性地布置不同功能的设施，做到功能明确、选择性强。利用其可移动性特点，针对车站乘客人群的变动，灵活变换功能和位置，突出个性化。

（2）标识性

售卖单元需要强化自身的存在，使人一眼能够知道提供何种服务，有吸引人流的导引性。少数售卖单元并排时，每个不同的设施宜设置明显的功能性指示牌。同时，需要抓住区域有名的或良好评价的物品进行销售，地铁运营公司要对其筛选，符合运营管理原则。

4.广告信息类设施

（1）明确分区

广告信息类设施整体数量庞大、种类繁多，需要严格分区控制管理。如在停留区域，宜布置可以连续播放的视频广告，人们可以一边休息、交流，一边关注广告；在移动区域，宜布置简单、醒目的大型壁画广告，使人们在移动中也不影响观看。再如，站台层应布置小型视频广告，不会占据太多空间，不会给人的通行造成障碍；而在较长的换乘通道两侧宜采用连续壁画类广告，使其成为连续景观的一部分，让乘客在移动的同时，可以体验环境的变化，放松心情；在较宽敞的大厅，大屏幕或灯箱类广告更能发挥作用，既可以提高人们的注意力，又可以作为照明功能使用。

（2）主题性

此类设施的主要功能是向匆匆移动中的人群传达信息，每个车站可以选择适合本车站整体风格的广告类型，不同类型的广告应合理搭配布置，但要争取有明确的主题，使人们一目了然，容易获取信息。同时，由于更换频度较高，应采用易于安装、拆卸的广告形式，也便于综合管理（图6-21）。

（a）书刊亭　　　　　　　　　　　（b）自助设施

图6-21　广告信息的传达

（3）整体性

每个车站的广告类设施应明确体现本车站的个性化符号和色彩，可以通过一个或多个统一要素，在广告内容和信息内容不断更换的同时，保证整体风格和个性的不变。同时，要注意与其他人性化设施的个性化设计相结合，统一构筑本站点的个性化环境。

第四节　配置理念

一、地下设施互补

地铁人性化设施成功与否，与地铁人性化设施规划的成熟与否有着直接的关系。车站往往通过连廊、地下通道等与城市紧密连接，因此在设施的设置上应该差异化布置，避免同质化重复。地铁人性化设施设置要避免与地上设施各自为政、各说各话，应仔细考虑地铁乘客的使用心理与使用需求，形成整体的人性化氛围，吸引更多客流。

例如，中国香港地铁人性化设施的管理者在地铁内部设施的布局上，非常注意避免同类型设施在同一楼层或地铁地上地下区域内"扎堆"布置，而是根据乘客流线以及乘客的消费心理，把不同类型设施分别布置在不同的楼层，满足乘客多种需求，避免了同种类设施的"恶性竞争"，形成一个有机整体。

二、与站点类型结合

轨道交通作为城市内部的联系纽带，贯穿于各个经济区域，轨道交通站点就会设置于不同的功能区，而不同功能区因为人流多少及使用特点不同使得轨道交通人性化设施的选择应有所区别，要充分考虑区位特点做针对性布置。有 A 类以旅行为主车站、B 类以休闲集会为主车站、C 类以通勤为主车站等。车站类型不同，地铁的主要乘客类型也是千差万别，人性化设施的设置也就需要多样化。

以 C 类通勤为主车站为例，地铁站乘客多以上下班客流和日常商务客流为主，这类乘客流动性大，但大部分人都是为了交通需求，目的性不强，这类站点的人性化设施需要具有便利性、快捷性、省时性等特点，方便通勤人员。

三、与站内流线结合

就人性化设施来说，地下人流动线区别于地上人流，地铁人流一定是集中且单向的，与地面人流来自四面八方较为分散的特点差异较大。据测算，地铁人流足以和一般的地面区域中心的日人流量相当，若是多条地铁的换乘点，甚至可以和市中心人流集中点相当。因此，从人流量来看，地铁人流并不具有天生劣势，而更多的问题在于人流引导。区别于地面多向而分散的人流，地铁单向而集中的人流有利有弊。人流集中容易形成集聚效应，然而人流集中若无有力的引导动线，也更容易流失人流。

因此，地下引导动线的设计必须区别于地面引导动线。在建筑特色、空间感受、宣传引导、设施形象、业态组合等各个角度都需要强有力的视觉亮点以吸引人流。若动线较长、较复杂，更是需要多重亮点、精心组合的业态，以及十分清晰的引导指示牌以留住人流。因此，在动线设计上应尽量简单、清晰、宽敞、明亮。能让地下人流感觉像在地上一样的简单、放松、舒适是地下动线设计的基本标准。

四、合理的业态组合

从目前国内的地铁业态来看，无非就是低端的休闲服饰、家居家电大卖场、快餐小吃等，其中虽然也不乏经营好的，但总体上，迎合大于引导。若无法引导巨大的人流，而靠简单的迎合人流快速消费的特征，将无法真正有效地吸引人流。这样的业态，小规模的商业尚可支撑，若要带动较大的商业，那么无法主动引导，必将面临人流不足的危险。

借鉴日本和中国香港地区的经验，对于地下人流的带动仍然需要强有力的主力店加以引导。当然，这种主力店的类型可根据所属区域的特点加以设置。若是商务区，那么百货、大型时尚品牌可作为选择；若是居民区，那么大型生活类卖场可作为选择。当然特色美食、有亮点的商业品牌都可以吸引一定的消费群。

五、保障安全运营

地铁作为轨道交通的一种，其首要职能是保证交通功能的正常运转，地铁的安全运营是重要任务。地铁站人性化设施本身希望更多的人流滞留，但是地铁站出于安全方面的考虑，则需要及时疏散人流，这两种互相矛盾的原则，要求设计师在设计地铁人性化设施时要全盘考虑安全疏散和人群滞留的互换关系，不能顾此失彼。

地铁站的规划设计最重要的先决条件就是乘客的安全问题。在紧急情况发生时，乘客的疏散方向、疏散距离、疏散口的大小、位置、数量等是重要的设计内容。此外，地铁在消防、排水、照明、通风等方面也有严格的要求。而地铁的"疏散人流"与地铁人性化设施的"滞留人流"这两个原则是相矛盾的，因此，在地铁人性化设施的规划设计时，要协调好这两者间的关系进行各种流线及布局的设计。

六、遵循法规条例

地铁的法规条例与地铁行为活动关系日益密切，更好地规范了建设行为、管理做法，为人民的生活提供了强有力的保障。它也在各个方面发挥着作用，它详细规定了哪些是必须所为的建设行为、管理做法，哪些是禁止所为的建设行为、管理做法。此外，地铁的建设与运营是我国的百年大计，建设的质量与管理的水平都直接影响到人性化设施的使用、人身财产安全，甚至是社会经济政治活动。

第五节 设施配置

一、设施布局

（一）站厅

站厅商业位于站厅层，其商业业态根据位置的特殊性，可进行实际选择。根据实际调研与文献整理可知，适合站厅层的业态主要有自助服务类、便利店类与广告信息类，其他类型受限于地铁站交通功能，不宜设置。故本节对站厅不同商业业态与商业位置进行综合分析，探讨站厅商业的空间布局。

站厅层地铁交通相关职能是不可忽略的基础条件。站厅层主要由公共区及设备管理用房区组成，公共区是乘客完成检票、上下车、进出站的区域，即乘客可进入区域。公共区包括非付费区及付费区，商业主要集中在非付费区内，避免对流线和通行效率产生影响。公共区多位于车站中部，两侧或一侧靠近设备管理用房，管理用房中车站控制室、公安安全室、管理人员出入口等位置禁止设置自助设施、商铺等影响地铁安全的商业空间。

1.自助服务类设施

自助服务类设施应避免对行人乘车产生干扰。设施位置可利用结构柱、楼扶梯等消极空间，并结合乘客行进方向进行综合考虑。

设施位置的选择受站台类型的影响，不同类型的站台会制约站厅空间布局，从而导致设施位置的不同。通过分析发现，闸机区域附近客流量集中，属于不影响交通的商业可等候区，下面将列举若干常见站台类型下的站厅闸机区域位置设施布局。

（1）岛式站台

1）端厅岛式（普通站）

设施布置特征：端厅两侧不相连接，闸机外区域直供乘客进出站使用，功能相对简单。出口1为乘客出站闸机临近位置，可适当放置自助拍照摄影机、ATM机、自助售卖机等，进站闸机靠近楼扶梯一侧的区域，可放置自助售卖机等服务乘客的机械（图6-22）。

2）端厅岛式（换乘站）

设施布置特征：换乘车站出口主要供换乘客流使用，客流性质较为单一，可在出口位置一侧布置自助售卖机等机械，方便乘客使用；闸机内区域换乘客流较大，不适合放置自助设施，避免对乘客产生干扰（图6-23）。

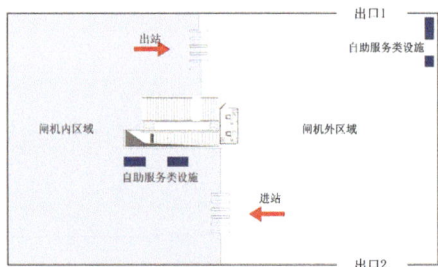

图6-22　普通站设施布置示意图　　**图6-23　换乘站设施布置示意图**

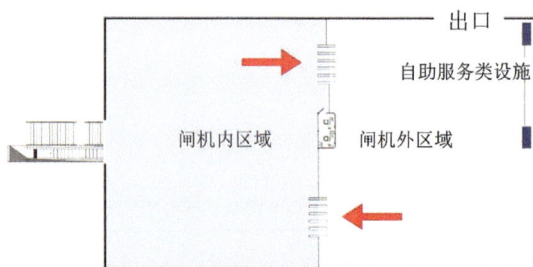

3）双层岛式

设施布置特征：站厅层作为一个联通整体，主要包括过街客流、进出站客流、换乘客流等，客流性质较为复杂。设施宜布置在出口附近及进站闸机一侧，方便乘客的同时不影响乘客流线（图6-24）。

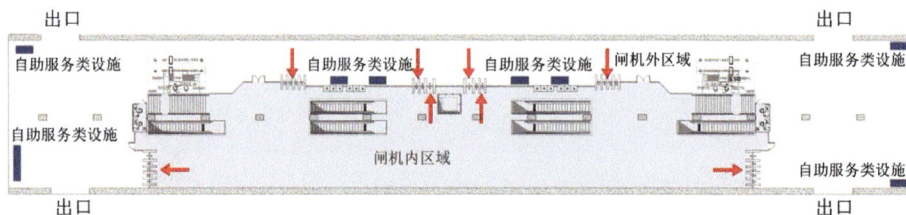

图6-24　双层岛式设施布置示意图

（2）地下一层侧式站台

设施布置特征：站台与站厅同处地下一层，瞬时客流密度较大，设施应避开进出站主要交通流线区域，可布置在管理设备用房一侧及出站口通道靠墙一侧，并预留出一定排队空间（图6-25）。

2.便利店类设施

根据分析，便利店类商业应满足相关规范的同时，应避免商业流线对车站交通的干扰。便利店类设施设置考虑到自身盈利与品牌宣传的问题，其位置应尽可能处在具有良好视野的区域。便利店类商业进出口直接面对乘客通道时应预留出不小于2m的排队空间，店铺基于一个标准模块进行划分，并优先选用装配式构件进行建

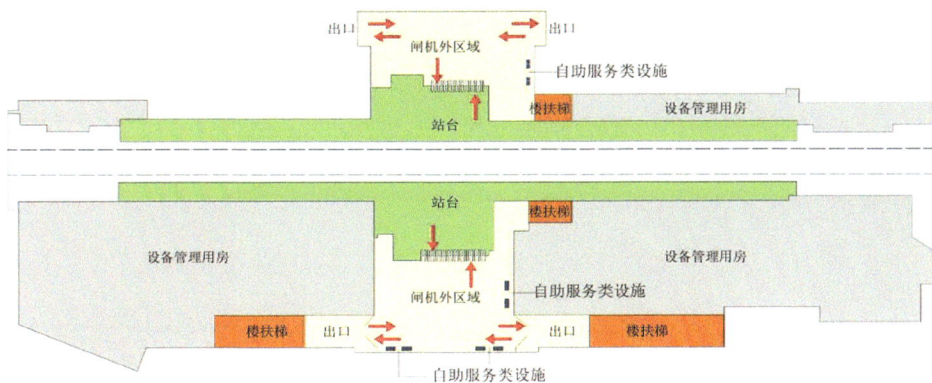

图6-25 地下一层侧式站台设施布置示意图

造，预留好通风、电线、网线等配套设施，便于后期商铺根据自身经营情况进行拆分或合并处理。

便利店类空间布局与车站站台形式同样具有很大关系。站台位置制约了站厅内闸机、通道、栏杆等相关布局，同时造成了店铺位置的不同。

（1）地下二层岛式站台

地下二层岛式站台，公共区位于车站中央，乘客由4个进出口出入车站，并经车站上部进站闸机进入付费区，出站乘客由下部出站闸机出站，整个过程乘客流线十分清晰明确。根据以上分析，为避免对乘客流线的干扰，同时结合车站本身功能与视线效果，店铺可考虑布置在Ⅱ、Ⅲ、Ⅳ出入口附近（图6-26）。

位于Ⅱ号口附近的商铺避开了进出通道的主要客流，靠近通道一侧的墙体宜采用玻璃等透明材料，形成良好的商业效果并增加车站空间的通透性。不过需注意的是，因店铺进出口平行于出站客流设置，店铺应预留出最少2m的排队距离，防止对地铁工作人员进出公共区产生影响。Ⅲ号口附近商铺与车站风亭、风道围合形成

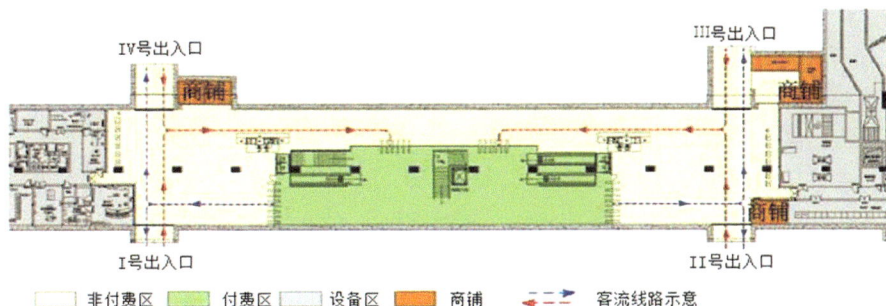

图6-26 地下二层岛式车站商铺布置图

（资料来源：《广州地铁站厅商业开发设计思路探析》）

U形布置，此布置方式内部可自然形成排队空间，对车站乘客干扰较少，并且面向站内区域，视线效果较好。位于Ⅳ号口附近的商铺方便照顾到该出口进出乘客，对车站主体采取局部增加凹口设计，建造成本大大低于日后商业收入，且商铺开间较大，商业空间视线良好，该部分商铺利用价值较高。

（2）地下一层侧式车站

地下一层侧式车站指的是站厅、站台均位于地下一层的侧式站台车站。公共区位于车站中央，两侧属于设备管理用房，车站的进出站闸机位于站厅中部，是乘客流线最为集中的区域。商铺可布置在闸机一侧，保证另一层设备管理用房内与地铁进行安全相关的功能不受影响。商铺布局避开客流路线，避免对乘客产生干扰。不过需注意的是，在商铺进出口垂直乘客流线设计的时候，应预留出2m以上的排队空间。如果出入口靠外墙空间足够，可考虑设置若干店铺。为避免对客流产生阻碍，商铺周围应预留出不小于出入口宽度的通道供乘客通行。

3.广告信息类设施

在站厅层中，商业广告是不可或缺的信息类商业设施。商业广告的设置应做到间距均匀、美观和谐、便于维护，且广告媒体的预留尺寸应与墙面装饰板的模式统一。

站厅本身具有交通导向标识系统，故应适当减少商业广告的数量。站厅层墙面上一般可设置灯箱（包括嵌入式大型灯箱），客流量较大的车站可设置电子媒体设施；正对进出站闸机等醒目位置的墙面上可设置电子媒体设施；站厅层内无导向标识的柱体上可设置灯箱。

（二）站台

通过案例分析与文献调研可知，适合站台层的业态主要以自助服务类与小型便利店类为主。

站台层主要由乘客候车区与设备管理用房区组成。乘客候车区位于车站中部，占据了大多数面积。乘客通过楼扶梯、电梯经站厅层进入站台层候车区，并在候车区完成上、下车活动，候车区大部分空间都会被换乘、通行等乘客占用。故集成式商业应分析乘客主要活动流线，避免对乘客行为产生干扰。

1.自助服务类设施

（1）岛式站台

岛式站台位于路轨中间，乘客在站台上完成上车、下车、换乘等行为。乘客流线基本覆盖整个站台候车区。根据实际调研与资料分析，得到站台层自助服务类设施布局图如图6-27所示。

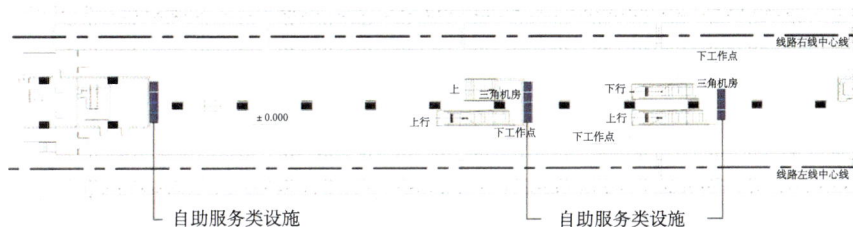

图6-27 岛式站台自助服务类设施布置示意图

自助设施可布置在站台两侧边角空间中。按照乘客数量分布规律，站台端头区域乘客数量最少，故站台两侧端头区域设置少量自助机械，不仅不会影响乘客的乘车行为，反而会方便有商业需求的乘客群体。

楼扶梯下部边角空间可布置一定数量自助设施，因其可利用空间狭小，需保证自助设施预留出足够的排队空间，避免对穿行乘客产生干扰。

（2）侧式站台

侧式站台不同于岛式站台两侧均为路轨的特点，侧式站台上行、下行乘客分别在各自的站台上下车。相比于岛式站台，侧式站台的利用率相对较低，故站台设施布局可利用客流分布较少的边角空间（图6-28）。同岛式站台一样，乘客数量分布由中间向两侧逐渐减少，可在端头设置自助设施。

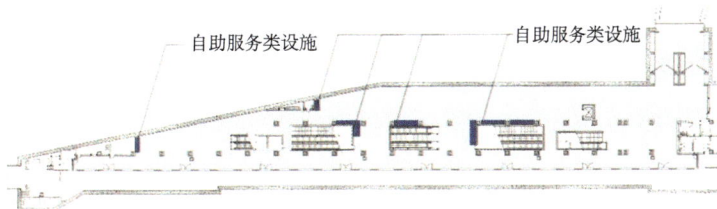

图6-28 侧式站台自助服务类设施布置示意图

岛式站台靠墙（远离路轨）一侧，乘客利用率相对较低，可考虑将自助设施放置在该侧，避开上下车的乘客。不规则站台存在一定的边角空间，此部分空间可以在不影响乘客通行的情况下，设置自助设施。

2.便利店类设施

（1）近期

在现行规范及相关政策制约下，站台层便利店类商业很难有较大程度突破。结合目前国内较为成熟的做法，可将站台便利店集中设置在楼扶梯下部三角形空间中（图6-29）。

便利店类商业空间需保证正常的商业使用，楼扶梯下三角形空间较为特殊，必

（a）平面关系示意图　　　　　　　　　　　（b）剖面关系示意图

图6-29　站台层店铺设计方案（单位：mm）

须避免净高不够带来的空间使用困难。根据相关文献资料可知，层高大于2.1m就可满足基本的使用需求，故层高取2.1m作为最低值。当空间取2.1m确有困难时，可适当降低层高，但不应影响空间使用。可利用货柜上部及卷帘上部空间设置商业广告，充分利用商业空间，增加商业收入。采用防火卷帘与车站分离，既保证了车站防火安全，又将车站运行时间与商业营业时间分离开来，便于车站管理。

（2）远期

随着今后技术日渐成熟，开发理念进一步提升，以及相关政策的逐渐放开，远期便利店可参考日本等发达国家的做法，通过扩大柱距或跨度来增加站台面积，预留出可设置商业的空间。不过需注意的是，地铁站台规模增加会导致开发面积与开发成本的急剧增加，同时造成附近铺设管线的难度增大等一系列问题，故站台规模增加需结合实际情况进行详细分析，得出适合的扩大方案。

1）岛式站台

岛式站台乘客主要活动区域位于站台中部候车区，且楼扶梯多位于站台中央，故通过增大纵向柱距或跨度的方式，利用楼扶梯宽度，创造便利店商业空间[图6-30（a）]。

2）侧式站台

侧式站台乘客主要活动区域位于站台两侧，且楼扶梯多位于站台两侧，故通过

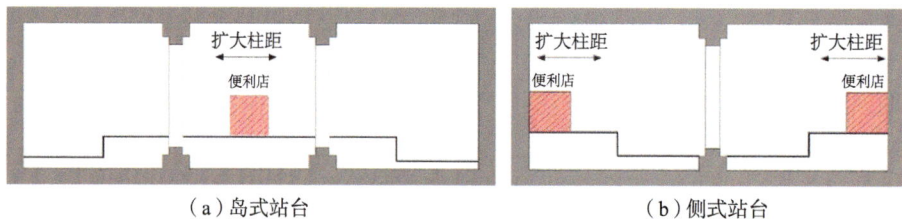

（a）岛式站台　　　　　　　　　　　　（b）侧式站台

图6-30　便利店类设施布置示意图

增大纵向柱距或跨度，利用两侧楼扶梯宽度及边角空间，创造便利店商业空间[图6-30（b）]。需注意的是，便利店类商业不仅要结合楼扶梯布置，还要结合客流进行设置，避免对乘客乘车行为产生干扰。

（三）通道

首先，通道商业同样兼顾交通与商业的双重功能，如何合理规划交通组织与商业流线，是通道商业需要着重解决的问题；其次，通道商业与周边设施如何连接，与什么样的设施连接都是一个值得分析的问题。与周边设施的连接，可以带来大量客流，并方便了客流通行，创造了良好的商业氛围。通过对比日本相关案例可知，区位较好的通道商铺租金高于地面一层临街商铺，因此，通道商业有不可忽视的开发价值。通过分析整理可知，通道空间形态适合售卖单元类及广告信息类为主的商业业态，将从这两个方面入手对其空间布局进行讨论。

1.售卖单元类设施

（1）通道开发典型布局

通道商业中的售卖单元不同于地面沿街店铺，受限于地下开挖难度及人防等相关问题，往往被设计成小尺度空间，空间紧凑且利用率高。故售卖单元需结合大量的地铁客流进行设计，从而达到增强商铺可见性、可达性、记忆性的目的。

售卖单元类商铺空间布局需引导乘客较为快速地通过通道，避免乘客在通道交通空间内滞留，并且在商铺的外边缘预留一定的排队空间；动线设计应避免死角，有条件的情况下可采取弧线设计，提高可视性和交通引导性；乘客动线角度宜采取钝角，避免锐角的出现；交通空间中可采用景观、功能等节点设计，减少心理感受距离，丰富视觉感受。

根据实地调研及文献整理可知，通道商业典型布局有：

1）"回"字形

"回"字形布局指的是商业区域位于中部、四周被公共交通空间围合的布局模式。商业位置通道中部，几乎无盲角，不阻碍乘客的流动且店铺的可视性极好，店铺四个面都具有临街面，商业价值较高。

2）"线"形

"线"形布局指的是以连接站内、站外的通道为纽带，由通道基本交通空间向外延伸的布局模式。其空间形态与通道形态较为契合，是通道商业中最为常见的布局模式。商业位于通道两侧，面积可根据实际需求进行划分，商业灵活性较高且乘客流线简单，减少了不同方向乘客之间的交叉干扰。

售卖单元类店铺经营种类与通道连接的周边设施有很大关系，连接通道形式可以分为：与地面出站口连接；与换乘地铁进行连接；与体育文化设施连接；与购物中心、商业建筑连接；与写字楼等办公建筑连接。商铺经营的商品根据通道中乘客流线性质进行选择，提高商业的吸引力。

（2）利用通道自身空间进行开发

通道较为狭长的空间形式容易给人带来枯燥乏味的感觉，所以在满足地铁基本交通职能的基础上，通过适当增加通道宽度的处理方法，在通道两侧或一侧设置商业空间来满足乘客商业需求，可以有效提高通道使用体验（图6-31）。

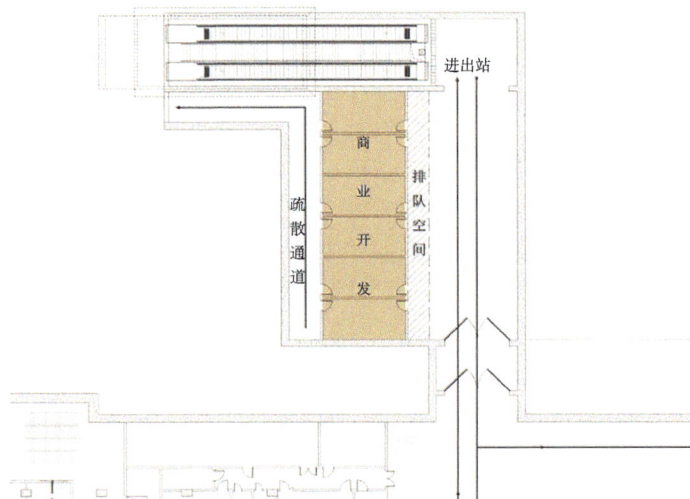

图6-31 通道自身空间商业开发

由于地铁通道本身空余面积不大，沿通道布置的商业空间还受车站出入口与位置形态的影响，可用来进行集成式商业开发的空间相对比较局促，商业开发需结合地块实际情况进行具体分析，确定适合自身的开发规模，同时应充分权衡投资与收益的关系，避免因消防疏散设施与空间的增加产生过多的投资成本。

地铁通道商业空间需重点解决以下两个问题：商业空间需预留出不小于2m的排队空间，避免商业客流与地铁交通客流产生干扰，影响地铁正常运营；商业空间宜采用非承重墙体进行分隔，空间处理灵活多变，方便迎合未来商业改变所带来的不同需求。

结合地铁相关设计规范分析，商业空间出入口数量不应少于2个，同时满足疏散距离要求。为了节省开发成本，疏散出入口可与地铁本身出入口合并，并用防火墙分隔处理，形成合并式出入口。

（3）利用通道多余空间进行开发

通道商业除了利用通道本身进行商业开发外，还可以利用通道多余空间进行开发。由于地铁车站具有很多服务用房，且服务用房均位于地铁权属地块之内，车站通道与附属部分具有许多重合之处，故可以利用通道与附属之间的空余部分进行商业开发。

2.广告信息类设施

地铁通道侧墙可排列设置若干商业广告设施，设施尺寸和预留位置协调统一，设施间距均匀，广告观看距离适中，增强商业环境的氛围；同时，应注意的是，设施应避免紧挨吊装的导向标识牌、墙面安全疏散标识牌等乘客引导系统。合理设置商业广告的内容，应包括：商业广告的内容应包涵周边商业的布置信息，方便乘客快速了解其中商业的位置信息；广告的内容应简洁明了，主动给乘客提供所需信息，避免乘客因此逗留，减缓行进速度；商业广告的内容、版面等设计应注重文化内涵，增加商业收入的同时给乘客带来视觉享受，提升商业空间的精神内涵。

二、设施位置

美国著名学者凯文·林奇（Kevin Lynch）根据人们的空间认知习惯总结了城市意象五要素，是在不同的空间层次上有不同的理解。其理论对地铁人性化设施布置同样具有指导意义，应主要包括这样几个部分：

路径——以地铁站内线形通道为主要载体，主要包括站点的内部通道、与其他空间的连接通道等。

边界——地铁站点内多种形式的空间隔断，如墙壁、吊顶、柱子、地面等。

区域——地铁站点内不同的功能、空间区域，如站厅、站台。

节点——地铁站点内不同功能区域的交汇点，如交通集散厅、通道交汇点及入口大厅等。

地标——地铁站点具有标志和导向作用的元素，如出入口、指示标识、标志性构筑物等。

上述空间要素将有助于实现人性化设施的易识别、易到达、易使用，应是设施布局的主要位置。同时设施位置确定应参照以下要求：

站台层少布置设施，相对来讲，将设施多布置于站厅层。因站厅层面积规模相对较大，空间开敞，且人流行进速度较站台层慢，便于使用和安全管理。站内的角落、偏僻处等通达性较低处不宜放置设施。因这些地方乘客不易到达，设施利用率低。站厅入站安检站附近、售票窗口附近等人员集中处不应放置设施，以避免影响车站的正常使用功能。距离疏散楼梯、扶梯等人员集中流动处不应放置设施，避免影响进出站乘客行进和疏散。设施摆放以设施布置图绘制的范围为参考，需在周边留出缓冲距离，在范围内的具体位置则需根据车站具体情况和车站运营需要来确定。设施摆放如遇站内消防设施、设备间出入口、指示牌、座椅、指示标示等站内标配设施，则需进行相应的避让。

三、设施数量

(一) 自助服务类和广告信息类

此类设施根据所划定的布置范围，结合站内人流数量进行适当布置。不同设施类型的数量可采用出行生成预测法确定：即根据客流出行特征对地铁站点周边客流量进行预测，然后根据地铁客流预测及其出行目的，预测各个地铁站人性化设施对客流的吸引比例，进而确定站点人性化设施的人流需求，最后通过人性化设施人流吸引率反算人性化设施需求。

通过对北京地铁乘客出行目的的实地调研和分析，总结出乘客出行目的比例结构。经常乘坐的地铁站点类型中排在前四位的分别是：商业区28%、居住区29%、城际交通枢纽18%、旅游景点16%，共计91%（表6-3）。由此可见，位于商业区、居住区、城际交通枢纽、旅游景点车站的人性化设施设置应给予重点考虑。而对人性化设施需求比例的调研结果显示，对自助售货机的需求最高，近20%。因此，项目组建议对以上区域内的站点应增大自助服务类设施的数量，尽可能利用可布置空间摆放。而其他区域内的站点如城乡接合部区域、市郊区域，则可根据目前人流量情况适当减少设置数量，待周边地块发展成熟后，随着人流量的增加再相应提高设施配置数量。

北京地铁客流出行目的结构表   表6-3

出行目的	商业区	居住区	城际交通枢纽	旅游景点	其他
所占比例（%）	28	29	18	16	9

(二) 便民服务类和售卖单元类

由于目前对地铁内此部分设施的面积规模有严格的限定，基本在 $50 \sim 100 m^2$ 范围内，故应参照设计规范限定严格执行。本项目对此设施的内部使用功能给出了不同使用方案的布置设计，以满足站点的使用弹性需求。远期在相关政策条例允许地铁设施配套商业服务用房的情况下，也可参照上述出行生成预测法来确定相应便民服务用房和售卖单元的面积规模，从而达到国外日本、新加坡等发达国家和中国香港的水平，为市民出行、生活带来更多的便利。

四、配置引导

在实际设计运用中，应根据站点类型及每个站点的具体情况，提供设施配置引导建议，标明每座车站应该配置的各类型人性化设施情况，见表6-4。

地铁车站人性化设施配置表　　　　　表6-4

设施类型	自助服务类	配置情况	便利店类	配置情况	售卖单元类	配置情况	广告信息类	配置情况
出行服务	自动售票机		干洗店		皮具保养		共享单车信息	
	雨伞租赁机		旅行社分理		票务订购		周边设施地图	
	自助充电机		日杂店		服饰精品		慢行系统信息	
	便民缴费机		礼品店		户外用品		服务设施信息	
	自助挂号机		便利超市		旅行用品			
	ATM机		特产品店					
	自助擦鞋机							
餐饮服务	自动售货机		西饼店		连锁饮品		餐饮分布信息	
	饮料加工机		饮品店		食杂品		老字号信息	
	自助果蔬机		快餐店		生鲜品		饮食健康信息	
	自助生鲜机		果蔬店		快餐小吃			
物流服务	物品存放机		物流代收		行李寄取		信息推送	
	信件投取机		物流投递		行包售卖		附加广告	
	虚拟超市		便捷邮政		快递服务		物件告知	
	物流查询机		特产物品					
信息服务	自助证件摄影		创意书店		书刊亭		公益信息	
	自助书亭		便捷打印店		手机维修		广告信息	
	旅游攻略		手机业务		信息亭		社区信息	
	旅游地图		旅游咨询点				旅游信息	
	城市综合查询							

续表

设施类型	自助服务类	配置情况	便利店类	配置情况	售卖单元类	配置情况	广告信息类	配置情况
拓展服务	自助鲜花机		服装配饰店		应急维修		文化活动通告	
	自助售药机		老人用品店		快捷美容		演出活动通告	
	纪念品售卖		银行分理处		商品咨询		节日海报张贴	
	自助优惠券		药店		志愿服务		集会活动通告	
	纪念品DIY							

注：在配置情况一栏，可用配置符号表示配置情况，"□"为当前需要配置，"○"为当前可选择配置，"△"为远期可配置。

第六节　设施布置意向

一、A类站点设施布置意向——旅游站点

此类站点多为旅游站点，分布在市内或市郊的旅游景点内或附近，设施设置在满足常规需要的基础上，还应兼顾旅游站点人流量大、观光人员比例较大及旅游行为的相关需求等特征，设置相应的人性化设施，如旅游纪念品售卖、DIY制作、特产物品、行包购买等。推荐设施配置情况参见表6-5。

A类站点人性化设施配置情况推荐表　　　　表6-5

设施类型	自助服务类	配置情况	便利店类	配置情况	售卖单元类	配置情况	广告信息类	配置情况
出行服务	自动售票机	□	干洗店	△	皮具保养	△	共享单车信息	□
	雨伞租赁机	○	旅行社分理	□	票务订购	□	周边设施地图	□
	自助充电机	□	日杂店	○	户外用品	○	慢行系统信息	○
	便民缴费机	△	礼品店	○	旅行用品	□	服务设施信息	□
	ATM机	□	便利超市	□	明信片售卖	□	票务信息	□
	自助擦鞋机	○	特产品店	□	人工擦鞋点	△		
餐饮服务	自动售货机	□	西饼店	○	连锁饮品	□	餐饮分布信息	○
	饮料加工机	○	饮品店	○	食杂品	○	老字号信息	○
	自助果蔬机	□	快餐店	□	生鲜品	○	饮食健康信息	△
	自助生鲜机	○	果蔬店	○	快餐小吃	□		

续表

设施类型	自助服务类	配置情况	便利店类	配置情况	售卖单元类	配置情况	广告信息类	配置情况
物流服务	物品存放柜	□	物流代收	△	行李寄取	□	信息推送	□
	信件投取机	○	物流投递	△	行包售卖	□	附加广告	△
	物流查询机	△	便捷邮政	○	快递服务	△	物件告知	○
	虚拟超市	△						
信息服务	自助证件摄影	□	创意书店	○	书刊亭	○	公益信息	□
	自助书亭	○	便捷打印店	○	手机维修	○	广告信息	○
	旅游攻略	□	手机业务	○	信息亭	□	社区信息	△
	旅游地图	□	旅游咨询点	□			旅游信息	□
	城市综合查询	□						
拓展服务	自助鲜花机	△	服装配饰店	○	应急维修	□	文化活动通告	○
	自助售药机	○	老人用品店	△	快捷美容	△	演出活动通告	○
	纪念品售卖	□	银行分理处	□	商品咨询	○	节日海报张贴	○
	自助优惠券	○	药店	○	志愿服务	○	集会活动通告	○
	纪念品DIY	□			服饰精品	△		
	饮料瓶回收机	□						

注："□"为当前需要配置，"○"为当前可选择配置，"△"为远期可配置。

二、B类站点设施布置意向——休闲集会类站点

此类站点为休闲集会类站点，多分布在大型车站、体育场馆、文化设施、公共广场等附近。设施设置在满足常规需要的基础上，应兼顾对人员外地出行、参加集会活动、观看文体演出等活动的需求，并设置相应的人性化设施，如物品存放、文化及演出活动通告、志愿服务台等设施。推荐设施配置情况参见表6-6。

B类站点人性化设施配置情况推荐表 表6-6

设施类型	自助服务类	配置情况	便利店类	配置情况	售卖单元类	配置情况	广告信息类	配置情况
出行服务	自动售票机	□	干洗店	△	皮具保养	△	共享单车信息	○
	雨伞租赁机	○	旅行社分理	△	票务订购	□	周边设施地图	□
	自助充电机	□	日杂店	○	户外用品	△	慢行系统信息	□
	便民缴费机	△	礼品店	□	旅行用品	△	服务设施信息	□

设施类型	自助服务类	配置情况	便利店类	配置情况	售卖单元类	配置情况	广告信息类	配置情况
出行服务	ATM机	□	便利超市	□	明信片售卖	○	票务信息	□
	自助擦鞋机	○	特产品店	○	人工擦鞋点	○		
餐饮服务	自动售货机	□	西饼店	□	连锁饮品	□	餐饮分布信息	□
	饮料加工机	□	饮品店	□	食杂品	□	老字号信息	○
	自助果蔬机	○	快餐店	□	生鲜品	○	饮食健康信息	○
	自助生鲜机	○	果蔬店	○	快餐小吃	□		
物流服务	物品存放柜	□	物流代收	△	行李寄取	□	信息推送	□
	信件投取机	○	物流投递	△	行包售卖	○	附加广告	○
	物流查询机	△	便捷邮政	○	快递服务	△	物件告知	○
	虚拟超市	△						
信息服务	自助证件摄影	□	创意书店	□	书刊亭	○	公益信息	□
	自助书亭	□	便捷打印店	○	手机维修	□	广告信息	□
	旅游攻略	○	手机业务	○	信息亭	□	社区信息	□
	旅游地图	○	旅游咨询点	○			旅游信息	○
	城市综合查询	□						
拓展服务	自助鲜花机	□	服装配饰店	○	应急维修	□	文化活动通告	□
	自助售药机	○	老人用品店	□	快捷美容	○	演出活动通告	□
	纪念品售卖	△	银行分理处	△	商品咨询	△	节日海报张贴	□
	自助优惠券	□	药店	○	志愿服务	□	集会活动通告	□
	纪念品DIY	○			服饰精品	○		
	饮料瓶回收机	□						
	自助挂号机	△						

注："□"为当前需要配置，"○"为当前可选择配置，"△"为远期可配置。

三、C类站点设施布置意向——通勤类站点

此类站点为通勤类站点，多分布在居住区、商务区、办公区、混合社区等附近。设施设置在满足常规需要的基础上，应兼顾对人员日常出行、生活、工作、交往等方面的需求，并设置相应的人性化设施，如便捷餐饮、便捷邮政、物流投递等设施。推荐设施配置情况参见表6-7。

C类站点人性化设施配置情况推荐表 表6-7

设施类型	自助服务类	配置情况	便利店类	配置情况	售卖单元类	配置情况	广告信息类	配置情况
出行服务	自动售票机	□	干洗店	○	皮具保养	□	共享单车信息	○
	雨伞租赁机	□	旅行社分理	△	票务订购	○	周边设施地图	□
	自助充电机	□	日杂店	□	户外用品	△	慢行系统信息	○
	便民缴费机	○	礼品店	△	旅行用品	△	服务设施信息	○
	ATM机	□	便利超市	□	明信片售卖	△	票务信息	○
	自助擦鞋机	○	特产品店	○	人工擦鞋点	○		
餐饮服务	自动售货机	□	西饼店	○	连锁饮品	□	餐饮分布信息	○
	饮料加工机	○	饮品店	□	食杂品	○	老字号信息	○
	自助果蔬机	○	快餐店	□	生鲜品	○	饮食健康信息	□
	自助生鲜机	○	果蔬店	○	快餐小吃	□		
物流服务	物品存放柜	□	物流代收	○	行李寄取	△	信息推送	
	信件投取机	○	物流投递	○	行包售卖	○	附加广告	
	物流查询机	○	便捷邮政	□	快递服务	□	物件告知	○
	虚拟超市	○						
信息服务	自助证件摄影	□	创意书店	○	书刊亭	□	公益信息	□
	自助书亭	○	便捷打印店	□	手机维修	□	广告信息	○
	旅游攻略	△	手机业务	□	信息亭	○	社区信息	□
	旅游地图	△	旅游咨询点	△			旅游信息	△
	城市综合查询	□						
拓展服务	自助鲜花机	○	服装配饰店	□	应急维修	□	文化活动通告	○
	自助售药机	□	老人用品店	○	快捷美容	○	演出活动通告	○
	纪念品售卖	△	银行分理处	○	商品咨询	△	节日海报张贴	○
	自助优惠券	□	药店	□	志愿服务	△	集会活动通告	△
	纪念品DIY	△			服饰精品	□		
	饮料瓶回收机	□						
	自助挂号机	○						

注:"□"为当前需要配置,"○"为当前可选择配置,"△"为远期可配置。

第七章　车站内导向标识网络化应用及设计

第一节 综 述

■ 一、研究背景

随着北京城市轨道交通线网建设的不断推进，换乘车站在线路中的比例越来越高，三线、四线甚至五线换乘站也不断出现；与铁路、公交枢纽及机场等换乘的车站也越来越多。对于成网后出现的多线换乘、与其他交通形式换乘等复杂车站，既有的导向标识标准出现涵盖不全或标准有待改进的情况，同时也缺乏对全网导向标识系统的整体规划和相应的设计要求。因此，对于新建线路急需对北京轨道交通网络化运营后导向标识标准进行补充完善，提出适应目前轨道交通建设需要的导向标识标准及要求。

早期的导向标识标准、规范相对较少，牌体样式、材料、设置、安装等较为单一，近几年标准体系已有了较大的提升和完善，但随着线网的不断完善，部分导向标识牌体的信息还不够充分、全面，如：多线换乘车站部分牌体的信息缺失、缺乏对特殊人群的指示信息等。

当下，北京城市轨道交通网络已经形成，导向标识系统的发展也进入到了一个新的阶段，随着客流及运营需求的不断增长，导向标识系统的建设需要进一步的优化和新技术的支撑，以满足北京城市轨道交通发展的需要。

（一）导向标识网络化综述

北京作为中国的首都，城市的人口规模和空间规模不断扩大，居民出行次数和机动车拥有量在不断增加，导致了城市交通拥挤、堵塞、出行困难、交通噪声和机动车污染等一系列城市交通运输问题。城市轨道交通以其安全、快捷、运量大、污染小等优势，成为北京市不可或缺的交通形式，逐步成为中国诸多城市的重要交通工具。

2020年北京市轨道交通在建线路共计16条（段）、总里程304.6km。克服疫情影响，总体进展顺利。按照计划，地铁16号线中段和房山线北延将于2021年底力争实现初期运营。目前，北京市全力推进地铁3号线、12号线、17号线、19号线、昌平线南延等线路按计划施工，加大推进地铁28号线（CBD线）、新机场线北延、22号线和13号线扩能提升工程的前期工作协调力度。

截至2020年12月，北京市轨道交通路网运营线路达24条、总里程727km、车站428座，日均客流量超千万。北京轨道交通进入站点密集、换乘枢纽便捷、覆盖全市主要区域的网络化运营时代。

随着北京轨道交通的四通八达，轨道交通导向标识系统的重要性也得到设计施工方、建设管理方、运营维护方等的高度重视。轨道交通的导向标识系统不仅具备基本的导向功能，还兼具了城市的文化符号形象，也受到各级领导部门和广大乘客越来越多的关注。

面对用户规模指数般的激增和地铁网络的日益扩大，为提高乘客寻路效率、符合复杂空间的设计要求、增进乘客的用户体验，导向标识网络化研究逐步被人所重视。导向标识网络化旨在为不同的用户群体，在整个轨道交通系统内，提供统一、清晰、完善的导向标识。

近年来，随着导向标识系统研究的不断深入，出现了越来越多与之相关的研究点，形成了庞大的研究网络，以下是相关的研究点及其研究走势，集合了相关的学科探索，成为可由多方合作完成的研究方向（图7-1）。

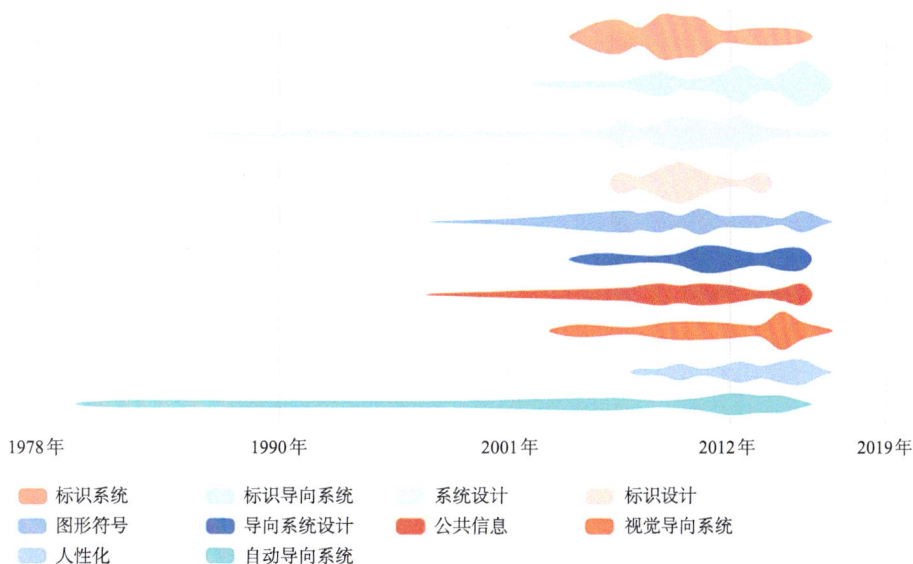

图7-1　导向标识系统相关研究点分析

导向标识系统研究领域的成果不断涌现，从2000年至今，有大量相关研究论文及著作发表和出版，成为研究热点之一（图7-2）。

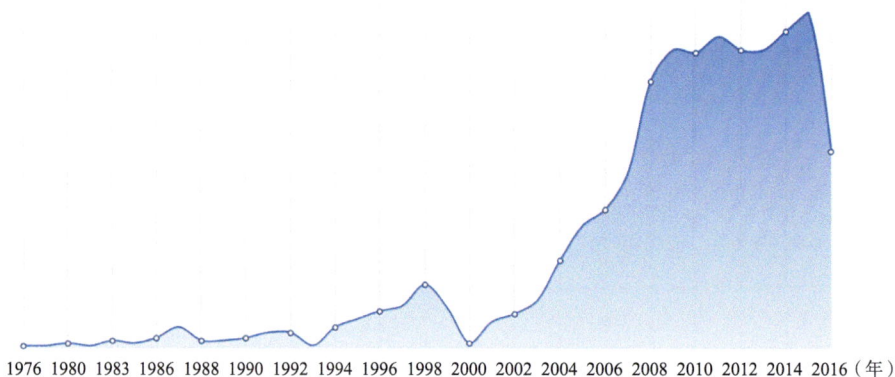

1976 1980 1983 1986 1988 1990 1992 1994 1996 1998 2000 2002 2004 2006 2008 2010 2012 2014 2016（年）

图7-2　导向标识系统研究成果增长图

城市轨道交通导向标识也随之获得重视，其跨学科研究发展迅猛，深入到艺术设计、建筑学、交通运输工程等多个学科，并衍生出多个交叉学科主题，以下是多个渗透学科及对应的研究主题（图7-3）。

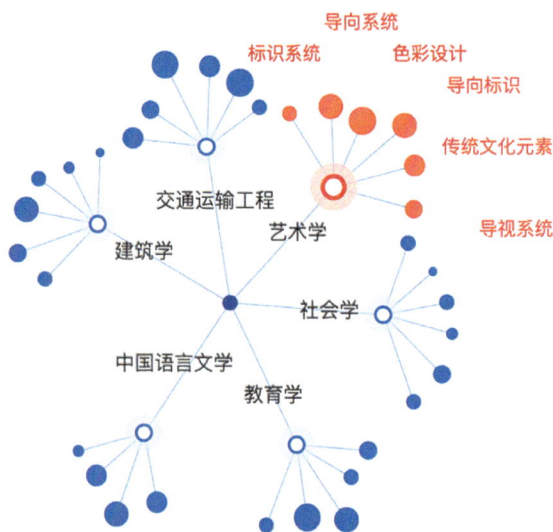

图7-3　轨道交通导向标识及艺术学和其交叉研究学科图

在理论研究和工程实践的积累下，轨道交通导向标识的技术标准和设计规范也得到逐步的建立及完善。导向标识网络化的研究以《城市轨道交通客运标志设置指南》《公共交通客运标志　第2部分：轨道交通》DB11/T 657.2—2009的规范为基础，对导向标识牌体在车站中的信息设置、安装方式、尺寸、色彩、材料、维护等进行统一的界定，提出最新的优化设计理念、设计要求、设置要求，并进行轨道交通全网的设计和实施，应用到实践工作中，指导实际的项目工程，以保障导向标识系统的统一完整。

（二）研究导向标识网络化的意义与价值

研究导向标识网络化对轨道交通的运营秩序与乘客安全性具有重要意义。近年来，北京市客流量显著增加，作为国际化都市，面向世界展现城市形象的任务加重，北京市轨道交通运营占比明显提高，乘客对轨道交通的安全性也提出了更高的要求。随着用户研究大数据信息的建立、轨道交通环境空间结构的复杂化、智慧交通科学的进展、对特殊群体的关注度增加、对交通安全与应急的高度重视，以及北京国际化的城市文化特征，使人们对轨道交通导向标识系统有更深层的需求。

北京城市轨道交通导向标识网络化和标准化的统一以人性化为出发点，针对不同乘客群体需求，结合用户调研大数据及人机工学，同时分析了有障碍人群的地铁空间环境行为分析，在研究国内外导向标识标准化的基础上，对北京城市轨道交通导向标识的规范化与标准化进行了深入研究，体现了"以人为本"的思路。万物互联的高技术成果，为新的导向系统研究和应用开拓了视野及市场。同时，以实际的建设工程为案例，详细分析导向标识系统网络化应用的技术需求和设计标准，以达到指导新线导向系统设计的目标。

在参照国内外导向标识网络化标准的基础上，进行前沿分析，尝试引入新型导向方式，如微导航、动态标识、智能导航等，解决复杂枢纽空间结构寻路难的问题，开拓创新地铁导向标识系统的服务模式，建设智能化地铁导向网络，完善视觉识别性并梳理车站牌体点位，为乘客提供精准的信息服务，以快速有效的引导识别筛选有效信息，最大限度地减少乘客在其中的无效停留时间，为乘客疏散提高安全和效率。

研究北京地铁导向标识网络化，提出最新的研究成果，可以用以指导和规范新线建设导向标识网络化系统设计；提供设计依据和设计基础，对导向标识的设计、设置、材料、颜色等进行统一，以提高导向标识的设计品质与质量，并完善车站的无障碍导向标识系统，提升车站整体的空间优化能力。

北京地铁导向标识网络化的优化与应用，使城市轨道交通运输服务更具功能性和更加人性化，为乘客创造了更加方便、间接、快捷的地铁搭乘体验，同时也适应了北京轨道交通网络化运营发展的快速发展，提高了轨道交通整体运营效率与服务水平。

（三）术语和定义

《城市轨道交通客运服务标志》GB/T 18574—2008、《地铁设计规范》GB 50157—2013和《公共交通客运标志 第1部分：总则》DB11/T 657.1—2009界定的术语和定义适用于本书。

《公共交通客运标志 第1部分：总则》DB11/T 657.1—2009、《公共交通客运标志 第2部分：轨道交通》DB11/T 657.2—2009、《城市轨道交通客运标志设置指南》、《公共信息图形符号 第1部分：通用符号》GB/T 10001.1—2012界定的符号、术语和定义适用于本书导向标识网路化设计，首先对国内外轨道交通导向标识系统进行调研分析和总结，然后针对北京轨道交通全网各线各站的导向标识系统设计，进行总结归纳，提出最新的优化设计理念、设计要求、设置要求，最终达到指导新线导向系统设计的目标。

二、研究目标

随着北京轨道交通的飞速发展，新的高大空间的出现，导向标识材料、施工、运营等方式的改变，以及与其他交通换乘接驳形式的多样化，原有的导向标识标准及规范无法对部分复杂车站及特殊线路提供准确的设计指导，紧迫需要对标识整体性、网络化的统一规范进行研究。主要内容如下：对国内外导向标识规范标准进行调研及分析；对国内外城市轨道交通导向标识现状进行调研及分析；对北京城市轨道交通导向标识现状进行调研及分析；在调研及分析的基础上，运用相关的设计理论，形成设计指南，针对行业实践进行理论指导；利用研究成果，完成实际工程案例的设计应用。

通过对导向标识网络的研究，以及对轨道交通导向标识系统进行网络化规划设计，为北京轨道交通新线建设提供设计依据和基础，使北京全网导向标识设计、设置、信息内容、材料、色彩达到统一实施，以优化调整客流组织、提升运营组织效率和后期的维护能力，并形成《导向标识网络化设计及应用导则》。

三、研究方法

主要方法是调查实证的方法，主要分为以下三方面：

（一）文献搜集

遵循“基础理论研究–技术体系–应用示范”的总体技术路线。总体来看，导向标识网络化具有典型的学科交叉特性，通过对国内外此领域各种文献和参考资料的研究，对国内外轨道交通代表性城市的导向标识设计规范的收集和整理，并对北京轨道交通不同线路、不同站型、不同运营模式进行调研分析，进行总结归纳提升；然后对轨道交通导向标识进行用户研究，结合人体工程学，研究人的视觉感知、乘车及运营需求，实现“以人为本”的设计理念；同时遵循理论联系实际、示范应用到相应政策的总体思路，特别是融合人文、科技，以实现北京地铁导向标识网络化的实施与推广，最终形成成果文件，指导新线建设导向标识网络化系统设计（图7-4）。

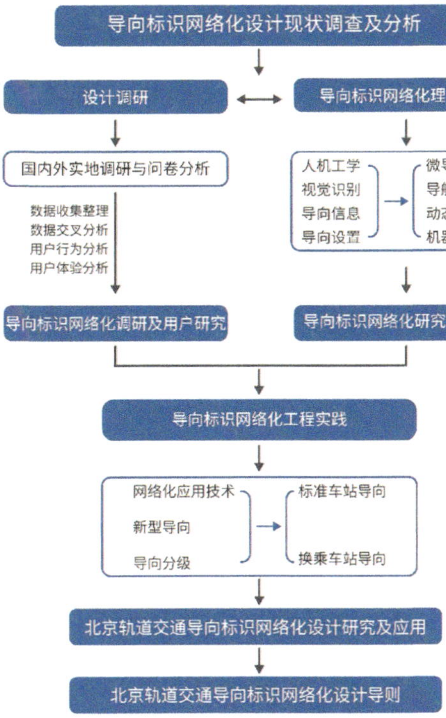

图7-4　技术路线

（二）实地调研与现状分析

针对国内外轨道交通导向标识系统现状进行调研，并做分析总结。

针对地铁用户进行了定性和定量用户研究，包括用户背景、行为能力、认知水平、出行目的等，以更好地满足用户，找到设计创新的解决方案。

（三）问卷调查

进行了线上的导向标识问卷调研，并对收集的问卷数据进行了系统的整理和分析。

北京地铁导向标识网络化现状分析如下：北京地铁车站导向标识系统网路化不断完善，部分地铁线路的导向标识设计、设置、材料、尺寸、图形符号等也日趋完善和网络化，并进行了统一设置。如：近年开通的北京地铁8号线、16号线、S1线、大兴机场线、北京南站、清河站等线路及车站等，同时，通过对这些线路进行网络化调研分析，提出相应的提升要点和可取点，以达到导向标识网络化课题研究的目的。

第二节　现状分析

一、地下车站导向标识系统分析

（一）8号线三期

北京地铁8号线三期作为北京地铁的"中轴线"，其车站建筑空间、线路文化等具有一定的特点及辨识度。通过对8号线三期车站导向标识的调研，对视觉导向、一体化整合等方面的提升提出规范做法，以对后期线路的实施提供经验。

1.辅助型导向标识

（1）通道辅助型导向标识

单一的长通道主要设置为悬吊式导向标识，侧墙辅助型导向标识无设置（图7-5）。

（2）出入口编号辅助信息

北京地铁8号线三期站厅和通道接驳处无设置出入口编号辅助信息（图7-6）。

2.一体化整合

（1）乘梯须知牌体

电动扶梯处的乘梯须知采用壁挂、落地设置（图7-7）。

（2）站厅闸机（AFC）处乘车导向标识

站厅闸机（AFC）信息系统和乘车导向标识单独设置（图7-8）。

（3）扶梯联动牌（电子牌体）

双电动扶梯处的扶梯联动牌信息单独设置（图7-9）。

图7-5 通道导向标识设置

图7-6 站厅和通道接驳处无设置出入口编号

图7-7 乘梯须知牌设置

图7-8 闸机位置导向标识设置

图7-9 双扶梯联动牌体设置

（4）站厅、通道接驳处出入口信息

站厅、通道接驳处出入口信息单独设置，无一体化设置（图7-10）。

（5）扶梯联动牌和车站乘车信息整合实施

扶梯联动牌和乘车信息、换乘信息等整合安装（图7-11）。

北京地铁8号线导向标识调研总结见表7-1。

图7-10 站厅、通道接驳处出入口信息

图7-11 扶梯联动牌整合设置

北京地铁8号线导向标识调研总结 表7-1

辅助型导向	车站无辅助型导向
出入口编号	车站无出入口视觉导向编号
一体化整合	摄像头、导向、乘梯须知、龙门架整合，扶梯联动牌无整合

（二）16号线

截至2020年3月，北京地铁16号线全长19.6km，全部为地下线；共设10座车站，全部为地下车站；列车采用8节编组A型列车。

1.辅助导向：北京地铁16号线通道内在关键节点位置设置了导向标识，通道过长时设置了连续性的指向性标识。但通道周边无辅助性的导向类标识，主要以吊挂形式为主（图7-12）。

2.北京地铁16号线门套位置加入了出入口编号的内容，强化了视觉导向部分的内容。能让乘客快速地找到出口信息（图7-13）。

图7-12 通道导向标识设置

图7-13 门牌套体强化出入口编号

3.牌体整合：北京地铁16号线轧机位置的牌体将乘车信息和无障碍信息内容整合成一块牌体，设置位置主要是垂直于轧机，牌体有较长的吊杆（图7-14）。

4.北京地铁16号线的乘梯须知牌主要以落地形式为主（图7-15）。

5.北京地铁16号线的牌体进行了整合设计，普通车站双扶梯位置的扶梯联动牌进行了整合设计，牌体信息中没有加入乘车的信息。在换乘站的情况下，牌体加入了换乘线路的信息，但未加入临线出口信息的内容（图7-16）。

6.地铁16号线卫生间与装修进行了结合，强化了卫生间图标部分。卫生间视觉导向的加强能有效提升卫生间的识别度（图7-17）。

7.北京地铁16号线的换乘信息内容中，仅体现了换乘和线路色的内容，没有体现去往换乘站的临线出入口内容（图7-18）。

图7-14 闸机位置导向标识设置

图7-15 乘梯须知牌设置

图7-16 扶梯联动牌整合设置

图7-17 卫生间视觉导向设计

图7-18 换乘站楼扶梯位置

北京地铁16号线导向标识调研总结见表7-2。

北京地铁16号线导向标识调研总结　　　　　　　　　表7-2

辅助型导向	车站无辅助型导向
出入口编号	车站无出入口视觉导向编号
一体化整合	摄像头、导向、龙门架整合

二、高架站导向标识系统分析

（一）S1线

北京地铁S1线作为北京市首条磁浮高架线路，其导向标识牌体设置主要以龙门架结合的方式整合实施，一体化程度较高。

1.辅助型导向标识

（1）通道辅助型导向标识

北京地铁S1线全部为高架车站，通道较短，其导向标识设置较少，且主要以悬吊为主（图7-19）。

（2）出入口编号辅助型导向标识

由于北京地铁S1线建筑结构的特殊性，出入口以玻璃材料为主，辅助型编号导向标识无设置（图7-20）。

图7-19　通道导向标识设置　　　　　图7-20　出入口无视觉导向编号

2.一体化整合

（1）站厅闸机（AFC）处乘车导向标识

站厅闸机（AFC）信息系统和乘车导向标识单独设置（图7-21）。

（2）乘梯须知牌

电动扶梯处的乘梯须知牌采用落地设置，无一体化设置（图7-22）。

图7-21 闸机处AFC导向标识设置

图7-22 乘梯须知导向标识设置

（3）扶梯联动牌（电子牌体）

双电动扶梯处的扶梯联动牌信息单独设置（图7-23）。

（4）站厅、通道接驳处出入口信息

站厅、通道接驳处出入口信息单独设置，无一体化设置（图7-24）。

（5）扶梯联动牌和车站乘车信息整合实施

楼扶梯的扶梯联动牌和乘车信息、换乘信息等整合安装（图7-25）。

3.车站外立面设置站名信息

车站建筑外立面设置视觉站名信息（图7-26）。

图7-23 双扶梯处扶梯联动牌设置

图7-24 出入口导向标识设置

图7-25 楼扶梯导向标识龙门架一体化整合

图7-26 车站建筑外立面站名信息

北京地铁S1线导向标识调研总结见表7-3。

北京地铁S1线导向标识调研总结　　　　表7-3

辅助型导向	车站无辅助型导向
出入口编号	车站无出入口视觉导向编号
一体化整合	摄像头、导向、龙门架整合
材料	导向标识结构主体为不锈钢
视觉导向	车站外立面设置站名信息

（二）8号线四期

北京地铁8号线四期作为8号线三期的延续，其车站全部为高架车站。

1.北京地铁8号线四期为高架站，通道较短，在分岔口位置设置了相应的导向标识，引导出站。未增加辅助类标识，主要以吊挂形式为主（图7-27）。

2.北京地铁8号线四期闸机处的乘车标识，由于车站为高架车站，标高较高，牌体吊杆较长（图7-28）。

图7-27　通道导向标识设置　　　　图7-28　闸机位置导向标识设置

3.北京地铁8号线四期乘梯须知牌体主要以落地形式为主（图7-29）。

4.站厅去往站台位置的两块扶梯联动牌没有整合，吊杆较长（图7-30）。

5.北京地铁8号线四期门套位置没有增加出入口编号视觉导向部分。遵循了传统的方式，门套位置的PIS和导向标识没有整合设计（图7-31）。

6.北京地铁8号线四期卫生间采用传统的导向标识，没有增加视觉导向（图7-32）。

北京地铁8号线四期导向标识调研总结见表7-4。

图7-29 乘梯须知牌位置设置

图7-30 扶梯联动牌设置

图7-31 站厅和通道接驳处无视觉出入口

图7-32 卫生间导向标识设置

8号线导向标识调研总结   表7-4

辅助型导向	车站无辅助型导向
出入口编号	车站无出入口视觉导向编号
一体化整合	摄像头、导向、乘梯须知、龙门架整合，扶梯联动牌无整合

三、交通枢纽站导向标识系统分析

（一）北京地铁北京南站

北京南站作为北京地区重要的交通枢纽，涵盖地铁、火车、公交、出租车站等交通形式，由于其车站的特殊性，其导向标识的尺寸、布置特点、形式、安装等相比较其他线路，具有较大的区别。

1. 辅助型导向标识

（1）地铁辅助型标识

在地铁车站地面设置辅助型导向标识，以提升乘客坐车、出站、换乘的效率（图7-33）。

（2）火车站辅助型标识

在火车站地面设置辅助型导向标识如图7-34所示。

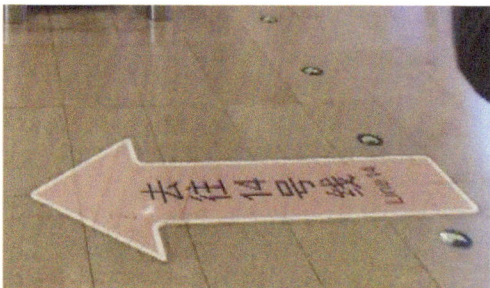

图7-33 地面辅助型导向标识

图7-34 火车站地面辅助型导向标识

2. 火车站导向标识

北京南站导向标识牌体设置结合客流及建筑空间特点，牌体尺寸和信息较多，满足了乘客去往地铁及火车站的导向需求，但版面信息较为凌乱（图7-35）。

图7-35 火车站导向标识设置

3. 地铁车站导向标识

（1）北京南站地铁车站由京港地铁运营，导向标识形式延续京港其他线路的形式，其牌体设置形式和其他线路有所不同，如：吊杆的设置形式等（图7-36）。

（2）导向标识吊杆设置：由于车站空间较大，地铁导向标识以悬吊式较多，导致悬吊的吊杆较多，造成车站空间较为凌乱（图7-37）。

图7-36 北京南站导向标识设置方式

图7-37 地铁车站导向标识吊杆设置

4.一体化设置

（1）地铁车站楼扶梯导向标识

车站楼扶梯导向标识结合摄像头、龙门架一体化设置实施（图7-38）。

（2）车站换乘信息一体化设置

地铁车站信息结合火车站乘客信息，进行一体化设置，在地铁站台、站厅等位置设置火车站信息（图7-39）。

图7-38 地铁车站导向标识、摄像头、龙门
架一体化设置

图7-39 地铁、火车站信息一体化设置

5.地铁车站导向标识材料

北京南站地铁站导向标识材料采用不锈钢形式（图7-40）。

图7-40 北京南站地铁站导向标识材料

北京南站地铁站导向标识调研总结见表7-5。

北京南站地铁站导向标识调研总结　　　　表7-5

辅助型导向	车站无辅助型导向
出入口编号	车站无出入口视觉导向编号
一体化整合	摄像头、导向、龙门架整合
材料	导向标识结构主体为不锈钢
视觉导向	车站设置换乘导向标识

（二）北京地铁清河站

地铁清河站作为北京北部地区的交通枢纽，车站的导向标识的尺寸、样式同样结合了火车站的设计特点，且标识信息内容醒目、简单易识别，提升了乘客的乘车识别度。

1.清河地铁站在设置正常牌体的同时，也增加了一些辅助类的标识，来达到引导乘客的作用（图7-41）。

图7-41　清河地铁站辅助导向标识设置

2.清河地铁站对两扶梯一楼梯位置的牌体进行了整合性设置，减少了吊杆的使用，整体环境干净整洁（图7-42）。

3.清河地铁站将牌体尺寸进行了适当的放大（图7-43）。

4.清河地铁站卫生间图标统一，但国铁的图标有颜色区分（图7-44）。

清河地铁站导向标识调研总结见表7-6。

（三）北京地铁大兴机场站

地铁大兴机场线因北京大兴国际机场而得名，在北京地铁交通网中，堪称新国门第一线，一期共设置三个站点：草桥站、大兴新城站、大兴机场站（图7-45）。

图7-42　楼扶梯导向标识整合设置

图7-43　清河地铁站加大导向标识

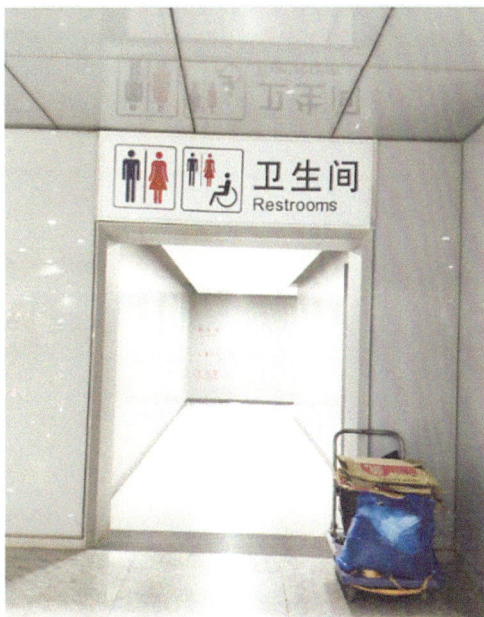

图7-44　卫生间导向标识设置

清河地铁站导向标识调研总结　　　　　　　　　　　　　表7-6

辅助型导向	车站设置换乘导向标识
出入口编号	车站无出入口视觉导向编号
一体化整合	摄像头、导向、龙门架整合
视觉导向	车站设置换乘导向标识

图7-45　地铁大兴机场线一期

　　导向标识系统设计经过前期调研分析产生调研结论、制定导向设计原则、形成导向标识系统方案、完善创新设计方案，最终完成具有创新特色设计的大兴机场线导向标识系统设计方案。设计原则一：遵循现有设计规范及地方标准，符合地铁乘客使用习惯；设计原则二：无缝对接，对大兴国际机场乘客的引导功能全面，对标航空；设计原则三：适当突破现有设计局限，符合大兴机场线快速、直达、大运量线路定位。

1.视觉导向

牌体形式创新设计，增加"航空"设计元素，以此增强乘客目的地的归属感（图7-46）。

图7-46　地铁大兴机场线一期导向风格

2.导向标识尺寸

牌体尺寸合理化调整，安装形式优化设计：综合全线三座车站统一考虑，大兴机场线吊挂牌体尺寸由既有线版面300mm高尺寸调整到400mm高尺寸，版面进行等比加大；提高辨识度并与装修整体空间高度相协调（图7-47）。

图7-47　地铁大兴机场线一期安装形式示例

在大兴机场站和大兴新城站装修空间里，取消吊杆吊件，与其他设备采用整合支架安装形式。独立的导向点位采用侧挑安装方式，使空间更加简洁、干净。

3.一体化整合

将与导向位置相近的PIS系统LCD、LED显示屏及时钟系统等的显示终端进行了多专业深度整合，使站厅、站台布局更加简洁、信息更加集中（图7-48、图7-49）。

（1）站外入口位置，门匾导向牌体与PIS系统LED显示屏进行整合；

（2）站厅出口位置，出站导向牌体与PIS系统LED显示屏和紧急疏散整合；

（3）站厅站台扶梯处，常规静态导向牌体与动态扶梯联动导向牌体整合；

（4）票价导向牌体与四八编组和票务信息LCD显示屏整合；

（5）综合资讯导向牌体与PIS系统LCD显示屏整合；

（6）落地综合资讯导向牌体与时钟系统终端设备整合设计。

图7-48 地铁大兴机场线一期导向整合设计

图7-49 地铁大兴机场线一期导向与设备整合示例

4.电子导向系统升级与应用

网络化集中管理实现了播放内容的统一制作、统一发布，播放素材及播放终端的统一管理、统一维护（图7-50）。集中管理四八编组信息和票价信息，集中管理线网信息、LCD屏信息，集中管理电子条形屏引导信息。对条形屏由LED升级为LCD，尺寸加长。对电子牌体与常规牌体的设置原则优化，电子牌体显示线路名称、商务车厢乘车等进站信息，常规牌体显示出入口、出租车、停车场等出站信息。

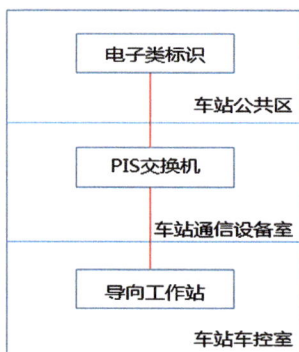

图7-50　地铁大兴机场线一期
导向网络化管理系统

5.北京大兴机场线导向标识调研

调研总结见表7-7。

北京大兴机场线导向标识调研总结　　　　　表7-7

一体化整合	导向位置相近的PIS系统LCD、LED显示屏及时钟系统等的显示终端进行了多专业深度整合
电子导向系统升级与应用	网络化集中管理实现了播放内容的统一制作、统一发布，播放素材及播放终端的统一管理、统一维护
视觉导向	对牌体形式进行创新设计，增加"航空"设计元素，以此增强乘客目的地的归属感
导向标识尺寸	大兴机场线吊挂牌体尺寸由既有线版面300mm高尺寸调整到400mm高尺寸，版面进行等比加大

第三节　应用技术研究

一、导向标识设计基本要求

对国内主要城市地铁导向标识的调研分析表明，导向标识的设计元素及原则是趋于统一的。标识牌的版面构成主要分为标识符号、箭头、中英文说明、场所示意图、图示色彩几大部分。导向标识牌体设计主要考虑字体、图形符号及色彩选择三大方面。

（一）导向标识的字体

中英文作为导向标识系统中的辅助说明成分，首先应采用准确的文字表述，强化标识牌体的功能，增加信息传达的准确性；其次应合理控制文字大小，保证信息传达的效率。

非衬线体识别性强、易于捕捉，是国内大部分城市地铁采用的主要字体。中英文字体选用及设计标准如下：

中文字体为黑体，英文字体为Arial；中英文与符号间的最小距离为20mm到30mm；不论单行或双行文字，文字总高度（含间隔）都不应大于200mm（图7-51）。

图7-51 导向标识的文字间距规范示意图

（二）导向标识的图形符号

1.标识符号

（1）标识符号的应用

1）单独功能服务区的标识符号主要分为导向标识和确认标识。其使用规则是：符号与边缘距离为50mm，与文字之间的最小距离为30mm。

2）多个功能服务区在同一方向的导向标识牌，几个功能服务区符号之间的最小距离为50mm；各标识符号外边统一采用圆角矩形。

（2）标识符号的组合应用形式

当一块导向牌需承载两种或以上功能时，应采取标识符号的组合应用形式（图7-52）。

（3）轨道交通标志

如图7-53所示，为北京轨道交通形象的特殊标志。

2.综合版面示意图

如图7-54所示，综合版面示意图包括有关街区图、线网图、中英文说明、标识符号，其中线网图部分为采用LCD屏幕的可变导向标识牌体。

图 7-52　标识符号的组合应用形式范例　　　图 7-53　轨道交通标志

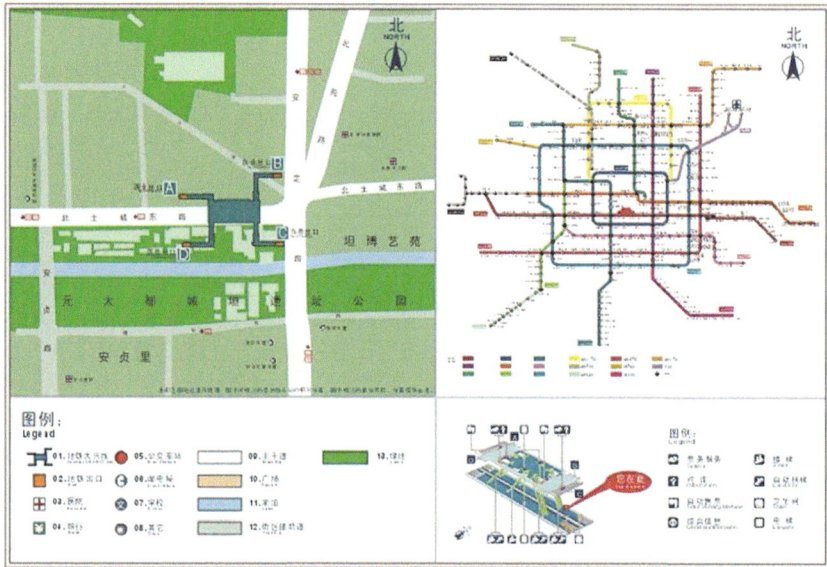

图 7-54　综合版面示意图

3. 箭头

（1）箭头的运用

箭头在导向标识系统中的主要目的是引导及确定方位。其图形样式参考国际通用形式，多个功能空间在同一方向时，在多个标志符号前使用同一箭头；具有方向性的符号与箭头共同使用时，符号与箭头之间不应有冲突；为明确图标所指示的方向，箭头应设置在图标前。

（2）箭头应用原则

主要方向箭头应用原则及示例图 7-55 所示。

（三）导向识别的色彩

北京地铁导向标识系统的选色根据标识牌种类不同，颜色有所区分。

（1）城市轨道交通导向、综合信息标志、资讯标识牌的基本色：底色为蓝色（色号为 Pantone540C，C.M.Y.K 值（%）为 100C60M50K）；出口图符的底色应采用绿色（色号为 Pantone355C，C.M.Y.K 值（%）为 85C100Y5K）；字体和箭头为白色。

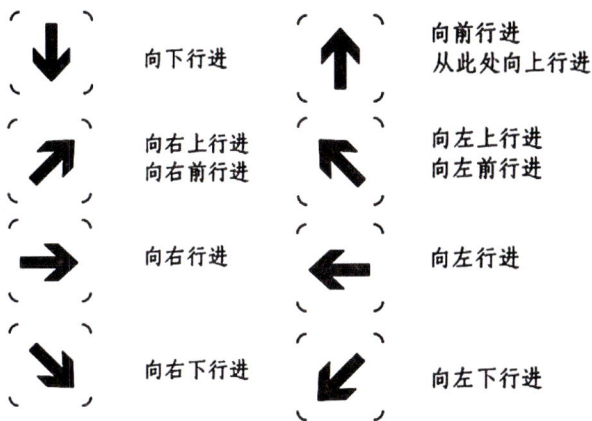

图7-55 箭头应用原则及示例

（2）城市轨道交通确认标识牌基本色：底色为蓝色（色号为Pantone540C，C.M.Y.K值（%）为100C60M50K）；字体和图标为白色。

（3）站外导向标识设计应符合《道路交通标志和标线 第1部分：总则》GB 5768.1—2009和《道路交通标志和标线 第2部分：道路交通标志》GB 5768.2—2009的有关规定。衬底基准色宜使用蓝色（C99 m94 Y1 K1）；字体和图标为白色。

（4）城市轨道交通禁止、安全警告、消防安全标志的颜色应符合《图形符号 安全色和安全标志 第1部分：安全标志和安全标记的设计原则》GB/T 2893.1—2013的有关规定。爱心提示标识牌基本色：底色为蓝色（色号为Pantone540C，C.M.Y.K值（%）为100C60M50K）；字体为白色。

二、导向标识信息分级研究

北京地铁导向标识系统是乘客在进出站、乘车及换乘流程中使用频率最高的指示设施，也是地铁运营赖以疏导、分散客流的重要媒介。

经过调研各个城市导向标识系统的情况，以及和其运营单位探讨分析，总结得出以下导向标识使用结论：乘客在地铁站内使用率较高的导向标识类别主要为乘车、进出站及换乘等具有指引类信息的导向标识；其次为具有禁止、提示类信息的标识。站内资讯类、宣传类信息由于内容更新较快，乘客的关注度较低，往往被忽略。根据乘客对导向标识系统信息内容的关注度，对导向标识信息进行分级，可提升乘客乘车效率及运营后期管理水平。

通过以上分析，将导向标识系统的信息内容分为三个级别：分别是一级信息——重要信息、二级信息——次要信息、三级信息——实时更换信息，具体表述如下：

（一）一级信息

导向标识的一级信息以指引乘客进出站、换乘为目的，引导乘客安全、顺利且快速地去往目的地，避免乘客在站内发生滞留，从而引起站内堵塞。其信息内容主要分为乘车、出站、换乘等标识信息。

1.乘车引导标识

引导乘客进入站厅、站台，以达到乘车出行的目的，内容主要由箭头、乘车图形符号、中英文文字构成，如图7-56所示。

2.出站引导标识

引导乘客安全有序地离开车站，主要由箭头符号、出站图形符号、中英文文字构成，如图7-57所示。

3.换乘引导标识

引导乘客前往所要换乘的线路，内容主要由箭头符号、线路名称符号等构成，如图7-58所示。

图7-56 乘车引导标识

图7-57 出站引导标识

图7-58 换乘引导标识

（二）二级信息

导向标识的二级信息主要以禁止、警告标识和提示、确认标识为主。禁止、警告标识的目的是提醒乘客注意安全，避免乘客触及车站的"敏感"区域；提示与确认标识主要为乘客提供车站场所服务设施的确认信息。

1.禁止标识

禁止乘客的不安全行为，如禁止吸烟、禁止摆卖等，如图7-59所示。

2.警告标识

提醒乘客注意周围环境，以免发生危险，如：当心碰头，如图7-60所示。

图7-59 禁止标识 图7-60 警告标识

3.提示标识

为乘客提供某种提示信息，如乘坐电梯的爱心提示等，如图7-61所示。

图7-61 提示标识

4.确认标识

确认车站名称、卫生间等站内服务设施信息，如：确认车站站名、卫生间信息等，如图7-62所示。

图7-62 确认标识

（三）三级信息

导向标识的三级信息主要以资讯、宣传类的信息为主，为乘客提供车站周边及一些相应的宣传信息，以满足乘客多元化的需求。

1.资讯类标识

资讯类标识主要标注内容是车站周边信息，其目的是为了满足乘客的出行需求，如综合资讯牌等，如图7-63所示。

2.宣传类标识

宣传类标识主要标注内容是发布车站及相关政策文件，如车站公告栏等，如图7-64所示。

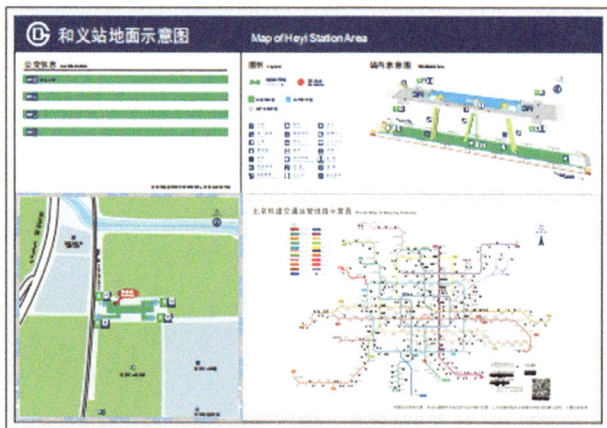

图7-63　资讯类标识

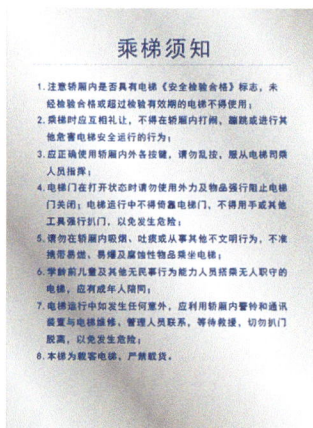

图7-64　宣传类标识

三、导向标识功能分类研究

导向标识的版面包含中英文说明、箭头、标识符号、轨道交通标志、LED/LCD屏等，根据不同的类型和需求有不同的组成方式。

（1）引导标识类：由标识符号、箭头、中英文说明组成；

（2）资讯标识类：由轨道交通标志、箭头、中英文说明组成；

（3）确认标识类：由特定目标处的标识符号、中英文说明组成；

（4）安全警告标识类：由国家统一规定的指示、警告图标及中英文说明组成；

（5）宣传标识类：由列车时刻表、乘车规范及注意事项的图示、中英文说明、轨道交通标志组成。

（一）导向标识引导研究

导向标识的目的是为广大乘客提供清晰简洁的指引，其设置应基于车站客流的进出特点及导向标识引导功能的分析，其具体应用见表7-8。

导向标识引导研究　　　　　　　　　　　　　　　表7-8

标志牌分类	设置位置	指示信息
地铁站外引导标志牌	站外方圆500m范围内主要街道两侧	地铁车站的位置，与地铁站的距离
地铁站内引导标志牌	站厅、站台等公共区乘客分流处	进站、售票、换乘、出站

续表

标志牌分类		设置位置	指示信息	
服务设施引导标志牌	卫生间引导标识牌	站台	卫生间方向	特殊情况可进行整合
	无障碍专用升降梯引导标识牌	站厅、站台	无障碍专用升降梯	
	综合信息引导标识牌	站厅（高架站）/站台	同一方向的功能空间，出入口信息牌体采用LCD屏幕的可变导向标识牌体	
	通常导向标识牌	站台安全门盖板	—	

（二）导向标识确认研究

确认类导向标识应通过图形元素的设计，清晰一致地传达导向信息，增强整体导向系统的功能性与可达性，进而提高乘客在乘车、进出站及换乘过程中识别导向标识的效率。其主要分类和设置见表7-9。

导向标识确认研究　　　　　　　　　　　　表7-9

标志牌分类		设置位置	指示信息
地铁站地徽确认标识牌		地铁出入口处	地铁站名（采用地徽和顶徽）
地铁站名门楣确认标识牌		出入口顶棚上方适当位置	—
站台站名标识牌		站台承重柱装饰面上，面对安全门一侧	地铁站名
卫生间确认标识牌	卫生间标识牌（悬挂式）	卫生间入口处上方	站内卫生间
	男、女卫生间标识牌（挂墙式）	卫生间门	站内男女卫生间
无障碍专用升降梯确认标识牌		升降电梯门上方	无障碍升降梯
升降梯确认标识牌		升降电梯门上方	升降梯

（三）导向标识资讯研究

资讯类导向标识牌主要目的是提供并及时更新地铁相关资讯信息，方便乘客及时把握地铁服务状态，方便乘客出行。其主要分类及设置说明见表7-10。

导向标识资讯研究　　　　　　　　　　　　表7-10

标志牌分类	设置位置及形式	备注
站厅资讯牌（综合资讯牌）	站厅闸机出入口正对的墙上/站厅售票区	—
站台资讯牌	站台楼梯背面或侧面	不阻碍人流

标志牌分类	设置位置及形式	备注
站厅与通道交接处资讯牌	站厅与通道交接处的墙面上	—
站外/通道资讯标识牌	出入口门外明显位置（挂墙式）	—
售票资讯标识牌	自动售票机与票亭附近（悬挂式）	—
票价信息资讯标识牌	票亭正上方（悬挂式）	采用LCD屏幕的可变导向标识牌体
站台资讯标识牌	站台中间或楼梯背立面	不阻碍人流，出入口信息及线网图牌体采用LCD屏幕的可变导向标识牌体
线路资讯标识牌	站台楼梯背立面的墙上	标明线路名称

（四）导向标识安全警告研究

安全警告类导向标识应设置于公共区域以引起乘客注意，起到警示作用，需明确提示危险和禁止的信息，达到保障乘客及车厢安全的目的。其主要分类及设置说明见表7-11。

导向标识警告研究　　　　　　　　　　　　　　表7-11

标志牌分类	设置位置	设置形式
禁止携带危险物品警告标识牌	通道楼梯正面或侧面的墙面上（参考广告图纸，具体考虑设置位置）	挂墙式，可集中或单个设置
禁止吸烟	明显位置	粘贴式
禁止停留		
禁止摆卖		
禁止跨越		粘贴式/挂墙式

（五）导向标识宣传研究

宣传类导向标识用于宣传地铁站内注意事项、设施使用说明等。通过宣传类导向标识，乘客能更方便地进行乘车。其分类及设置说明见表7-12。

导向标识宣传研究　　　　　　　　　　　　　　表7-12

标志牌分类	设置位置	设置形式
地铁综合服务宣传标识牌	出入口的位置	挂墙式
电梯服务标识牌	电梯附近	落地式
楼梯安全提示标识牌	楼梯两侧容易撞人的位置	悬挂式
安全门使用标识牌	安全门上	粘贴式

四、电子动态标志牌体的网络化管理研究

（一）电子动态标志牌现状分析

为适应运营组织的需要，在站厅层、站台层以及通道的必要位置，设置电子导向标识。其中扶梯联动牌采用LED显示屏，其余电子导向标识牌体均采用LCD屏。传统的电子导向单机系统存在以下问题：

（1）信息更换繁琐；

（2）无法显示设备告警；

（3）无法远程了解设备运行状态；

（4）无法远程控制设备。

（二）电子动态导向标志牌网络化管理研究

北京大兴机场线导向系统对电子牌体进行网络化集中管理，进行网络化、智能化和动态化设计和实施，实现了电子牌体的现代信息化和网络化管理，实现了播放内容的统一制作、统一发布以及播放素材及播放终端的统一管理、统一维护，节省了人力、时间，提高了管理效率和信息服务水平，同时也降低了运营成本。

（1）集中管理四八编组信息和票价信息；

（2）集中管理线网信息、LCD屏信息；

（3）集中管理电子条形屏引导信息。

为满足运营组织及乘客高效出行的需求，新建线路已运用电子导向标识系统，除扶梯联动牌以外的电子导向标识牌体均采用联网集中控制的方式，通过有线方式接入的车站交换机及光电转换器等设备，在车站控制室设置单独的导向系统工作站，用于电子导向牌体版面的发布及编辑，从而实现联网集中控制。该系统解决了线路中运营组织流线变化、共线运营、换乘组织、系统整合等多种需求所带来的各类问题。

（1）在车站设备机房设置三层以太网交换机、光电转换器（机架式）、设备机柜（含PDU、光纤配线单元）等设备；

（2）在车站车控室设置导向工作站；

（3）在车站公共区设置电子类标识（含LCD屏、播放控制器及光电转换器等）；

（4）系统采用星型网络架构，并在各站预留接入控制中心网络的接口条件。

（三）电子导向系统升级前后对比

电子导向系统升级前后效果见表7-13。

电子导向系统升级前后对比 表7-13

对比项	电子导向系统	
	升级前	升级后
美观	较为凌乱	美观整齐
控制方式	单机运行	集中控制，自动集中进行内容下发，业务支持灵活
管理	仅负责本系统内容	集中内容下发和设备监管，提升了管理水平
实施	仅负责本系统内容	实施工作部分集中化处理，工作量减少

（四）电子导向系统网络化管理功能及要求

电子导向系统网络化管理，针对导向标识软件管理与空间及位置高度相关的特点，改变原有的树形目录为平面图式管理菜单，能高效、准确、快速地对电子导向媒体进行监管及操作。采用版面信息统一网络发布取代先前的逐块牌体手工发布，同时加入设备网管及控制等功能。提高了导向系统展示信息的时效性，降低了运维的难度和人员流动的上手成本，在提高管理效率、提升信息服务水平的同时也降低了运营成本。

主要功能如下：

1.远程信息发布功能

可通过工作站对电子导向终端版面进行发布替换。版面内容支持文本信息及图片信息的显示，并且支持各种信息混合编排。

2.编辑及预览功能

可通过工作站对电子导向终端版面信息进行可视化的编辑，并在工作站上对发布效果进行预览。

3.用户权限管理功能

系统具备分级权限管理功能。权限设置体现在操作系统及应用系统的安全管理中。系统的操作员均拥有自己唯一的操作员ID、操作密码。

4.监控及报警功能

电子导向终端设备在系统的监控下运行，车站设备可向车站操作员工作站发送其运行模式、设备状态、报警等信息。车站工作站可依据车站设备所处的模式、状态、报警及故障的等级相应发出报警声并以不同颜色显示。

5.版式及参数管理

系统预置常用版式模板,并可通过工作站对版式模板进行编辑。

6.设备控制

系统能对电子导向终端及相关设备进行控制,实现相应设备的远程唤醒、关机及重启等功能。支持定时唤醒及待机,避免大量设备同时启动给系统供电带来瞬时冲击,以及在非运营时间使终端设备待机,以实现节能环保要求。

7.日志信息管理功能

系统应具备日志记录、日志解析、日志检索等功能,应能查看用户操作、信息发布、软硬件运行情况等日志记录,并检索各种日志内容。

8.单机发布功能

可通过各类移动存储介质对电子导向终端设备版面信息进行更换,当终端设备检测到移动存储介质接入时,可自动运行并拷贝发布内容到终端播控设备中进行播放。

北京大兴机场线在传统导向的基础上进行创新与技术改革,实现了导向系统电子牌体的网络化功能,简化了版面信息的更换流程,缩短了更换版面的所需时间,提升了乘客获取导向信息的时效性,降低了运营成本,提高了管理效率,使得技术的提升得到了进一步肯定。

五、导向标识系统一体化研究

(一)导向标识系统与建筑环境空间关系研究

导向标识在车站中的设置高度需充分结合车站空间特点。受到车站装修风格特点的局限性影响,部分导向标识需要适当调整设置高度,在满足功能的前提下,提升车站空间的整体协调性。

根据北京市地方标准《公共交通客运标志 第2部分:轨道交通》DB11/T 657.2—2015中一般要求中4.6部分内容,悬挂式标志的安装高度应根据标志安装位置的建筑结构等要素协调安排,标志下边缘距地面的高度应大于或等于2.3m。

结合视觉机能分析得出视角上仰15°为最佳视角。在这种情况下通过导向标识设置高度上限得出计算公式:

$$\frac{H_1 + h - n}{L} \leq \tan 15° = 0.2679 \qquad (7\text{-}1)$$

式中：H_1——导向标识下边界距地面高度（m）；

h——导向标识高度（m）；

n——乘客眼高（m）；

L——乘客视距（m）。

通过上述分析得出，当乘客视距在5m时，牌体底边距地面不高于2.6m，与地标的标准内容是相符的（表7-14）。

视距分析表　　　　　　　　　　表7-14

h（牌体的高度）	n（乘客眼高）	L（乘客视距）	tan15°=0.2679	H_1（底边距地面高度）
0.3m	1.561m	5m	0.2679m	≤2.6m

1.8A空间车站牌体导向标识高度设置

针对北京现有标准车站及高大空间车站导向标识设计点位进行研究，得出8A车站的设置牌体间距以及乘客观看导向标识的平均视距，具体如下：站厅牌体的间距为17.926m，取整数为18m；站台牌体的间距为25.258m，取整数为25m（图7-65、图7-66）。

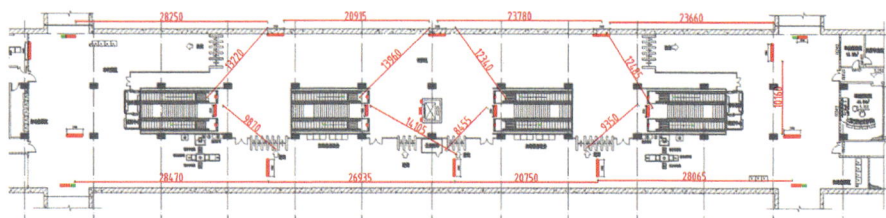

图7-65　站厅导向标识设置距离示意图

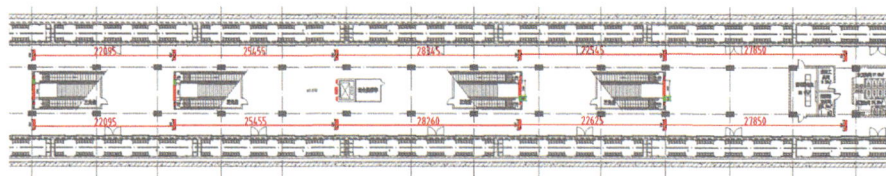

图7-66　站台导向标识设置距离示意图

（1）站厅牌体高度

根据8A车站的牌体设置间距：站厅牌体间距平均约为18m，站厅中人所在位置取两块牌体中间值为9m，如图7-67所示。

根据以上数据分析，通过公式计算得出当乘客视距在9m时，牌体底边距地面不能高于3.67m（表7-15）。

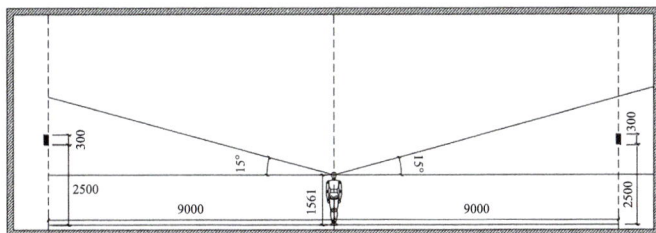

图7-67 8A车站站厅中人所在位置示意图

8A站厅视距分析表　　　　　　表7-15

h（牌体的高度）	n（乘客眼高）	L（乘客视距）	tan15°=0.2679	H₁（底边距地面高度）
0.3m	1.561m	9m	0.2679m	≤3.67m

（2）站台牌体高度

根据8A车站的牌体设置间距：站台牌体间距平均约为25m，站台中人所在位置取两块牌体中间值为12.5m，如图7-68所示。

根据以上数据分析，通过公式计算得出当乘客视距在12.5m时，牌体底边距地面不能高于4.6m（表7-16）。

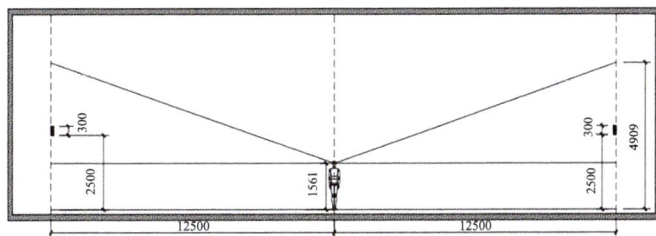

图7-68 8A车站站台中人所在位置示意图

8A站台视距分析表　　　　　　表7-16

h（牌体的高度）	n（乘客眼高）	L（乘客视距）	tan15°=0.2679	H₁（底边距地面高度）
0.3m	1.561m	12.5m	0.2679m	≤4.6m

2.高大空间车站牌体导向标识高度设置

针对高大空间车站牌体间距进行研究，得出乘客观看导向标识的平均视距为：站厅牌体的间距为17.926m，取整数为18m；站台牌体的间距为27.442m，取整数为27m（图7-69、图7-70）。

（1）站厅牌体高度

根据高大空间车站设置间距：站厅牌体间距平均约为18m，站厅中人所在位置取两块牌体中间值为9m，如图7-71所示。

333

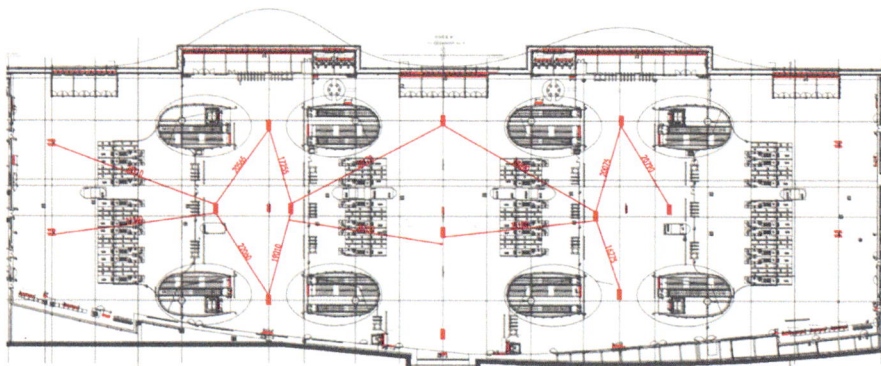

图7-69　高大空间车站站厅导向标识设置距离示意图

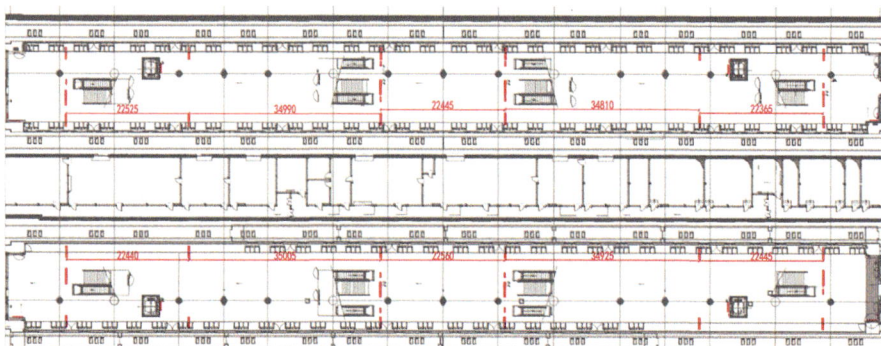

图7-70　高大空间车站站台导向标识设置距离示意图

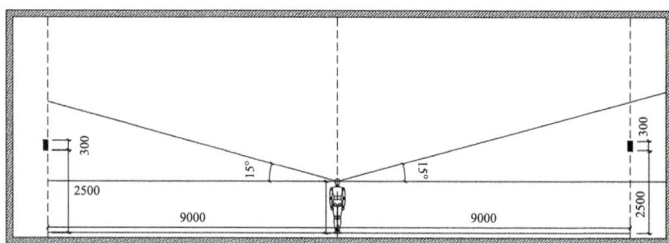

图7-71　高大空间站厅中人所在位置示意图

　　根据以上数据分析，通过公式计算得出当乘客视距在9m时，牌体底边距地面不能高于3.67m（表7-17）。

高大空间站厅视距分析表　　　　　表7-17

h（牌体的高度）	n（乘客眼高）	L（乘客视距）	$\tan15°=0.2679$	H_1（底边距地面高度）
0.3m	1.561m	9m	0.2679m	≤3.67m

（2）站台牌体高度

根据高大空间车站设置间距：站台牌体间距平均约为27m，站台中人所在位置取两块牌体中间值为13.5m，如图7-72所示。

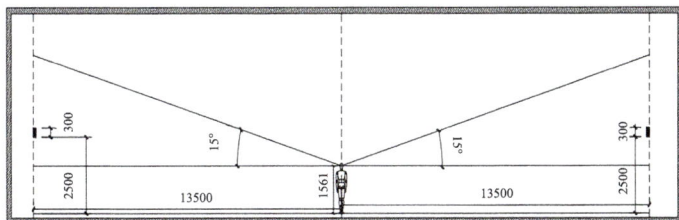

图7-72　高大空间站台中人所在位置示意图

根据以上数据分析，通过公式计算得出当乘客视距在13.5m时，牌体底边距地面不能高于4.8m（表7-18）。

高大空间站台视距分析表　　　　　　　　　　　　　　　　　　表7-18

h（牌体的高度）	n（乘客眼高）	L（乘客视距）	tan15°=0.2679	H_1（底边距地面高度）
0.3m	1.561m	13.5m	0.2679m	≤4.8m

3. 8A车站及高大空间车站的导向标识设置点位分析结论

（1）8A车站的牌体间距

站厅牌体间距平均约为18m，取乘客在两块牌体中间的位置，通过公式得出当乘客视距在9m时，牌体顶边距地面不能高于3.6m。

站台牌体间距平均约为25m，取乘客在两块牌体中间的位置，通过公式得出当乘客视距在12.5m时，牌体顶边距地面不能高于4.6m。

（2）高大空间车站的牌体间距

站厅牌体间距平均约为18m，取乘客在两块牌体中间的位置，通过公式得出当乘客视距在9m时，牌体顶边距地面不能高于3.6m。

站台牌体间距平均约为27m，取乘客在两块牌体中间的位置，通过公式得出当乘客视距在13.5m时，牌体顶边距地面不能高于4.8m。

北京轨道交通有其特殊空间，根据北京地方标准《城市轨道交通工程设计规范》DB11/995—2013关于车站建筑的一般规定所述，地下车站站厅和站台公共区的吊顶最小高度不应低于表7-19的规定，出入口通道吊顶的最小高度不应低于表7-20的规定。

车站公共区吊顶的最小高度					表7-19
站台宽度（m）	≤12	13	14	15	16	>16
站台吊顶高度（m）	3.00	3.00	3.15	3.15	3.30	3.30
站厅吊顶高度（m）	3.20	3.20	3.30	3.40	3.50	3.60

车站出入口通道吊顶的最小高度				表7-20
出入口净宽（m）	4.20	4.80	5.50	6.20	>6.20
吊顶高度（m）	2.60	2.60	2.70	2.80	3.00

为了使导向牌体所处高度处于最优高度，且不被建筑物遮挡，根据站厅装修吊顶至地面的最小高度不应低于3.2m、站台最小高度不应低于3m的原则，悬挂式导向标识牌体高度设置如图7-73所示。

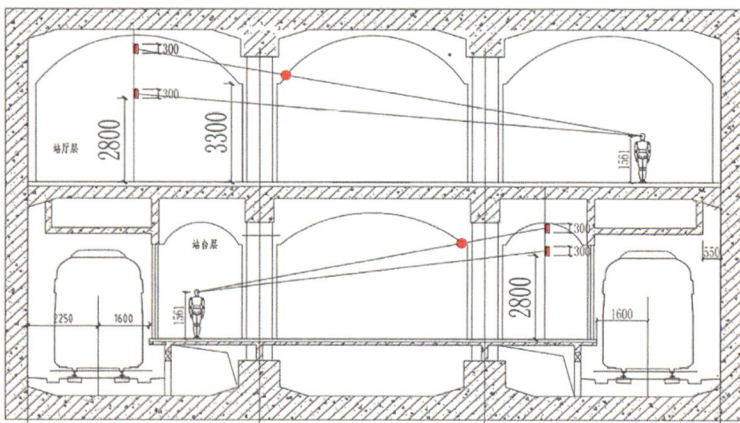

图7-73　悬挂式导向标识牌体高度设置图

依据上述的分析得出下列结论：悬挂式导向标识牌体其底边安装高度距地面应不小于2.3m且不大于3.6m，同一区域内的吊挂导向标识牌体顶边距地面安装高度应保持一致。

（二）导向标识与装修一体化研究

经过对国内外地铁城市的调研分析，目前导向标识与装修一体化设计案例越来越多，既能满足导向使用功能，也保证了地铁车站装饰效果。导向标识与装修一体化分析如下：

1.站厅与通道接驳处（门套）

站厅侧墙或出入口墙面明显位置宜增设加大出入口编号确认标识，强化出入口编号辨识度。换乘通道可调整为线路编号。备注：红色箭头为乘客出站客流方向（图7-74）。

2.换乘通道（门套）

可与装修相结合，门套颜色可选用线路色来强化换乘线路的辨识度。备注：红色箭头为乘客出站客流方向（图7-75）。

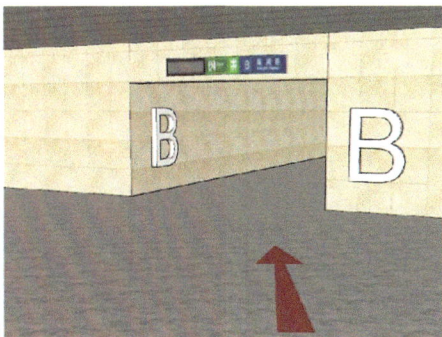

图7-74 出入口门套立体字

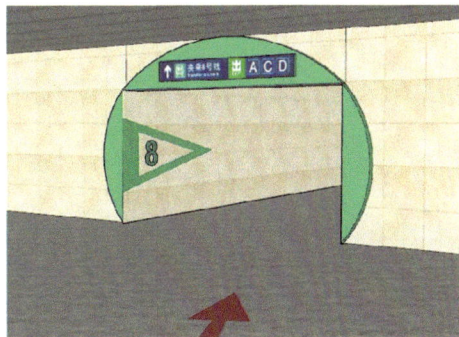

图7-75 出入口门套结合方案

3.卫生间确认标识

在卫生间装饰墙面设置超大牌体，方便乘客可以远距离识别信息（图7-76）。

图7-76 卫生间门套结合方案

（三）导向标识系统与设备一体化研究

为了满足地铁空间的装饰效果，适应新线设备的合理布置，在站厅楼扶梯区域打破传统设备（导向、摄像头、广播等）的设置特点，将有条件整合的相关设备进行整合化设计。在满足使用功能的前提下，使得设备和装饰效果达到协调统一（图7-77）。

首先，导向标识系统应摆脱传统导向固定形式、固定位置、固定版面的导向设计，如在重要接驳处原本建筑装饰的基础上，使建筑装饰导向化、导向装饰化，从

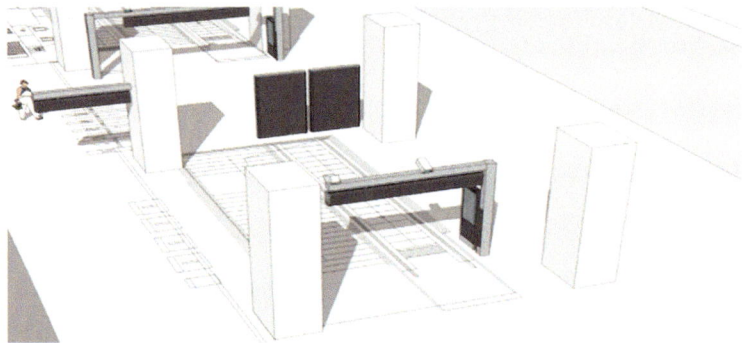

图7-77 导向标识系统与设备一体化示意图

而达到建筑装饰与导向系统设计的统一，打造空间设计的一体化。

其次，结合新线标准口的实施方案，建议将出入口标志、首末车时间、无障碍位置示意图进行优化设计（图7-78）。

图7-78 导向标识优化设计示意图

此外，导向标识系统应与其他设备设施统筹设置，避免相互遮挡。当导向标识系统与PIS系统设备安装位置相邻时，可考虑与其进行整合设置。同时，在安装方式上也应将导向标识系统与各设备设施进行优化整合，使站内空间更加美观。导向与装修采用一体化设计，导向信息的载体直接在装饰面展示，既满足了导向使用功能，也保证了地铁车站装饰效果。

六、枢纽车站导向标识研究

（一）枢纽车站导向标识系统设计要求

1.枢纽车站导向标识系统设计应保证导向信息的连续性，确保地铁与枢纽车站之间的换乘信息无缝对接，且在所有节点（如出入口、路线上的分岔口或汇合点等）都应设置相应的导向信息。导向信息的设置应覆盖所有可能的目的地，并为每个目的地推荐最短或最优的路线。

2.枢纽车站内的地铁导向标识系统应对枢纽车站主要换乘工具、周边出口信息及枢纽车站的服务设施进行系统化的引导，确保乘客出站后可顺利到达目的地。

3.对地铁枢纽接驳区、换乘大厅等区域，建议采用合理的信息分级、图符色彩区分、电子动态导向标志牌等多种导向设计方式（图7-79）。

图7-79 上海虹桥电子动态导向标志展示

（二）地铁导向标识与火车站接驳区的关系

以地铁车站付费区为界，地铁付费区内采用地铁相关国家标准、规范。地铁与火车站接驳区域、换乘大厅采用铁路相关国家标准、规范（图7-80）。

图7-80 上海虹桥枢纽导向标志展示

（三）地铁导向标识与机场接驳区的关系

以地铁车站付费区为界，地铁付费区内采用地铁相关国家标准、规范。地铁与机场接驳区域、换乘大厅采用民航相关国家标准、规范（图7-81）。

图7-81　大兴机场导向标志展示

七、多编组运营模式导向标识研究

（一）多编组运营导向标识研究

随着北京城市轨道交通线网建设的不断推进，多编组运营的需求逐渐显现，对导向标识系统提出了新的要求。现针对大兴机场线的4/8编组运营模式，导向标识系统方案分析如下：

1. 电子动态导向标志牌的设置

采用导向与AFC/PIS相结合的方式，设置电子动态导向标志牌，在站厅层提示四八编组信息，方便乘客了解列车运行情况及到站时间等列车信息；同时，在站台层屏蔽门处设置动态导向标志牌（图7-82）。

图7-82　电子动态导向标志牌图示

2. 静态导向标志牌的设置

在候车区地面及屏蔽门上方，分别设置四八编组的确认标志和引导标志（图7-83）。

图7-83　静态导向标志牌的设置

3.语音播报

列车到来之前，在站台层的候车区域进行语音播报提示。

（二）多编组运营模式下的导向系统解决方案

1.电子动态导向标志牌

建议在站厅层的资讯牌体中，体现与多编组列车相关的动态信息；在站台层的候车区域，体现与多编组列车相关的动态信息。

2.静态导向标志牌

在站台层候车区域的地面及屏蔽门上方，分别设置多编组列车的确认标志和引导标志。

3.语音播报

列车到来之前，在站台层的候车区域进行语音播报提示。

八、导向设计新技术及展望

进入21世纪，我国大城市人口显著增长，导致交通压力也随之上升。伴随5G时代的到来以及智能设备的普及，移动化出行服务应运而生。随着2020年全面建成小康社会，人们的经济实力及消费能力不断提高，使得高效、多样化的出行服务产品快速发展。地铁作为我们生活中必不可少的公共交通工具，需求量也是最大的，因此要将科技与地铁内的方向引导相结合，为乘客提供更加便捷、高效的出行条件。如今，在众多"智慧出行"产品中，地铁出行类产品是使用量最大的一类。这类产品与乘客的出行选择、出行质量息息相关。综合分析了未来轨道交通导向新技术、诸多文献资料及发展趋势后，指出了微导航、动态标识和智能导航机器人这三个方向。

（一）微导航

目前，市面上的导航软件会默认乘客进入地铁站后就已乘上地铁了，在路面和地铁之间存在导航断层。并且在地铁这个地下密封的环境内，乘客容易丧失方向感，站内的导航标识也存在不明确、不易察觉等问题，地铁室内导航（微导航）产品也因此拥有庞大的应用市场。地铁站内部的导航应注重于解决路面和地铁站内之间存在的导航断层，服务内容包含乘客从进站到出站全过程的站内定位导航，如站内换乘线路导航、周围环境路线查询等。地铁站内导航能将常规导向标识牌体难以呈现出的抽象空间方位，以精确且具象的视觉方式呈现，使视力弱难以看清远处标识牌，或是阅读牌体困难等弱势乘客群体拥有更好的服务效果。在人性化设计方面，在站内导航程序里增加语音提示，保障特殊群体的出行安全。地铁站内导航软件以乘客需求为中心，运用室内定位技术、语音播报等技术为北京地铁导向标识系统提供辅助性导向支持，为乘客的出行提供高效的信息传达，以提高乘客出行过程中的体验感。

（二）动态标识

动态的视觉设计正在逐步介入我们的生活中，在标识动态化趋势的大环境下，使人们对导向系统的要求不再只是停留在解决基本导向功能上，传播信息也渐渐开始追求视觉化、数字化、人性化、动态化。所以，无论是以用户为中心出发还是从信息传播的角度出发，导向标识动态化设计的意义重大。当下，北京城市轨道交通网络已经形成，导向标识系统的发展也进入到了一个新的阶段，随着客流及运营需求的不断增长，导向标识系统的建设需要进一步的优化和新技术的支撑，以满足北京城市轨道交通发展的需要。在空间结构方面，应该在特殊方位增加动态标识的设置，使得导向牌体系统化、空间利用最简化。在城市文化方面，北京作为国际化的大都市，应起到模范带头作用，动态标识的投放是凸显北京城市文化、彰显文化自信的重要途径。

（三）智能导航机器人

站内导航机器人是现代科技与设计相结合后的产物，其核心主要为感知识别、大数据与云计算技术，应用场景多为轨道交通站内，需克服轨道交通站内垂直结构复杂、客流量大、间断性噪声、缺乏开阔空间等不利条件。设计师在进行设计时，也应以乘客需求为导向，在站内导航机器人的设计中运用多传感器、机械关节、行进机械、语音识别、智能导航、模糊控制等技术创造最佳的用户体验。智能导航机器人的运用旨在部分替代轨道交通站内站岗的工作人员，目前我国已步入老龄化社会，适龄劳动力的减少导致用人成本上升，机器人的使用成本随着技术的成熟反而下降，在经济层面有良好的发展前景。"后疫情时代"下机器人员工不受人类传染病影响，相比于人工服务而言更加稳定可靠，可以在无接触的情况下服务乘客。并且智能导航机器人可以直接接受乘客的个性化询问与互动，通过深度学习、语音识别、智能导航等技术提升轨道交通站内服务的效率与趣味性，它还可以被安置在站内导航的"易错节点"处，对来往的乘客进行提醒，提升乘客的乘车体验。

第四节　北京轨道交通19号线案例示意

一、配色

主色调采用蓝色（色号为Pantone540C），辅助色调、字体和箭头采用白色，出口图形符号的底色采用绿色（色号为Pantone355C）。交通禁止、安全警告、消防安全标志的颜色应符合《图形符号　安全色和安全标志　第1部分：安全标志和安全标记的设计原则》GB/T 2893.1—2013的有关规定。

二、箭头

箭头在导向标识系统中主要是用来引导和确定方位，标识牌中的箭头采用便于版面的布局应用，饱满且显现代感。多个功能空间在同一方向时，在多个标志符号前面使用一个箭头；具有方向性的符号与箭头结合时，符号与箭头之间不应有冲突。箭头设置在图标之前，应明确图标所要指示的方向（图7-84、图7-85）。

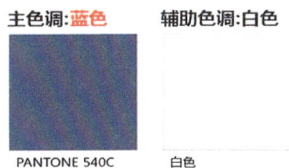

主色调:蓝色　　辅助色调:白色

PANTONE 540C　　白色

左拐　左前行　直行　右前行　右拐　掉头

图7-84　地铁19号线导向配色　　　图7-85　地铁19号线导向箭头的应用原则

三、图形符号

图形符号遵循GB/T 10001系列标准、《城市轨道交通客运服务标志》GB/T 18574— 2008、北京地方标准《公共交通客运标志 第2部分：轨道交通》DB11/T 657.2—2015以及相关国家标准、规范，线路图形符号遵循北京地方标准规范及要求（图7-86）。

图7-86　地铁19号线导向图形符号示例

四、中英文说明

中文字体为黑体，英文字体为Arial（图7-87）。

中文字体
黑体 (开源免费字体)
北京轨道交通十九号线导向标识设计方案

英文字体
Arial (开源免费字体)
ABCDEFJHIJKLMNOPQRSTUVWXYZ
abcdefjhijklmnopqrstuvwxyz

阿拉伯数字
Arial (开源免费字体)
0123456789

图7-87　地铁19号线导向字体说明

五、排版

图形排版说明：图形：版面高度=2：3。

文字上下排版说明：中文：英文=2：1。

文字左右排版说明（如门匾）：中文：英文=3：2（图7-88）。

图7-88　地铁19号线导向排版说明

六、吊挂牌体样式

形式版面牌倾斜7°，边角圆弧化，工艺采用PC板贴膜+铝型材。复杂换乘车站显示换乘距离，牌体高度420mm，版面高度350mm（图7-89）。

图7-89　地铁19号线吊挂牌体样式

七、综合版面示意图

综合版面包括有关图示、中英文说明与标识符号（图7-90）。

图 7-90　地铁 19 号线导向版面示意

八、示例站

　　地铁 19 号线导向摆脱传统导向固定形式、固定位置、固定版面的导向设计，基于建筑装饰的基础上，打造空间设计一体化。在重要的接驳处，导向设计适当地结合装饰手法，使装饰导向化、导向装饰化，从而达到建筑装饰与导向系统设计的统一（图 7-91、图 7-92）。

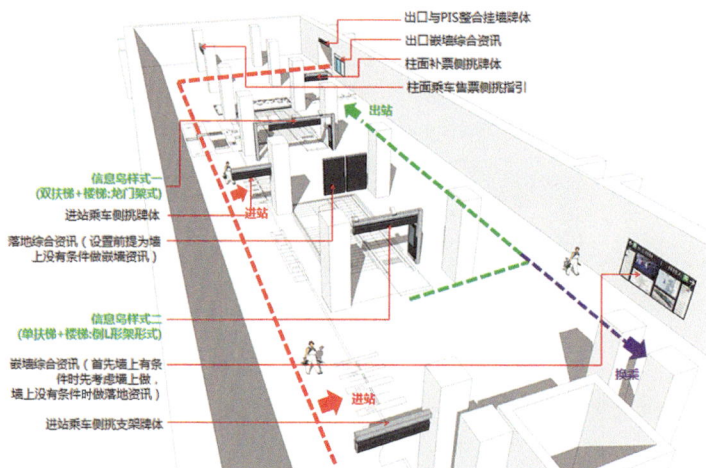

图 7-91　地铁 19 号线站厅导向优化示意

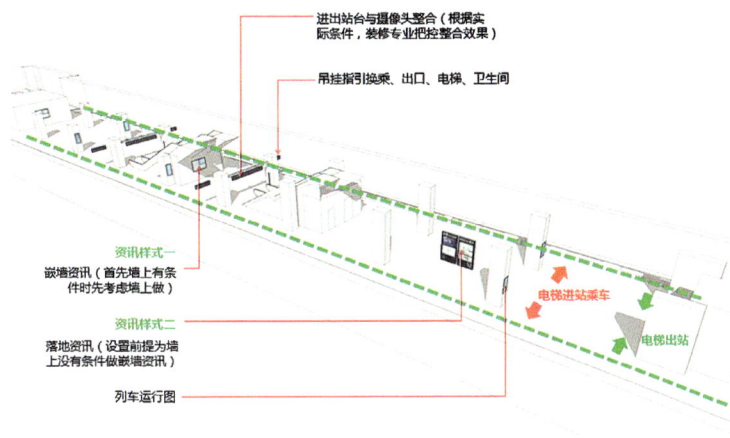

进出站台与摄像头整合（根据实际条件，装修专业把控整合效果）

吊挂指引换乘、出口、电梯、卫生间

资讯样式一
嵌墙资讯（首先墙上有条件时先考虑墙上做）

资讯样式二
落地资讯（设置前提为墙上没有条件做嵌墙资讯）

列车运行图

电梯进站乘车

电梯出站

图7-92 地铁19号线站台导向优化示意

为了满足地铁空间装饰效果，适应19号线设备的合理布置，在站厅楼扶梯区域对导向、摄像头、广播等各设备进行整合设计，打造"信息岛"设计理念，在满足使用功能的前提下，达到装饰效果与设备整合协调统一（图7-93、图7-94）。

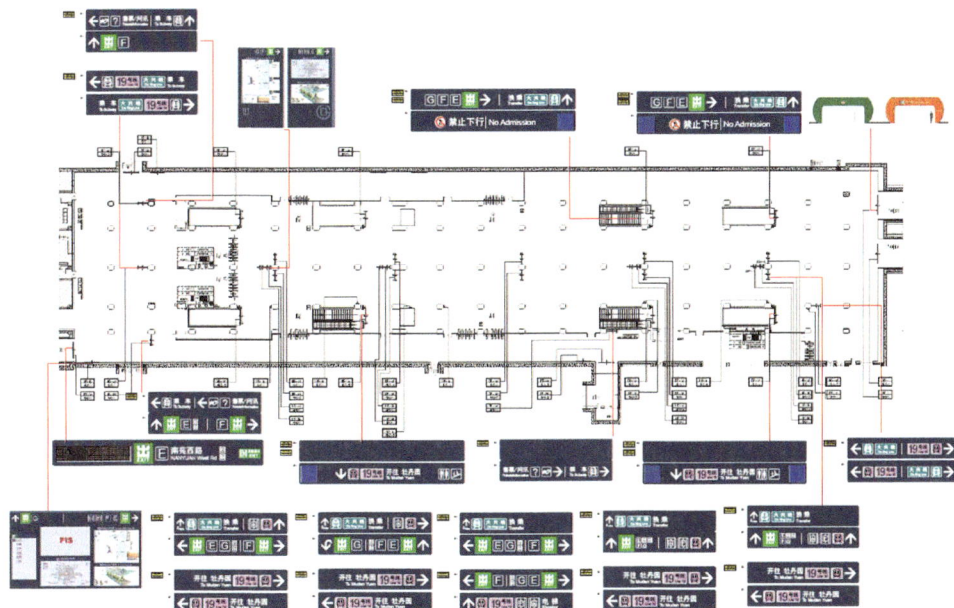

图7-93 地铁19号线站厅导向版面示意

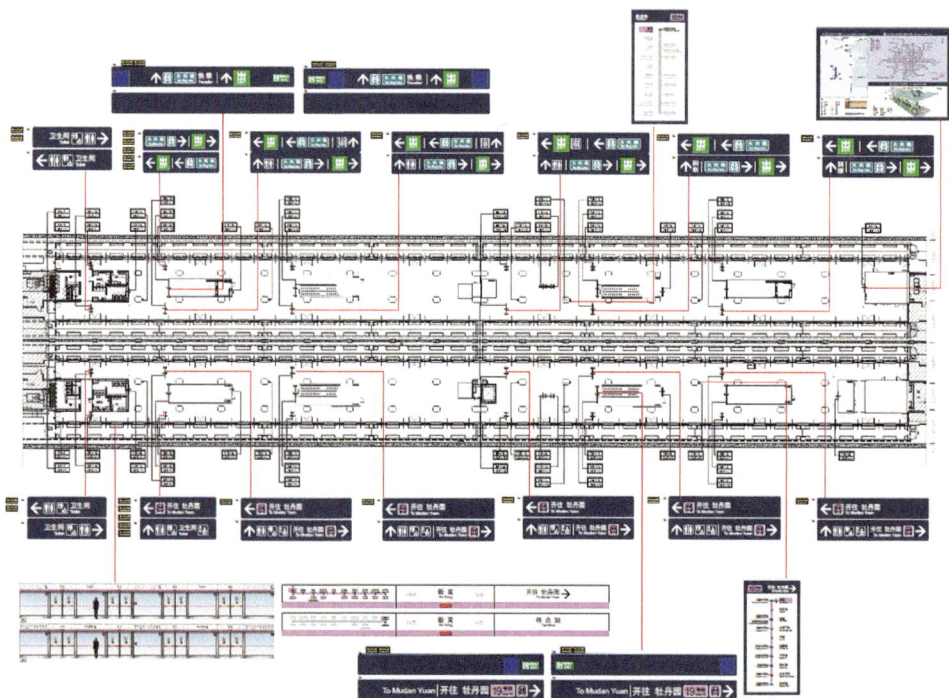

图7-94　地铁19号线站台导向版面示意

参考文献

［1］城市轨道交通2020年度统计和分析报告[R].中国城市轨道交通协会信息.第3期（总第30期）.2021.

［2］交通强国建设纲要[EB/OL]. [2019-09-19]. http：//xxgk.mot.gov.cn/jigou/zcyjs/201909/t20190920_3273715.html.

［3］黄莹，甘霖.继承、发展与创新——对北京城市功能定位和发展目标的深化认识[J].北京规划建设，2012，（1）：23-25.

［4］北京：城市总体规划突出五大特色[J].城建档案，2017，（6）：8.

［5］北京轨道交通发展史[EB/OL].[2020-06-21]. https：//zhidao.baidu.com/question/38337230.html.

［6］轨道交通接驳系统规划与设计探讨[EB/OL].[2020-01-23]. https：//www.docin.com/p-2301198069.html.

［7］常萍，安秀.天津轨道交通人文化设计研究[J].城市公共交通，2007，（7）：25-27.

［8］曹阳.轨道交通车站地下商业空间设计研究[D].太原：太原理工大学，2017.

［9］李兆友，王健.轨道交通与城市[M].沈阳：东北大学出版社，2009.

［10］孔键.轨道交通车站内部空间环境人性化设计研究[D].上海：同济大学，2007.

［11］李梦晨.城市轨道交通站点建筑空间环境设计初探[D].西安：西安建筑科技大学，2015.

［12］周烨.轨道交通站出入口场地的人性化设计研究[D].北京：北京交通大学，2014.

［13］张倩.轨道交通换乘空间人性化标识信息设计研究[D].西安：西安建筑科技大学，2015.

［14］车忠.轨道交通站域地下公共空间人性化设计研究[D].长沙：中南大学，2012.

［15］吴波.轨道交通站厅流线设计与空间营造探索[D].西安：西安建筑科技大学，2009.

［16］赵佳.轨道交通图书馆建设研究与功能分析[J].内蒙古科技与经济，2019，（17）：156-157.

［17］钟斐.轨道交通公共艺术的导向作用研究[D].厦门：厦门大学，2014.

［18］盛来芳.基于时空视角的轨道交通与城市空间耦合发展研究[D].北京：北京交通大学，2012.

［19］孟令武.论人文关怀设计原则[D].沈阳：东北大学，2005.

［20］罗芳媛，任利剑，运迎霞.莫斯科与北京轨道交通网络发展特征比较与评价[J].现代城市建设，2020，（1）：97-103.

［21］陈春娇，张知青，蒲一超，等.研数据 析规律 明方向——中国城市轨道交通网络发展分

析与思考[J].城市轨道交通，2020，（5）：40-45.

［22］方恒堃.京津冀协同发展下北京区域轨道交通发展研究[J].都市快轨交通，2016，29（3）：11-15.

［23］刘纯洁.上海智慧地铁的研究与实践[J].城市轨道交通研究，2019，（6）：1.

［24］吴昊.北京"智慧轨道交通"创新发展的探索与实践[J].铁路通信信号工程技术，2020，（3）：77.

［25］颜昌伟，高朝阳.地铁车站建设结合物业开发设计初探[J].人民长江，2011，42（20）：82-85.

［26］孙湘成，张运谋.浅谈地铁车站地面附属建筑——风亭与城市景观的结合[J].中华民居，2011，（11）：182-183.

［27］朱茜芸.地铁站内广告的投放位置与内容探究——以北京地铁和西安地铁为例[J].教育教学论坛，2018，（19）：63-64.

［28］罗亮.广州地铁站厅商业开发设计思路探析[J].隧道建设，2014，34（7）：668-672.

［29］2020年本市轨道交通在建线路共计16条[EB/OL].[2020-08-18].http://www.beijing.gov.cn/fuwu/bmfw/jtcx/ggts/202008/t20200818_1985203.html.

［30］赵佳璐，易晓.交通导视标识设计动态化趋势[J].创意世界，2020，（5）：62-65.

［31］林瑞宣，易晓，戴克平.轨道交通站内智能机器人设计[J].创意世界，2020，（2）：62-65.